U0506024

郑正辉 著

郑 方 绘

"坏"爸爸造就好孩子

上海人民出版社

目　录

回归教育的本义与原点

刘海涛

郑正辉没读过教育学博士，但是他 20 多年来精心实施有创新意义的"引导教育"、"父亲教育"，就是一部优秀的"教育学博士论文"；他孩子的成长和成功，就是他实施自己的理论所取得的成功案例。他推崇的是人人都能理解的教育理念，实施的是人人都可作为的教育方法，造就的是人人都称赞的栋梁之材，天下父母都可以效仿。

《"坏"爸爸造就好孩子》是一部鲜明地体现新教育理念、概括人们追求的理想教育、有很强的可读性的长篇教育叙事，讲述作者自己教育孩子成才的故事。这个历时 20 多年的"教育—成长"的精彩故事的基本底蕴，反叛了当下许多教育异化现象，对无数望子成龙的家长们，对无数从事教书育人工作的教师们、校长们，乃至对于那些正在开展新教育研发工作的教授、博士，均具有促人反思、催人改革的启迪意义。

首先，需要正确诠释"坏"爸爸的"坏"。郑正辉的"坏"，并非一般字义的"坏"，而是从他孩子一岁时就开始实施的不符合当前流行的教育内容和教育方式的特殊性。他推崇"引导教育"和"父亲教育"。所谓"引导教育"，就是以孩子为主体，通过观察，发现孩子的兴趣、爱好和禀赋、潜质，引导和培育孩子自我教育能力的教育方法。所谓"父亲教育"，就是以父亲为主体的家庭教育模式。郑正辉"坏"就"坏"在他所推崇的"引导教育"和"父亲教育"，"坏"

就"坏"在不按常理出牌。在孩子上小学之前不教孩子识字；带孩子"日行万步路"四处游玩；每天和孩子一起讲故事、编故事；带孩子下厨房、做玩具、养小动物；不让孩子上学前班；不鼓励孩子考第一名；孩子有了过错不但不批评，反而给予奖励；对孩子的兴趣、爱好和选择，不是"堵"而是"疏"，任由孩子放弃到省城一流的师大附中的就读名额；任由孩子14岁阅读《性的知识》，用常人不敢想的方式开启对孩子的性启蒙和性教育；毫无父亲的权威，跟孩子相互称呼"伙计"……这样的教育理念和引导方法，在一般人看来，绝对是不负责任、不顾孩子的美好前程的坏爸爸所为。

当下，还有谁这样当爸爸？

当下，在"不让孩子输在起跑线上"的伪科学口号推动下，教育"功利化"已成为常态，天天在发生见怪不怪的"拔苗助长"的怪现象，孩子被累得苦不堪言。幼儿园和学前班就对孩子灌输小学的教育内容，还要上"绘画班"、"钢琴班"、"外语班"等五花八门的所谓特长班；以学习成绩为唯一标准衡量孩子，小学生与初中生被家长赶去学奥数，有人考上少年班就被树为全体学生的追赶榜样……诸如此类的违反教育规律的教育行为让孩子失去了应有的快乐和幸福，把中国的教育生态活生生地异化了，异化现象触目惊心！

郑正辉不按"功利常理"出牌的"引导教育"，是对当下被扭曲的、充满个人功利的教育生态的拨乱反正。《"坏"爸爸造就好孩子》讲述的是充满个性化的故事，概括的是今天人们特别需要的带普遍意义的一个回到本义和原点的教育改革梦。

《"坏"爸爸造就好孩子》分"幼儿时期"、"少年时期"、"青春时期"和"成年之后"四个部分，讲述作者郑正辉与孩子一起成长经历中的近百个小故事，贯穿全书的是"引导教育"理念和方法。孩子幼儿时期，引导自我意识；少年时期，引导自我教育；青春时期，引导自我管理；成年之后，引导思考人生，构筑了一部独树一帜的"郑正辉教育故事"。

郑正辉所推崇并实施的"引导教育"，除了反叛在孩子幼儿时期"拔苗助长"的教育异化之外，还反叛在孩子少年时期和青春时期以父母意志为主宰的"主观控制型"的教育方式，以及当前因"父亲教育缺失"带来的教育异化现象。这是"郑正辉教育故事"中最出彩的地方和能让教育回归原点和本义的地方。让人深思郑正辉所推崇的"引导教育"、"父亲教育"的内涵是什么？"郑正辉教育故事"能给我们带来哪些方面的启示？

透过书中所讲述的近百个小故事，我们至少会有两方面的启示：第一、郑正辉摒弃以父母意志为主宰的"主观控制型"的教育方式，真正地放下身段，创造了一个与孩子平等相处、互相尊重的生活环境，实现了亲密无间的相互信任；第二、郑正辉努力挖掘教育对象本身已具有的、或者说处在萌芽状态的成长要素，有效地引导这些成长要素，用自己或别人的"人生精神营养"去滋润这些成长基因，让它能自由舒畅地发育、生长直至长成参天大树。

中国当代的中小学教育不缺乏生活教育、知识教育，缺乏的是人文素质教育(有人称之为人格教育)，特别缺乏郑正辉这样的激发孩子内心的潜能，引导孩子自主成长，并以自身的人格发展来影响孩子的成长的"父亲式的人文素质教育"，缺乏郑正辉所推崇的"引导教育"、"父亲教育",缺乏这种"郑正辉教育故事"。这就需要我们揭示"郑正辉教育故事"的真正内涵,只有这样,才能让中国的教育真正回到它的本义和原点。《"坏"爸爸造就好孩子》所讲述的"郑正辉教育故事",不仅为众多家长父母提供了一个人人皆可效仿的学习榜样,还为中国当代的教育研究提供了一个鲜活的样本,具有强烈的现实意义、震撼力和启迪性。

除了教育上的启迪意义,《"坏"爸爸造就好孩子》值得一说的还有教育叙事文体的文学性。可以说,这部长篇教育叙事的可读性,来自它采用了长篇小说的叙事策略和叙事技巧。第一人称主角叙述视点的确定,使这部由近百个生活小故事串连成的长篇故事赢得读者的阅读信赖感;充满智慧和幽默的个性化叙述语言增添了长篇故事的可读性,那种夹叙夹议的既有感性也有理性的特定语言,非常睿智地将思想内涵点破而让读者产生顿悟的阅读快感;有起有伏的故事叙事节奏,紧扣住读者的阅读兴趣。这些叙事技巧和叙述策略的调用,使得一部长篇教育叙事具备了一部优秀的长篇小说的艺术元素,把普通人的日常生活和理想追求送进了文学的神圣殿堂,创立了在第三次教育革命来临时一个"写作创客"的典型榜样。给万千读者树立了一个这样的榜样——把自己独特的教育经历和生涯故事变成一部可读性强、创新意义深的"教育叙事+长篇小说"的新文体畅销书。

(作者为广东高校第四届教学名师,岭南师范学院二级教授、党委副书记,中国写作学会第五、六、七届副会长,国际汉语应用写作学会副会长)

自序："坏"得还不够

　　我兄弟俩，哥哥有三个儿子，我有一个儿子，四个子侄都是中外顶尖大学的博士。大侄儿16岁高中毕业，考上北京大学；二侄儿14岁考入中国科技大学少年班，再考上美国威斯康星大学全额奖学金博士研究生；三侄儿考上清华大学；我儿子西安交通大学毕业，考上美国佐治亚理工学院全额奖学金博士研究生。

　　我和我哥哥被视为培育天才的高手，不时有人登门求教。经常有企事业单位、中小学校和幼儿园请我去给孩子家长演讲，传授培育天才的"独门秘诀"。

　　几乎所有请我去演讲的人，都要求我将我家的教子经归纳总结出"一、二、三、四"，跟开药方一样传授给他们。似乎只要按照我开的"药方"去做了，就会手到病除，立竿见影，所有听众的孩子都能考上名牌大学，都能去美国留学，都能获得全额奖学金。

每一个孩子都是独特的个体，每一对父母都是独特的父母，每一个家庭都是独特的家庭，每一时期有不同的社会环境，教育孩子是复杂的系统工程。父母引导孩子体现在琐碎的日常生活之中，言传身教，潜移默化，春雨润物细无声，完全是见机而行，因材施教，因时代而异，很难找到跟清凉油一样的"药方"。

我家是教育世家，奉行引导教育和父亲教育理念，引导孩子激发自己内心的动力和潜能，培育孩子的自我教育能力，形成了独特的家风。哥哥和我发扬光大，传承了优良家风。

我儿子出生于 1982 年 11 月。当时，计划生育政策已经很紧，儿子是我一生中唯一的孩子，多么宝贵！

儿子没出生，我就暗自决定由我主导引导儿子。参加工作不久，单位分配给我一套住房，我将父母从农村接到城里，跟我们同住。由我主导引导我儿子，我父母会视为天经地义。我夫人聪明贤惠，典型的贤妻良母，我担心她不甘放弃权力和职责，争着相夫教子。

儿子一出生，趁夫人高兴，我就试探性地跟她达成口头之约："你管儿子的吃喝拉撒，由我教育儿子，保证培养出一个好人才。"

"好啊，我求之不得！"也许是夫人以为我吹牛，逗她开心，十分爽快地答应了。

夫人一答应下来，我心里就没底了，却决心遵守诺言，把儿子培育成才。当时，我的理论基础是读过当代最有名望的教育家苏霍姆林斯基的《帕夫雷什中学》和《把整个心灵献给孩子》；参照的实践经验是我家的好家风，以及我自己的成长体会。

1966 年，我被迫小学辍学，1978 年，考上大学。务农的 12 年当中，我每天晚上躲在帐子里，就着豆粒大的煤油灯看书。由于惧怕政治迫害，我父亲放弃了自己原有的教育理念，没给我任何帮助，严令禁止我看书，将我想方设法借来的书烧掉，用铁条打我(详见拙著《小学肄业上大学》)。

从自己成长的经历中，我深切感悟到自我教育比家庭教育、学校教育和社会教育更重要，理性的父亲教育比无理性的父亲教育更重要，引导教育比棍棒教育更有成效。

在决定由我主导引导儿子之时，我决心做百分之百称职的父亲。我认为做百分之百称职的父亲非常简单：你想要什么样的父亲，就做什么样的父亲。

我引导孩子的方法独具一格，完全是逆时代潮流而动。不教儿子识字，不让儿子上学前班，不辅导儿子功课，不鼓励儿子考第一名，儿子考了第一名父子打架，儿子犯了错误给予奖励，任由儿子凭自己的爱好行事，任由儿子凭自己的兴趣选择……

在一般人眼里，特别是在那些日思夜想把孩子培养成天才的父母眼里，以及那些"不让孩子输在起跑线上"的父母眼里，我完全是不负责任的"坏"爸爸。就是在我夫人的眼里，我也是独断专行、胡乱作为的"坏"爸爸，经常跟我辩论。可是，事实证明，我这个"坏"爸爸的引导之法行之有效，父母轻松潇洒，孩子健康快乐。凡是认识我们父子的人无不叹服，凡是听过我传经授道的人无不有如饮醍醐、茅塞顿开之感，心悦诚服地拜我为师。也有人跟我夫人一样盲从潮流，患得患失，左右摇摆，想学而不敢学，想"坏"而不敢"坏"。

演讲时，我讲的是我跟儿子一起成长历程中的生活故事，将被视为"坏"爸爸的行径放肆宣扬。希望听众被我们的故事所感动，激发听众的自我认识，理性地引导自己的孩子自主成长。奉劝他们调整心态，不要担心孩子输在"起跑线"上，不要想着把孩子培养成天才。每一个孩子都进名牌大学，都留学读博士，都获得全额奖学金，那是不可能的。父母的职责是引导孩子激发自己内心的动力和潜能，培育孩子的自我教育能力。真正的教育是通过自我教育而实现的，一个人能否成才主要取决于自我教育。要培育孩子的自我教育能力，必须实施引导教育；要实施引导教育，以父亲为主导的家庭教育更有成效。父爱如山，母爱似海。在家庭教育中，父亲与母亲各有优势，最好能做到阴阳互补，阳盛阴衰。

由父亲带大的孩子情商高，他们在学校里的成绩往往更好，走向社会更容易成功。这是美国耶鲁大学的科学家持续 12 年，从婴儿到十几岁的孩子各个年龄段进行跟踪调查所得出的结论。

父亲是崇高的职业，不评职称，没有退休；工作辛苦，没有工资；要求很高，没有培训；可以失职，没人追究；倘若失职，后果严重，多少家庭悲剧就是缘由父母没有引导好孩子。履行父亲这一职责的最大动力是对孩子的爱，以及对子孙后代负责、对自己负责、创建或发扬家族优良家风的责任心。引导孩子不要求父母学富五车，才高八斗，只要求坚持正确的教育理念，掌握正确的引导方法。少一点自卑之心，少一点虚荣之心，少一点攀比之心，少一点急功近利之心，少一点推诿之心，多一点自信之心，多一点平常之心，多一点宽容之心，多一点爱心、细心、耐心和责任心，理性地履行父母的职责。

现在生活压力大，父亲都很忙，忙得对自己的孩子视而不见，跟孩子说得最多的一句话是"去问你妈妈！"孩子也将父亲视同路人。据中国青少年研究中心调查，中国高中生将父亲选作第六倾诉对象，排在网友之后。

事实上，除了那些离乡背井外出打工的父亲，只要是跟孩子生活在一起的父亲，无论你多忙，只要你心中有自己的孩子，一天也能挤出一个小时亲近自己的孩子。就是那些外出打工的父亲，也可以通过电话、QQ、微信、书信对孩子进行关怀和教育。李敖深陷囹圄，还每星期给女儿李文写一封信，教女儿做人的道理，引导女儿健康成长。

"每天给孩子一小时，做100分的好爸爸！"

我在台上热情洋溢，慷慨激昂，台下听众交头接耳，窃窃私语。朝台下仔细一望，我禁不住哑然失笑，台下的听众百分之九十五是母亲。我这不是在破坏人家的家庭感情，打扰别人的幸福吗？

一次，在一所幼儿园演讲，一百多名听众竟然全是母亲。我一忍再忍，仍然忍不住中断演讲，当堂发问："怎么不见一位先生，孩子的爸爸在哪儿？"

此言一出，台下群情激愤，有的摇头叹息，有的睁眼怒骂，有的发泄委屈，有的一脸不屑，有的满面无奈。一位母亲站立起来，冲我道："郑老师，能嫁你这么一个老公就好啦！"

还好，没抛过来玫瑰花。

这本书专为天下父亲而写，专为大忙人而写，专为倡导引导教育、父亲教育和自我教育而写，专为希望天下父亲都成为我这样的"坏"爸爸而写。

你最多花费两天时间，就能将它读完。要是你连两天时间也不肯付出，要是你连一天给予孩子一个小时都做不到，那么，孩子叫爸爸的时候，你就不应该答应，应该赶紧转身离开。等孩子闯下大祸，高声大叫："我爸爸是×××"时那就鸡飞蛋打——完蛋喽！

官可以不当，钱可以不赚，孩子一定要引导好。孩子没引导好，官大、钱多，更加悲催。权钱是过眼烟云，幸福的人生是拥有一个好孩子和可以传承的好家风。

我跟读者分享的不是天才教育经验——那类图书早已泛滥成灾，也不是祖师爷式的说教。本书跟我的演讲一样，讲述的是我跟儿子一起成长岁月中一连串生动有趣的小故事，以及我在这些故事当中的心得体会。我儿子不是天才，上学之前，他不识字，青春时期还经历了较大的心理危机。我也不是十分称职的父亲，值得夸耀的是我儿子把我看作父亲，虽然我不敢肯定是不是他想要的父亲，但下面的情景令我欣慰。

儿子和儿媳从美国回永州举办结婚典礼。小两口在美国相识相爱，我跟儿媳是第一次见面。

儿子向儿媳介绍我的时候，满怀深情地道："为了我，爸爸放弃了去省文化厅和市委工作的机会。在我情绪低落的时候，每一次都是爸爸鼓励我，引导我走出低谷。"

望着即将获得博士学位的儿子和儿媳，我感觉无比自豪，感觉自己是天底下最幸福的父亲，感觉自己是儿子所要的父亲，感觉我这个"坏"爸爸"坏"得出色，"坏"得有理，"坏"得不够，只能得90分。

引导自我意识

　　引导教育，是以孩子为主体，通过观察，发现孩子的兴趣、爱好和禀赋、潜质，引导和培育孩子自我教育能力的教育方法。引导教育既是理念，又是方法，渗透家庭教育、学校教育和社会教育的始终。

　　自我意识是个体自己对自己存在的觉察，是个体自身人格的核心。心理学家认为儿童早期，特别是 3－6 岁的幼儿是其人格发展的敏感期。充分利用幼儿自我意识形成这一敏感期的良好时机，对其进行适当的引导与培养，协助幼儿自我意识的积极发展，对其健康人格的形成将起到事半功倍的效果。

　　父亲的理性和母亲的感性相结合，对引导孩子的心理成长更为有利。引导孩子越早越好，越会玩越好，越系统越好。

 日行万步路

爱美女的傻小子

　　还没满百日，我儿子就有了诸多"不良"表现，主要是不肯睡觉，以及不肯睡觉带来的一系列问题。书上说，0－28 天的婴儿，一般每天要睡 20 个小时；4－6 个月，一般每天要睡 15－16 个小时。我的傻儿子从出生到满百日，从来没有哪一天睡足 12 个小时。而且傻得离谱，不睡觉的时候，他很少哭闹，小眼睛骨碌骨碌转，左瞧右望，嘴唇嚅动，似乎要找人诉苦，跟你讲话。你不跟他讲话，他就抗议，大鸣大放。不到半岁，又添三件坏毛病：一是沉醉于看美女；二是迷恋于照镜子；三是热衷于郊游。

　　见傻小子要找人诉苦，而且有苦难言，我就抓住他的小手，一边轻轻挠，一边对他说："伙计，你有什么要求？是不是要撒尿？不想撒尿。那肯定是想听老爸讲故事，老爸给你讲一个最好的故事。从前，有座山，山上有座庙，庙里有个老和尚……"

　　一有空闲，我就如此这般地跟傻小子胡扯。我一胡扯，傻小子就安静下来，睁大眼睛盯住我，似笑非笑，萌得可爱。

　　大学毕业，我分配在地区群众艺术馆工作，工作轻松，无多大责

任，每天 8 小时的班却必须要上，哪有太多的时间跟傻小子胡扯？一天，吃过晚饭，我动员夫人和父母，请他们有空就跟傻小子胡扯。

我夫人性格温柔，原则性强，从事会计工作，整日跟数字打交道，一是一，二是二，少言寡语，不爱读杂书，不会唱儿歌，要她跟儿子胡扯 5 分钟都有困难。她也不喜欢跟一个婴儿胡扯，认为完全是毫无意义的对牛弹琴。况且，她每天上下班要走几公里路，下班时还要顺路买菜，累得给儿子喂奶时常常闭目养神，就是有话跟儿子胡扯也没有精力和体力。对我的动员，她用脚投票，没让我讲到深远意义，她冲我一笑，起身进厨房洗碗。

我母亲是文盲，特长是唱山歌，却不会唱儿歌。永州山歌声调铿锵，一开口就会吓得孩子梦哭。她逗我侄儿们的话语就是一个无词义的双音节"嗳公"。听了我的动员，她老人家立即行动，对着傻小子"嗳公、嗳公"的叫个不停，慈爱之情溢于言表。傻小子却也听得津津有味，跟着"嗳公"了两声，声调如同打嗝。

我父亲是很有意思的人，身为教师，留恋的却是田土。许多人有这种秉性，有人做了皇帝却迷恋木工活。除了完成政治任务，他从来不看教科书以外的书籍和报纸。跟我在城里生活的 10 年当中，家中书刊报纸随手可取，他从来不看一眼。他甚至对电影和电视也没有兴趣，说是人演的，假的。电视连续剧《霍元甲》，他看过大约半集，评论霍元甲是六个字："他又不是神仙！"我们兄弟姊妹小时候，他在外地教书，从来没哄过小孩子，我担心他拿什么话跟小孙子胡扯。

出乎意外，他冲我母亲笑骂道："蠢样，教孙子打嗝哪！"他抱过我儿子，轻声诵读《三字经》："人之初，性本善；性相近，习相

老公，喜欢照镜子长大了干什么啊？

远……"摇头晃脑，抑扬顿挫，拉很长的音。父亲不识谱，上音乐课教学生唱歌，不管是《东方红》，还是《国歌》，他唱的都是这种腔调。

没几天，傻小子就上瘾了，一天不听爷爷"唱经"就哭闹。爷爷身体不好，患有严重的神经官能症，十几分钟"唱"下来，额头上一片汗光，半躺在椅子上，老半天才能站起来。我担心父亲哪一天站不起来，思谋有一种省力的方法对付傻小子。

一天，我在单位收发室见到同事订阅的一本《家庭》杂志，上面有一篇文章，说如何引导孩子的自我意识，我向同事借回家，认真阅读。才知道自己歪打正着，跟儿子胡扯是在引导他的自我意识。在此之前，我完全是看儿子萌得可爱，逗他玩，有了这篇文章武装头脑，我是有意而为之了，参照文章介绍的方法，让傻小子看我和他妈妈的结婚照。

当时，少有彩色照片，我和夫人的结婚照是4寸黑白半身照，傻小子不感兴趣。我顺手抓起书桌上的《大众电影》杂志，让他看女明星。一见如花似玉的美女，傻小子就两眼放光，扑腾双手，似乎要将美女搂进怀里。怪不得告子无可奈何地"叹息"："食色性也。"

也许是美女看多了，傻小子又迷恋上了照镜子。这一毛病的始作俑者是我夫人，她有一块经常用来检察容颜的小圆镜。一天，被儿子吵闹得束手无策的时候，她摸出小圆镜，让儿子照镜子。一见镜子里的小鼻子、小眼睛，跟猩猩一样，傻小子可能以为自己的孪生兄弟回来了，立即不哭闹了，"嗳、嗳、嗳"的发出友好邀请。十几天之后，才明白镜子里的小子是他自己。从此，他患上了"自恋症"，一天不照几次镜子就有意见。我买回两块小圆镜，一块系在摇篮栏杆上，另一块放在客厅里，以备随时随地让傻小子臭美。

夫人对儿子的表现大为不满，特别是她的朋友小竹生下儿子之后，她的不满情绪更为强烈，不时跟我唠叨："你去看看，小竹的儿子多好，多乖，一天除了吃奶就是睡觉，抱都不用抱。你看看你儿子，一天就晓得吵，要了这样要那样，全是你娇惯的！"

我咧嘴傻笑，心里在想，一天就知道睡觉的孩子有屁用，至少对外界的事物不敏感，或者说没有感觉，十有八九是发育不健全。不幸让我猜中，那孩子是先天性痴呆。

傻小子满半岁的时候，时值初夏，阳光明媚，鸟语花香。我想到了古人的成功经验之谈，"读万卷书，行万里路。"儿子才半岁，书没办法读，行路是完全可行的，没有条件行万里路，就带儿子日行万步路吧。一有空闲，我就抱着儿子在单位周边转悠。

转悠了没几天，傻小子热衷于郊游的毛病又养成了。一见我下班，他就张开双手向我怀里扑。一抱过他，他就挣着身子向门口倾侧，要你抱他去郊游。

去看癫子

当时的群众艺术馆坐落在城乡接合部。单位用片石围墙圈出一个大院子，前门朝向农村，门前是一口大塘和一片水田，出门是一条跟机耕路一样的毛马路。除了有汽车进来的时候，平常日子，前门用大铁锁锁上，人们出入走后门。因而，我们单位号称最牛的单位，不走后门，你根本进不来。

走出后门，是种满梨树的山坡。梨树年年开花，从来没见过结果。十月小阳春，它们也含苞怒放，闹得半边山坡白花如雪，花香扑鼻，让人记错时节。梨园南边是地区精神病医院，夜深人静，不时有高亢的歌声传出来。

人生应该什么都见识一下。一天，我抱儿子去精神病医院看精神病人。

跟当今的重点中学一样，精神病医院的住院部也是封闭式管理，不是本院的医护人员进不去。药房的贺医生曾经请我做过结婚家具，我找到贺医生，请他带我们进去。

从药房出来，贺医生责怪我："你有亲戚在这里住院怎么不早告

诉我？"

我说："我的亲戚没有脑子灵活到发癫的，我是想让儿子看看精神病人的样子。"

贺医生站住不走了，盯住我怪怪地笑，只差没有点着我的鼻子骂我是癫子。笑过后，他伸出一根手指头在我儿子的小脸上轻轻刮一下，问我："侄儿多大了？"

我道："8 个多月。"

贺医生拉着我转身往回走，笑着说："哪有抱着 8 个月大的儿子来看癫子的？"

我省悟到自己的确有点荒唐，把这一项教育内容取消了。有人叫贺医生拿药，我想让儿子去看他拿药。他说医院有规定，药房不能让我们进去。他从窗口递出一个空药盒，给我儿子玩。我抱着儿子在院子里转悠。

精神病医院的原址是绿天庵，怀素和尚用芭蕉叶练书法的所在，已被彻底拆毁。唐朝有两位书法家被称为"草圣"：宰相张旭与和尚怀素。怀素成名于张旭之后，继承张旭笔法，又有所发展，擅长狂草，人称"以狂继颠"，跟张旭并称"颠张醉素"。精神病医院的宿舍楼前现有一座八角小亭，亭内竖立一块石碑，刻的是怀素的《千字文》。

当时，保护《千字文》碑的八角亭还没建设，碑丢弃在杂草丛生的泥地上。走得累了，我抱着儿子坐在碑上歇息。灰土填平了字痕，碑上的字迹模糊不清。儿子要在上面坐一下，我就让他坐一下。当时，我不知道它是大名鼎鼎的《千字文》碑，以为是哪个地主老财或

者封建官老爷的墓碑，"破四旧"的时代被推倒之后，丢弃在野地里。傻小子坐在碑上两只眼睛望着我的时候，我跟老师教书一样地跟他说：

"这是石碑。制作石碑主要有四道工序，先是从石头山上开凿下来一块大石头，再打成坯子，第三是写上字，第四是由石匠照着写上去的字刻出来，就做成了石碑。石碑有许多种，有功

德碑、纪念碑、记事碑、诗文碑、庙碑、墓碑、路碑、界碑等等。我们中国人讲究歌功颂德，精神传统，屁大的事都要立碑。打一口井，架一座桥，修一个凉亭，死一个人，都要立碑。这块大碑就是哪个大地主或者大官僚的墓碑。"

像是纠正我信口胡诌，傻小子"咿咿呀呀"抗议。我刚要问他是什么碑，他咧嘴一笑，小鸡鸡射出一线尿，"哗啦、哗啦"，碑上湿了一大片。随着尿液流动开来，碑上的字迹显现了出来。碑面上不仅没有"显考"、"显妣"，而且字迹极其潦草。

当时，我不知道绿天庵，也不知道怀素，就跟儿子说："伙计，对不起，老爸刚才说错了，这不是墓碑，可能是诗文碑。"

傻小子不理睬我，张开双手要和尿泥。我赶紧将他抱到一边，顾不得他抗议，顾不得尿臭，伏在碑上仔细辨认，感觉碑面上的字恍惚活动了起来，如骤雨旋风，纵横恣肆；又似龙腾虎跃，奔蛇走虺。

　　跟干了几大杯白酒一样，我全身的血液奔腾，很想多看一点，忍不住冲傻小子叫喊："伙计，再来一泡，再来一泡！"

扑溶机

　　精神病医院南边紧邻武庙和法华寺。从前，寺和庙联成一体，一个单位，两块牌子，一套人马。寺里供奉如来、文殊和十八罗汉等。香火鼎盛之时，住持僧人一两百个，规模之大为永州佛庙之首。大雄宝殿前有钟楼和鼓楼，傍晚，击鼓鸣钟，声闻全城。称为"山寺晚钟"，是永州八景之一。现如今拆得仅存大雄宝殿。我抱着儿子走到寺门前的时候，殿门紧闭，殿前的空坪上有十几只鸡散步。儿子不想进去，我就抱着他站在寺门前的山顶上。放眼一望，心旷神怡。整座永州城尽收眼底，街道纵横，房屋鳞次栉比，潇水北去，对河的愚溪古桥、西山和造纸厂历历在目，第二小学和电影院就踏在脚下。

　　柳宗元被贬永州，曾在法华寺寄居过。想必老先生大清早起来，站在我们站立的地方望见了西山美景，情不自禁地冲他的朋友和随从叫喊："嗨，兄弟们，准备酒菜，吃罢早饭，我们到对河那座山上耍子去也！"我告诉儿子，柳宗元就是这样去西山宴游的。游玩回来睡了一觉，酒醒以后，他就爬起来写下了《永州八记》当中的《始得西山宴游记》。

看过法华寺，我们转身回来参观武庙，沿着围墙寻找后门。当时，武庙和法华寺被农机研究所占据，里面不时传出"叮叮、咣咣"敲击声，跟敲钟击磬差不多。农机研究所跟我们单位一样牛，正大门上也是挂上铁锁。

我正在东张西望找后门的时候，两位老婆婆相扶相携，颤颤巍巍地向我们迎面走来。恰在此时，围墙内传出节奏感很强的像是敲木鱼的声响。两位老婆婆停下来仔细聆听。声响落下时，我们正好面对面相遇。她们满面欣喜的笑容，睁眼盯住我。一位婆婆不好意思地问我："老师，是不是准许有和尚了？是不是里头在做法事？"

中国人的称呼随社会风尚和社会价值观的改变而变化。20 世纪50、60 年代讲求社会平等，大家相互叫同志；70 年代工人阶级是领导阶级，叫师傅；80、90 年代知识就是力量，叫老师；现如今一切向"钱"看，叫领导，叫老板。

也许是见我面色白净，戴眼镜，80 岁的婆婆也尊称我为老师。我笑着摇头说不清楚。两位婆婆睁大眼睛盯住我问道："你当老师的不清楚，还有哪个清楚？"

"对不起，我不是老师，我真的是不清楚。"

"哦，不是老师哪。"两位老婆婆意识到问错了对象，相互捶背，哈哈笑着走了。

在围墙外面寻找了许久，我才找到一个跟房门一样的门走进庙里。武庙的其他建筑都被拆毁，在原址上建了宿舍和办公楼，唯有正殿保留完好。像是一个被砍头的罪犯，身子让狗吃了，脑壳丢在地上没人要。正殿堆积杂物，殿门半开。廊前立四根青石柱，每根高两丈

有余，一人不能环抱，雕琢精美，让人叹绝。柱身盘缠蟠龙，龙体肥胖，鳞甲分明，似有腾空飞跃之势；龙头硕大，伸出柱外一尺有余，龙嘴里含着石珠。我情不自禁地连声叫好。傻小子已满十个月，学会了讲两个字。一见青石龙柱，他就眼睛发亮，歪斜身子要我抱他去抚摸石柱，大喊大叫："我要，我要！"

我走近青石龙柱，举着儿子，让他抱住一个龙头。跟亲吻他妈妈一样，傻小子噘着小嘴去亲吻龙的鼻子。当时，我不知道武庙供奉的是岳飞还是关羽，也搞不清这种青石龙柱是如何打造出来的，没向儿子讲解，只是拨动龙嘴里的石珠，让它发出滴溜溜的声响，逗他玩，让他加深印象，记住世上有这么精美的工艺品。

看过青石龙柱，我们循声寻找发出声响的地方。那是一间加工车间，制造研究出来的新式农机。车间里有几名工人，分作两拨，一拨在敲打扑滚机，另一拨在制作人工打煤用的藕煤机。公私兼顾，扑滚机算是科研成果，藕煤机可以卖点外快。

傻小子对敲敲打打很感兴趣，特别喜欢观赏制作扑滚机。看到一名工人推着扑滚机测试能否滚动，他兴奋得在我怀里蹦跳，大喊大叫，扑腾双手要上去操作。扑滚机的原理极其简单，简单到不能称之为机，就是在一个木框架当中安装一根带铁片的辊轴。操作时，人站在木框架上，让牛拉着滚动行进，在行进中将禾蔸辗轧进田泥里，省了犁耙翻耕。

我给全车间的工人散了烟，扶住儿子站在扑滚机上，请那名工人推动了几下，傻小子高兴得哈哈大笑，连声大叫："我要，我要，我还要！"

工人们怂恿我买回去。要不是担心夫人责怪我无厘头，我真的会扛回家，天天推着傻小子玩，让他叫喊："我要，我要，我还要！"

除了这一次，傻小子日后没见过扑滚机。3 岁时的一天，他跟我比赛讲故事，将扑滚机编进了故事里。我不是心理学家，不是医学家，解释不了是什么原因。写到这里，我顺手在百度和谷歌上搜索一下，也许是方法不对，没搜寻到答案。也许傻小子就是"天才"吧？可是，无论傻小子多么"天才"，也不可能"天才"到扑滚机上面去哪。

一只青蛙

我挣扎着从农村走出来，却又有深切的农村情结。除了非去不可，我很少带儿子上街，去得最多的地方是城边的农村。

从单位的后门出去，走出围墙范围，踏上田埂小路，过了大塘，再爬过一个小山头，就到了一个村子。

一天，我抱着儿子一踏上田埂，一只青蛙跃起老高，擦着我大腿飞过，在我裤腿上撒下几滴尿。青蛙跃起的优美弧线吸引住了傻小子的目光，正值晚稻分蘖，田水清亮，青蛙在水田里跳跃奔逃的优美身姿和田水声响，令傻小子欣喜若狂，扑腾身子要挣脱我的怀抱，向稻田里跳，高声大叫："我要，我要！"

务农时期，夏秋季节，我经常夜晚去捉青蛙，对青蛙的习性了如指掌。我拾起一块土疙瘩，瞄准青蛙投掷去，惊魂未定的青蛙赶紧扎进泥土里，一动不动。我踢掉凉鞋，抱着儿子跳进田里，捉住那只青蛙，让儿子抚摸，让儿子欣赏。

叶公好龙，见了我手上的青蛙，傻小子吓得往我怀里钻。我抱他回到田埂上，将他放在地上，坐在他身后，用双手胳膊环抱住他，一只手抓住青蛙，另一只手抓着他的手去抚摸青蛙。他抬头看着我，见我笑嘻嘻，他不再害怕了，双手抚摸青蛙。抚摸了一阵，他抓住青蛙不放了，大喊大叫："我要，我要！"我让他再抚摸了一会，故意松开了手。我的手一松开，青蛙就轻易地从他手上挣脱了出去，飞快地跳进了稻田里。他不满地大叫："我要，我还要，我还要！"双手扑腾向稻田里爬。

我抱住他，见他撇嘴要撒野，赶紧折下手边的一枝野花，塞进他手上，抓着他的手摇晃。轻声跟他说，青蛙是益虫，专吃稻田里的害虫。它可能是小蝌蚪的爸爸，耍死它，小蝌蚪就没有爸爸带它们玩了。青蛙爸爸也是蝌蚪变来的，而蝌蚪又是青蛙的卵变来的。蛙类有青蛙、石蛙、树蛙、土地蛤蟆、黄丝蛤蟆和癞皮蛤蟆等等百十种。石蛙又叫"半拐"，生活在大山里；树蛙生活在亚马孙雨林里；黄丝蛤蟆喜欢钻厕所；癞皮蛤蟆模样儿像青蛙，却跳不起来，背上有钉，是毒囊，不能吃。它的皮可以入药，叫蟾皮，消肿退毒，能治癌症。无书可读的年代，我反复读过《家庭医生手册》和《中草药手册》，学到不少医药知识。

亲近青蛙费劲，观赏植物容易，田角、地头长满田边菊、车前子和蒲公英等花草。我将傻小子抱到花草茂盛的平坦山地上，让他在花草中恣意爬行，指点他眼前的花草教他辨认。发现他对某一种花草感兴趣的时候，明知他听不懂，我都给他讲解。比如，他停止爬行坐在地上，伸手去折田边菊，我就扶住他的手，轻言细语地讲道："田边菊，又叫路边菊。除了初春和寒冬腊月，全年开花，花瓣有黄色的和淡紫色的，闻起来比菊花香。刚长出的嫩头可以炒着吃，脆嫩清香，非常爽口。它是药，败毒抗癌，凉血散淤，清热利湿，消肿止痛。生了疖疮，摘几片叶子嚼烂，敷上去就行啦。"

去农村看猪

傻小子不喜欢植物，喜欢动物，他到农村主要是看猪。我第一次抱着他翻过塘边的山头，碰上一头母猪带着八头小猪在山脚下玩耍。他一见就高兴得"嗷嗷"叫，一定要我抱着他跟在母猪身后跑。

放猪的是一位婆婆，年纪跟我母亲差不多，她背上背的孩子跟我儿子差不多。见我儿子喜欢她的猪，她喜欢上了我儿子，问我："老师，你是艺术馆的吧？"

我颇为奇怪："你怎么知道我是艺术馆的？"

她笑嘻嘻地说："你毛毛喜欢猪嘛，你们有文化的人生的儿子才喜欢猪。"

不可思议，我儿子喜欢猪，她就能断定我有文化，是艺术馆的。闲扯了几句，她把母猪赶进一块刚收过菜的菜地里，让猪吃着烂菜叶不乱跑，让我儿子好好观赏。我抱着儿子坐在草地上，指点着给他讲解有关猪的常识后，叫他给小猪取名。

我说："伙计，我们来给小猪取名，你取什么名，它就叫什么名。"

傻小子久久不开口，眼睛紧紧盯住小猪。忽然，两只小猪撒欢，又叫又跑。傻小子高兴得手舞足蹈，大喊大叫："哦，哦。"

我笑着鼓励他："这名字取得好。它们叫哦，肚皮上有花的这一头叫哦一，屁股上有花的那一头叫哦二。"

放猪的婆婆见我们好笑，凑了过来，将背上的孩子放下来，长叹一声："怪不得你们的儿子聪明，考得起大学。做老子的晓得带儿子来看猪，还懂得叫儿子给猪取名字。我那儿子哪，他情愿打牌，也不想抱自己的儿子一下。"

自从那一次看过猪，只要我抱儿子一出后门，他就要向农村走。我们看猪、看牛、看狗、看鸭、看鹅，儿子对鸡不感兴趣，因为爷爷天天抱他去喂鸡。不知什么原因，傻小子最喜欢猪。他不知道猪应该叫猪，就给猪命了一个名："嗡"。一爬上大塘上面的山坡，他就两眼发光，手舞足蹈，不停叫："嗡，嗡，嗡。"一见到猪，他就不"嗡"了，放声大笑。那位婆婆的小猪卖掉之后，没有猪在外面跑了。不见了"嗡"，他怎么也高兴不起来，大吵大闹。

那位婆婆对我说："你抱毛毛到猪栏里去看嘛。"

那时候，生猪很少集约化养殖，家家户户养一至两头猪。猪栏简陋，几块石头、几根树枝加一捆稻草就搭建起一间猪栏，有的跟厕所连在一起。郑家村的猪栏也是这样的。撒猪栏肥的时候，我们总是用手抓着撒。撒完之后，抓一把田泥在手上搓洗几下，回到家，端起碗就吃饭。双手散发出热烘烘的气味，跟菜碗里的腌芥菜气味混合在一起，让自己以为吃的腌芥菜是酸辣椒炒肥肠。

一天，傻小子突发奇想，一定要在一头肥猪身上坐一下。我了解肥猪的习性，对人亲和，不会伤人，喜欢人替它挠痒痒。

我将傻小子放在猪栏门外站稳，自己跳进猪栏里，伸手在肥猪耳朵后面挠。肥猪舒服得哼哼叫，如同八戒回到了高老庄。哼着哼着，它趴下去了。我赶紧将傻小子抱进猪栏，一手扶住他坐在肥猪身上，另一只手继续为肥猪挠痒痒。肥猪舒服得渐入佳境，哼哼不停。

傻小子兴奋得大喊大叫："我要，我要，我要！"那神情如同拿破仑击退了第一次反法同盟，骑在战马上大呼小叫。

一个村子的猪栏差不多钻遍了之后，村里的老人和孩子都认识我们了。一见我们出现在村口，就有人笑着叫喊："嗨，看猪的毛毛又来啦！"

随即，会有几个七八岁的孩子向我们跑过来，争抢着拉我们去看他们家的猪。

驱鬼秘笈

儿子一岁多以后，抱他日行万步有点吃力了。我父亲用竹片和塑料包装带制作了一把漂亮的小椅子，安放在单车的三脚架上，我骑单车带上儿子在城边四处跑。儿子上幼儿园之后，改为一星期跑一至两次，直到他上小学之后才停歇，基本上把永州城周边几里范围跑遍

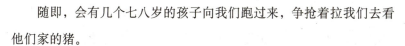

了。柳宗元笔下的《永州八记》和永州八景风光遗址、名胜古迹、农村、工厂、大中小学校、果园苗圃等等地方几乎都游览了一遍。朝阳岩、香零山、柳子庙、文庙、蘋岛和回龙塔等名胜古迹游览过多次，一边游览，一边跟他讲解。历史故事、历史人物、诗词对联、风土人情、天文地理、香花野草、猪羊狗兔，碰见什么讲什么，他问什么回答什么。引导他认识家乡，认识历史，认识自然，激发他"人"的自豪和骄傲，培育他永州人的自豪和骄傲，牢固树立自我意识，知道"我是谁"。

傻小子 5 岁那年的一个星期天，我骑车带上他又一次来到朝阳岩。

这一次，我事先专门做了功课，将介绍朝阳岩的文章看了两遍；花了很大的工夫，背下了柳宗元的《游朝阳岩遂登西亭二十韵》，还特地带上一支手电筒。

唐代道州刺史元结途经永州，系舟岩下，见此处山水秀丽，崖石奇绝，岩口东向，取名朝阳岩；柳宗元贬谪永州 10 年，常在朝阳岩流连忘返，吟诗明志；宋代张子谅的题记、米芾的题刻；程颢、周敦颐、何绍基等人的诗刻；以及"朝阳旭日"美景等等，我早已跟儿子讲过几次。

这一次，我当游客，让傻小子当导游，请他给我讲解。他有点露怯，担心在师傅面前现丑。我就激他："伙计，你不可能一点也没记住吧。"

"讲就讲，我还怕了你！"顿时，傻小子自信满满，指点洞口岩壁镌刻的"何须大树"四个大字，开始讲解。开始有点结结巴巴，讲到柳宗元的时候，他神采飞扬了，几乎将我讲解过的背诵了一遍。

我心中大喜，领他爬上岩壁，游览岩壁上的诗词，不无卖弄地把柳宗元的《游朝阳岩遂登西亭二十韵》背了一遍。

傻小子惊讶得眼睛瞪直了，像是瞻仰柳宗元塑像那样，满怀崇敬地盯住我，大呼小叫："伙计，你怎么记得这么多啊？"

我故作得意地道："伙计，只要工夫深，铁棒磨成绣花针。老爸读了三个早晨，当然记住啦。你的功夫不是也蛮深的，把老爸讲过的都记住了。"

傻小子很受用，略有谦虚地道："将门无犬子嘛。"这是我前几天跟他讲故事时说过的话。傻小子不仅记住了，还用得比较贴切。

不过，我这次带他来朝阳岩，不是考他的记忆力，而是锻炼他的胆量和勇气。

我出差不在家的时候，傻小子就缠着奶奶讲故事。奶奶讲的故事虽然主题思想正确，但故事情节有些恐怖，故事当中有鬼、红毛野人、日本鬼子。最近几天，一到天黑，傻小子就拉住我的手不放，讲话不敢高声。睡觉之前，一再要求我们关上窗户，还不肯一个人先睡。我问他是什么原因，他说："奶奶讲，天一黑鬼就出来，鸡叫时才回到阴间。"我一再解释世上没有鬼，他就是不相信。用奶奶讲过的故事反驳我，还举出具体事例，说昨天晚上的某一声响就是鬼弄出来的。讲得活灵活现，我身上都起鸡皮疙瘩。

这种恐惧我也经历过，满过 10 岁，我仍然不敢爬上自家的阁楼，总以为楼上挤满了鬼，张牙舞爪，等待我送菜上门。我们村前的石头山上有一个岩洞，躲日本鬼子时，周围几个村的人躲藏在里面。

我总觉得那岩洞阴森可怕，很可能是鬼的司令部。每次经过岩洞前，我都是屏住呼吸快跑，生怕稍微慢一点就被鬼抓进岩洞，受尽折磨。直至15岁那一年，因为赖掉了别人的一本书，怕父亲打我，我爬进岩洞里躲了一天一夜，第二天从岩洞里钻出来的时候，我不仅不怕鬼了，还感觉自己比鬼还厉害。

朝阳岩下有一个岩洞，名叫"流香洞"，洞长约500米，有东西两个出口。洞内左右石壁如半环，有泉水流出，水色清冽，水声淙淙，泻入潇水，冬夏不涸。在零陵师专读书时，我和同学来钻过几次。学校叫我们在聚贤祠前面的山坡上植树，我和几位同学躲进洞内偷懒，抓螃蟹。可以说，我对这个岩洞比我们村前的那个岩洞还熟悉。这一次，我带儿子来的真正目的是带他游览这个岩洞，让他跟我一样不相信世上有鬼。

听说带他进入黑黢黢的岩洞，傻小子立即往我身后躲，理由十足地道："爸爸，我们赶快回去吧，可能有人会偷我们的单车。"

我抓住他的手往洞内走，揿亮手电筒照路，说个不停，不容他插嘴。说我怕鬼不敢上楼，说我在村前的岩洞里躲藏了一日一夜，说我跟同学在这个岩洞里抓到了螃蟹。说着，我将手电光射向泉水，水中有两只螃蟹爬动。我将手电筒交给儿子，叫他一直照着螃蟹，我脱掉鞋子，跳进泉水里，抓住了两只螃蟹。抓鱼捉蟹，我是行家里手，飞快地扳掉两只螃蟹的大螯，将没有了大螯的两只螃蟹塞进衣袋里，四只大螯，我跟儿子平分了。我抓着一只大螯就向嘴里塞，嚼得"嘎嘣、嘎嘣"响，边嚼边叫儿子吃。鼓励了半天，我将两只大螯吃进了肚子里，还没听见他咀嚼的声响，我不禁有点生气，就用命令的口气叫他吃，说很好吃，又香又甜，还有一丝咸味。听见了他的咀嚼声的时候，我暗中松下一口气，心想，虽然生吃螃蟹没有野外生存训练的严酷，但儿子毕竟体验了一丝野外生存的意味。假如哪次他身陷困境，见了螃蟹就敢生吃啦，真是一次难得的意外收获。

也许是生吃螃蟹带来的勇气，也许是想转移注意力，傻小子竟然要求跟我调换工种，我打手电，他下水里抓螃蟹。水流刚浸过我的脚踝，水底是松软、干净的细砂，赤脚踩在上面很舒服。我立即跟他调换，担心他摔跤，父子俩在水中并肩前进。走了不远，发现一只螃蟹。这是潇水河里的河蟹，个头不大，行动敏捷。在手电光的刺激下，它飞快地往前跑。我赶忙跑到它前面，用脚拦住它的路。叫儿子捉，却又担心儿子被夹，想着螃蟹没有毒，夹一下也不是什么坏事，就一边传授捉螃蟹的技巧，一边催促儿子快下手。傻小子全神贯注，屏住呼吸捉螃蟹，手伸过来，缩回去，缩回去，又伸过来，反复几次，眼看螃蟹要掉头逃窜，他一声叫喊，抬起脚对准螃蟹用力踩下去。他抬起脚时，可怜的螃蟹已支离破碎，八条腿有五条腿随水流漂走了。傻小子抓起螃蟹身子塞进自己衣袋里，抓起一只大螯就向嘴里塞。我觉得有点残忍，但想到自己生生地扳下螃蟹的大螯，不是比儿子这种一脚毙命的方式更残忍吗？

走到有微弱亮光的地方，泉水也隐蔽在了石缝里。我们爬上岸，从西端的洞口钻出岩洞。我们一共抓了七只螃蟹，我跟儿子收拾洞口附近的枯枝烂叶，烧螃蟹。傻小子兴致极高，命令我当指挥官，一切事务由他亲自来做。

吃着香喷喷的烧螃蟹，我笑眯眯地道："现在，你相信了吧？世

上没有鬼吧？"

"有，这螃蟹就是鬼，你叫我捉第一只螃蟹时，把我吓死了。"儿子抓起一只螃蟹塞进我手里，接着说："伙计，我们还是从洞中钻回去吧，肯定又能捉到七只螃蟹。"

我禁不住为自己高兴，带儿子来一趟朝阳岩，不仅赶走了儿子惧怕的鬼，还让他学到了野外生存知识。

带孩子日行万步路这种事，由父亲承担最适宜。在一般父母当中，一是父亲力气大，抱孩子日行万步，感觉不怎么累，还不怕脏，不怕狗；二是父亲知识面丰富，幽默风趣，喜欢胡扯，跟孩子有话讲。

我们这样建议完全没有轻视女性、有意冒犯女权的意思，请女同胞千万别生气，千万别去妇联举报我。我想，老公不出外打麻将、上夜店，一有空闲，就抱着孩子去外面转悠，没有哪一位女同胞会生气，你不仅对老公放心了，还让你有了空闲时间，腾出手来洗衣服、搞卫生、上 QQ、上淘宝，给父母打电话，给闺蜜发微信，高兴还高兴不过来呢，哪还顾得上生我的气，想感谢我还一再考虑是买烟呢？还是买酒呢？

 一起讲故事

天大的难题

不满一岁半，我儿子就会很流畅地讲完整的句子，跟大人讲话一样条理清楚，并且没有儿化语。这是我带他日行万步路、每天跟他讲话的功效。我喜出望外，着手开设第二阶段课程：跟儿子一起讲故事。备课之前，我拟定了三项原则：

一、坚持讲一个故事，连续讲几年。主人公贯穿始终，情节内容环环相扣。

二、坚持自己编创，不捧书本念。念故事会让孩子视为你没本事，影响你在他心目中的高大形象，影响故事的权威性，让孩子没有亲切的归属感；而且，世界上还没有一套系统引导孩子的故事书，念书本上的故事会使引导功能碎片化，根本达不到系统引导孩子的目的。

三、坚持跟孩子共同编创，跟孩子一起讲。只有让孩子参与编创，跟你一起讲，才能激发孩子的想象力和创新思维能力，才能让他有长盛不衰的热情。

我计划自己编一个能讲6年的连续故事，主人公贯穿始终，情节

内容环环相扣。一天讲一集，一集讲一个小时左右。从儿子一岁半开始，上小学之日结束。到儿子有一定语言思维能力的时候，跟儿子共同编创，父子俩开展接力赛，一人一天讲一集。

我给儿子编这个故事的目的，是想将我的价值观和对儿子的期望倾注在故事的第一主人公身上，让第一主人公成为儿子的偶像，潜移默化地成为他自己内心的动力，不露痕迹地引导他树立自我意识，树立正确的世界观和价值观，按照我的期望去做人做事。

为了让儿子对第一主人公很快产生认同感和亲近感，我几乎是以我自己的家庭背景和生活环境虚构第一主人公的家庭背景和生活环境，让第一主人公高中毕业之前的生活状态跟我儿子将要进入的生活状态基本相似。可以说，我是依据儿子未来的生活轨迹，把他未来的生活向他预先演示一遍，系统地引导他认知世界，感悟人生，立志图强。

6年，2 190多天，2 190多个小时的连续故事。《一千零一夜》才收集264个故事，我自己都觉得是天方夜谭。刨去我出差、生病、偷懒等天数，2 000集故事要讲。儿子刚会讲话，我讲1 400集理所应当。虽然我有一点文学功底，但也没有本事编创出一个能讲大约2 000小时的连续故事。6年讲一个故事，一个故事讲6年，天大的难题，想一想都头皮发麻。

为了儿子，刀山敢上，火海敢闯。

苦苦思索了十几天，我决定借鉴《西游记》。一想到《西游记》，我接连抽了两支烟犒赏自己。一边抽烟，一边梳理《西游记》的特点，构思要跟儿子一起讲的故事。

目标明确：唐僧取经是为了弘扬佛法，普度众生；我们的主人公寻找宝物是为了完善飞船，拯救地球。

道路漫长：从长安到印度，路程遥远；从永州出发到南极洲更为遥远，而且还要漂洋过海，应该比唐僧多走几年。

路途艰险：唐僧历经了八十一难，我们的第一主人公要历经八百一十难。

人物有戏：唐僧手无缚鸡之力，却担当领导者的重任，而且，他所领导的四名下属个个犯有前科，凶狠异常；我们的主人公要比唐僧牛气，管理部下不靠上级领导赐予的紧箍咒，靠自己的本事和人格魅力。

这样的故事多么有吸引力，多么有教育意义。故事容量无限大，无穷无尽的内容都能装进去，天马行空地放开想象的翅膀，父子俩共同编创一个能够讲 2 000 小时的故事，应该不是太困难的事情。我备了两个笔记本，一个时刻带在身上，随时随地把所想到的故事的点滴构思和细节记录下来，另一个用来记录我跟儿子一起成长的点滴生活（本书即根据我连年的日记整理而成）。

故事题目：《寻宝记》。

主要人物：

小花狗（我儿子属狗）——故事中的第一主人公，个性独立，身上聚集了人类的一切美好品质：好奇、勇敢、善良、自尊、自信、坚忍克己、乐善好施、待人有礼、团结友爱、忠于职守、善于学习和思考、认真负责、敢于担当、敢于尝试各种挑战、勇于克服一切困难、永不服输等等。它有许多本领：会折纸飞机、会爬树、会捉

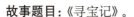

鱼、会玩陀螺、会造弹弓、会采野果和蘑菇、会制作鹅毛笔、会做铁皮提桶、会理发、会木工、会武功、会电子技术、会机械制造等等。一个完美的男子汉应该具有的品质和本领它都具有，不具有的也有。高考失误，他没考上心仪的大学，为给母亲治病，放弃复读，进工厂当工人。刻苦自学，成为发明创造的能手。却有自己明知不对却老改不掉的毛病，总以为自己天下无敌，固执己见，常常自以为是，喜欢听好话，听不进别人的建议和意见，一挨批评就发毛。

他的座右铭：把今天的事做得最好。

小麻猴——胆大心细、能说会道、活泼好动、调皮捣蛋、好打抱不平、爱捉弄人，特别喜欢捉弄比他大的男生。高考时发挥超常，考上名牌大学。

小花猪——心地善良、好吃懒做，还有小偷小摸的习性，老是欠交作业；不贪色，基本上不跟女同学讲话。电大毕业后找不到工作，跟他爹做生意。

小白羊——善良正直、富有同情心、喜欢帮助人、性格软弱、沉默寡言、经常拿不定主意，受一点小委屈就掉眼泪。高中毕业参军入伍，进入海军部队。

小黑马——嘴碎、好为人师、一天到晚讲个不停，时常要一点小聪明，经常挑拨五个人之间的关系。高考落榜回农村务农，研究超级稻。

我特地将这些人物设定为"工农兵学商"，意欲让儿子明白无论从事何种职业都是高尚的，只要努力，都会有成功的人生，都能为人类社会作出贡献，都能赢得人们的尊重。将这些人物的性格设定为各异，并且都有缺点，意欲让儿子明白世界上的人是形形色色的，再优秀的人也会有缺点，要善于跟不同的人做朋友，要善于团结能力比自己差、性格和兴趣爱好跟自己不同的人，相互学习，共同进步。

故事梗概：小花狗出生于教育世家，爷爷是退休教师，奶奶是农民，妈妈是干部，爸爸是作家，伯伯是教授，两个堂哥和堂姐在读中学和小学。一家和和美美地生活在一个大家庭。一家人都非常爱小花狗，小花狗也非常爱它的家人。

小花狗3岁进幼儿园，结识了四位好朋友：小麻猴、小花猪、小白羊和小黑马。五个人会哭会闹，缺点一大堆，本领有一套，小吵小闹不断，理想目标保持一致；性格各异，矛盾不断，分了又合，合了又分，分分合合，友谊不断增强，齐心协力，共同进步。它们从幼儿园同学到高中，高中毕业，各奔前程，各得其所，命运不同，依然保持纯洁的友情。

当它们事业有成之时，一颗小行星撞击地球，地球被毁大半。据小麻猴测算，10年之后，另一颗小行星Q星又将撞击地球，会将地球全部毁灭。小花狗召集小麻猴等四位好友研制一艘宇宙飞船，准备飞上太空推开那颗小行星，拯救地球。在猩猩老师的指导下，它们齐心协力，克服多种困难，终于造出了飞船。可是，因能源枯竭，飞船要飞起来，必须使用南极洲的 K 冰为燃料。在猩猩老师的带领下，它们乘上大雁号小飞机，从永州出发，向南极洲飞行，历经重重艰险，克服各种困难。在沿途各种人和动植物的帮助下，历时 10 年，它们终于成功地登上了南极。在企鹅王的帮助下，终于找到了 K 冰，驾驶飞船冲上了太空。在千钧一发的关键时刻，推开了即将撞击地球的 Q 星，拯救了地球，并从 M 星带回各种门类的植物种子，使被毁的半个地球恢复了生机。

深入人心

儿子一岁半，我开始跟他讲故事，一天讲一集，一集讲一小时左右。

孩子都喜欢听父母讲故事，哪怕一句也听不懂。究其原因，是因为孩子都有依恋性，一是依恋父母，寻求亲情爱抚和安全保证；二是依恋语言刺激，促进发育。这种依恋是天然的，跟生物成长需要空气、阳光和水一样。

我开口一讲，傻小子的眼睛就亮了，紧偎在我怀里，睁大眼睛看着我，脸上洋溢幸福的笑容，安安静静聆听。

傻小子像我，额头高高，眉清目秀。同事们说："一看，就知道是你的儿子。"

写到这里，我眼前再一次浮现出第一次给儿子讲故事的情景，心头泛起当初的甜蜜，情不自禁地双手离开键盘，半躺在椅子上，闭上眼睛，尽情享受。感谢上苍给我一个儿子，感谢儿子听我讲故事，感谢我自己给儿子讲故事，让我的人生中有如此美妙的回忆。

开弓没有回头箭，我一天接一天讲下去，不拘时间，不拘地点，带儿子日行万步路的时候讲，坐在阳台上看星星的时候讲，坐在楼前的洗衣台上看日出的时候讲，睡觉之前讲。打一枪换一个地方，就是不放空枪。

讲到傻小子两岁，他决定向小花狗学习了，小花狗能做到的，他也要做到。

一天，我讲小花狗折的纸飞机飞得比房子还高，傻小子要我教他折纸飞机。我手把手教他折出来之后，傻小子一定要我把纸飞机飞到房子那么高。我们的宿舍是三层楼房，一遍又一遍，扔得我的胳膊酸痛难忍，也没扔到房子一半那么高。正当我无计可施要告诉傻小子是讲故事而已的时候，我父亲帮了我的忙。他用篾片做了一张弓，叫我将纸飞机绑在箭杆上，拉弓一射，纸飞机飞到了超过房顶的高度。有

了现实事例佐证，傻小子对《寻宝记》深信不疑，对小花狗佩服得五体投地，听故事的热情更加高了。

讲到小花狗学画画，傻小子又要学画画，吵着要妈妈给他买彩笔。彩笔到手，他却不想在纸上画，一定要在墙壁上画，洁白的墙面让他涂鸦得花里胡哨。我不仅鼓励他画，有时候还跟他一起画，父子俩比赛画、合作画。一天，他在墙上画了一个近似的椭圆，说是月亮，丢下笔不再画了。我拾起笔，就着他画下的椭圆勾勒出一只鸭子。傻小子高兴得大喊大叫，拿来一支彩笔，飞快地画下了一连串大大小小的椭圆，命令我画一窝鸭子。

一窝鸭子画好之后，傻小子又命令我跟他合作画了一个看鸭的小孩子。左瞧右看，满意之后，他拉来爷爷、奶奶，请他们欣赏，邀功地道："很好看吧？是我和我爸爸一起画出来的，我打草稿，我爸爸跟着我画。爷爷，你看看这只大鸭子，像不像我爸爸？奶奶，你看看这个看鸭子的人，像不像我？"

"像，像。"爷爷、奶奶嘴上赞扬，眉头皱紧，禁不住轻声叹息。

妈妈下班一进门，傻小子又拉着妈妈欣赏他和我的杰作，向妈妈邀功。跟爷爷、奶奶一样，妈妈也是口头上赞扬，眉头皱紧，还禁不住瞪了我一眼，那意思再明白不过了，没见你这种当爹的，不仅放任儿子在墙上乱画，还跟着儿子乱画！

除了我，一家人都不允许傻小子在墙上乱画，碍于我的"权威"，碍于对傻小子的宠爱，不好直接反对。我父亲暗自叹息，我夫人私下里对我冷嘲热讽："你想让儿子当画家呀？当毕加索呀？想把儿子宠上天啊！这房子交给单位的时候，看你怎么交待！"

我母亲也委婉地批评我。见我儿子不在跟前的时候，她老人家指着平生从没见过的"洋房子"的白墙，叹息着对我说："这么好的墙，画脏了多可惜啊！公家的东西怎么可以让小孩子乱画呢？人家来到家里见到了，我们也不好意思啊！"

我明白解释激发孩子想象力、引导孩子兴趣之类的大道理，母亲可能听不明白，就故作一本正经地道："这房子分给了我就是我的了，不是公家的东西了。画花了也不要紧，重新刷一次墙才两角多钱一平方米，一堵墙两三块钱就刷好了。"

实际上，那时候还没有实施住房改革，房子是公家的；刷墙也不是两角多钱一平方米，至少要一块多钱。我母亲却信以为真，不再阻止傻小子在墙上乱画了。不到半年，客厅的四面墙离地面一米高的一段几乎让我们父子俩画满了，花花绿绿，如同装饰了墙裙。

儿子两岁半的时候，我认为他的语言和思维能力已经可以跟着我的构思编创故事了，就要求他跟我一起把《寻宝记》编下去，父子俩比赛，我讲一集，他讲一集，看谁讲得好。编创要求：必须上下集情节连贯，并留出下一集的情节扣子。

人是从野生动物进化而来的，为了生存，天生有跟他人比一高低的基因。听说跟比他强大的老爸比赛编故事，傻小子立即接招，掷下战书："伙计，要是我讲得比你好，你带我去看回龙塔，抱我坐在塔顶上看蘋岛。"

回龙塔是永州著名的文物，建于明万历甲申年间。塔高近40米，建在潇水河岸的石岩上，从水面至塔顶有六十几米。塔身中空，拾级而上，绕至顶层，登高凭眺，一碧江水环绕眼前，左看，永州城貌尽收眼底；右瞧，湘江从西而来，潇水自南而下，两江交汇于不远处的蘋岛，潇湘美名就生发于此。可是，要享受那让人心旷神怡的美景，必须钻出塔身，伫立或盘坐于塔顶的小小平台之上。胆量不大的人，有恐高症的人，不说钻出塔身，只是从出口处伸头向外望一眼，也会张口喘气，站立不稳。

我带儿子多次去过回龙塔，在我一再鼓励和示范之下，傻小子仍不敢让我抱他钻出塔身，只让我站在塔内，举着他从出口处露出半个头，瞄上一眼。听他自己提出来要上塔顶，我求之不得，赶紧应战，担心他反悔，郑重其事地跟他拉钩。傻小子不含糊，拉过勾，开口就讲。可是，讲了不到 20 句，他再也想不出词了，主动认输，不去看回龙塔了。

我抱起他就走："虽然你没有爸爸讲得长，但你讲得好，算我们打了个平手。走，去看回龙塔！伙计，你讲话一定要算数哟，这一次一定要上塔顶。"

人又是天生喜欢听好话的。一听表扬，傻小子就两眼放光，保证说话算数之后，急切地叫喊："爸爸，爸爸，我还没讲完，我还没讲完呢！"抓耳挠腮，断断续续，他又讲了二十几句。为小花狗增添了两项本领：一项是自己会穿衣服；另一项是自己会吃饭，不要奶奶或者妈妈喂。当天晚上，吃饭的时候，他像自己描绘小花狗吃饭那样，端正地坐在椅子上，有模有样地自己动手，不再找借口叫奶奶或者妈妈喂他了。

第二天早上起床时，他争着自己穿衣服，扣不上扣子也不让我们帮忙，结果下一粒扣子扣在上一个扣眼里。我夫人伸手过去要帮他扣正，他一边躲闪，一边推开妈妈的手，理直气壮地道："第一次自己穿衣服，小花狗也是这样扣的，我就要这样扣！"

"那你就这样穿着去外面玩！"我夫人有点生气。

傻小子蹲下身自己穿鞋，一边穿，一边笑嘻嘻地说："我就这样跟爸爸去办公室，小花狗也是这样跟它爸爸去办公室的。"

"小花狗，小花狗……"我夫人瞪我一眼，气哼哼地嘟哝着走了。

傻小子穿上鞋，请我帮他系鞋带。我蹲下去替他系鞋带时，他抚摸我的脑袋，悄声问道："伙计，小花狗是什么时候学会系鞋带的？"

我说："就是在他自己会穿衣服的那一天。"

他欢喜地叫起来："那我也要在今天学会系鞋带。伙计，快解开，快解开，让我自己系，让我自己系。"他一屁股坐在地板上，等不及让我解开已经系好的一只鞋的鞋带，自己伸手解开，然后自己系。半天没系好，只好虚心请教，叫我教他系。

系上鞋带，他自己将扣错的扣子扣正，拉住我的手蹦跳，兴高采烈地道："伙计，我比小花狗还厉害啦！明天早上，我保证不扣错扣子，保证会系鞋带。"

从那一天开始，傻小子就跟我共同编创《寻宝记》。

两个小故事

见小花狗已经是儿子的偶像，我就循序渐进地把自主学习所要遵

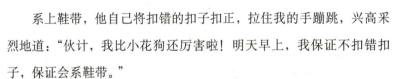

循的规则和方法，做人做事所必须具有的道德品质、行为规范、生活知识和心理素质等等一切元素巧妙地倾注在小花狗身上，化解为小花狗的行动，系统地引导儿子。

傻小子很享受，基本上是按我所期待的那样成长，口齿伶俐、彬彬有礼、极富同情心，无论从哪一个方面比较，都超出同龄孩子一大截。

一天傍晚，我夫人和我母亲带傻小子去看电影。那时，傻小子两岁半，走出后门是爬坡，坡陡、路窄，我夫人背着他。祖孙三人一边往坡上爬，一边聊天。

他们聊了什么，夫人没告诉我，只是喜不自禁地向我通告了结果。她说，他们爬上山坡，前面走着几个人，听见我儿子跟奶奶和妈妈聊得热火朝天，意趣横生，就停下脚步站在路旁，想看个究竟。见我儿子是让妈妈背的小孩子，几个人齐声赞叹："我们还以为你们跟七八岁的孩子讲话，这孩子怎么这么会讲话，怎么这么聪明？"

这个小故事，至今让我夫人自豪地津津乐道。

再讲一个小故事。就在上述小故事发生之后不久的一天上午，一位中年妇女带一个几岁大的孩子来到我们单位要饭。上班的都去上班了，我母亲带着我儿子在宿舍楼前玩，儿子手上捧着半个肉包子在慢慢吃。我母亲非常有同情心，叹息着请那位妇女和孩子在树下的水泥凳上坐，抱我儿子回家量米。

那天早上，是地委食堂卖肉包子的日子。那年代，肉包子珍贵，也很好吃，真正的老面，真正的家养猪肉（现在很难吃到那种美味啦），大家都想多买几个，地委食堂规定每星期卖两次。卖肉包子的那天，一般要排队十几分钟。

每当卖肉包子的日子，我一般是早上六点多钟就手捧大盆，站在食堂门口了。买下十几个，保证全家饱吃一顿之后，还留下几个给我儿子和我大侄儿中午吃。

那天也不例外，盆里还留有 4 个包子。我母亲用一只小碗装了一碗米，准备出门打发要饭的那位妇女。

我儿子拉住奶奶的手，说："奶奶，拿包子给他们吃，他们早上肯定没吃包子。"

我母亲笑嘻嘻地问道："你怎么晓得他们早上没吃饭？"我母亲舍不得包子，故意将我儿子讲的"包子"偷换为"饭"。

"我看见那个哥哥盯住我手上的包子，咽口水。"傻小子飞快地跑到餐桌边，爬上椅子，伏身在桌上，伸手去端装包子的大盆。

我母亲只好帮我儿子把装包子的大盆端了出去。

中午，我下班回家，我母亲把经过讲给我听，脸色红红的又是检讨自己，又是夸奖我儿子："我这个孙子啊，比得上观音菩萨了！"

我比吃饱了肉包子还欣慰，立即对儿子实施奖赏。所谓的奖赏不过是对他竖起大拇指，大声说一句："伙计，你太伟大啦！"然后，抱起他，亲吻一下，高高举起。

儿子是老大

讲到傻小子 3 岁，他能一集讲半个多小时了，天天信心满满，天天争着跟我比赛。

一天傍晚，我和儿子去阳台上讲故事。我还没坐下，傻小子就提意见："伙计，故事的题目不好听，没味道，不要叫《寻宝记》，从今天起改成《小花狗》！"

儿子是老大，比老子有权威，就这样一锤定音了。从那一天起，我们的故事就定名为《小花狗》。按轮流顺序，那一天轮到傻小子讲，他又为小花狗增添了一件威力无比的武器——自己制造了一架大飞机。每天，小花狗乘坐大飞机在永州城上空巡飞一圈，遇到坏人，大飞机能够自动识别，主动开火。

我是在不是好人就是坏人、不是朋友就是敌人的教育环境中长大的，我小心注意不把那种非红即黑的理念影响儿子，但他还是被影响了。在他所编的故事中，加进了不少坏人，除了日本鬼子、美国鬼子和大财主等公认的坏人，还把臆想中的偷鸡贼和打过他的小朋友也加了进去。听了这些"坏人"的出处，我才明白是从我母亲那里"批发"来的。奶奶就知道那么几个故事，在奶奶的故事中，不仅有落水鬼、吊死鬼，并且几乎每个故事中都有坏人，坏人得到惩罚，好人有好报。

傻小子不仅随意给小花狗增添武器和本领，还随意改变我原有的构思，改变小花狗的命运。对于他打死坏人之类的情节，我有办法引导，给他解释说世界上大多数人是好人，坏人只是极少数，就是坏人也不能让小花狗想打死就打死，而是要依据法律审判。对他改变小花狗的命运，我却难以说服他。

讲到傻小子5岁，故事情节发展到小花狗考大学了。傻小子构思故事的能力跟我几乎不相上下了，一集能讲一个小时左右了，并且有了自己的主见。

构思之初，我不仅让小花狗上名牌大学，还让小麻猴、小花猪、小白羊和小黑马都考上名牌大学。仔细想一想，觉得不行。若是把儿子的偶像描述成天才、精英，会误导傻小子认为只有上名牌大学才有出息，将会严重地影响他的价值观和世界观。要是傻小子日后万一遇到挫折，没考上名牌大学，那么，很有可能他自己看不起自己，很有可能会一蹶不振，甚至会破罐破摔。于是，我把小花狗重新定位为自学成才的科学家，没上过大学，意欲让儿子自小就有不上大学也能成才的意识，日后经得起挫折。

可是，我讲到小花狗因高考失误，没考上大学，出外打工时，傻小子义正词严地命令我："小花狗一定要考上清华大学！"

我故作疑惑地问他："为什么一定要考上清华大学？"

他理直气壮地回答我："小花狗读书很努力，很自觉！"

这给我出了一个大难题：不让小花狗考上清华大学嘛，万一傻小子认为读书很努力、很自觉，也考不上名牌大学，将来读书不努力、不自觉，那不是我搬起石头砸自己的脚吗？我赶紧接着说："小花狗没考上清华大学，不是因为他读书不努力、不自觉而考不上，而是因为他考试时粗心大意，出现了严重的失误。"

傻小子坚定地说："他第二年再考！"

我说："他也想第二年再考，可是，他妈妈生病了，他要打工赚钱给妈妈治病。"

傻小子沉默了，眼睛有点发红，好半天后，问道："爸爸，是不是他想着妈妈的病，没看清题目才失误的，才没考上清华大学的？"

我说："可能是吧。就是他不想着妈妈的病，也有可能失误，无论做什么事都有可能出现料想不到的失误。"

他说："我保证永远永远不失误！"

我说："失误是避免不了的，吃饭的时候还会把饭粒撒在桌子上。今天吃晚饭的时候，你就撒了几粒饭在桌子上，还有几粒撒到地上了，你以为老爸没看到。"

傻小子又沉默了，忽然，大声道："撒在桌子上的，我捡起来吃了。"

我说："伙计，吃了并不说明你没有失误，而是说明你纠正了失误。"

"爸爸，能不能改成小花狗考上了清华大学，为了省钱给妈妈治病，他不去上清华大学，去外面打工？"儿子抓住我的胳膊摇晃，苦苦央求："爸爸，改吧，改吧！"见我苦笑着摇头，他威胁我："你改不改？你改不改？好，你不改，我改，今天由我来讲！"不等我让步，噼里啪啦，他接着我讲下去。

傻小子让小花狗毫不费力地考上了清华大学。可喜的是，他没有让小花狗上清华大学，而是顺着我的构思，改成为了给妈妈治病，小花狗主动放弃上学的机会，去外地打工，一进工厂就搞发明创造，成为工程师。他刻苦学习、自学成才的事迹还上了中央电视台。

上名校，当精英，已经成为一种肆意扩散传播的"病毒"。虽然我早有提防，刻意构筑防护网，却仍然抵挡不住它侵蚀一位5岁的孩子的思想，真让人没办法！

故事从儿子一岁半讲起，一直讲到他上小学一年级，我和儿子的

《小花狗》讲了 5 年半。他上一年级之后，还隔三岔五讲了大半年，基本上是讲了 6 年，讲了大约 1 900 集。其中我儿子讲了大约 700 集，我大侄儿讲了不少于 60 集，我母亲讲了大约 20 集。我母亲把她的那些故事中的主人公巧妙地换成小花狗。可是，我儿子不承认这只小花狗，说是奶奶的小花狗。我父亲和我夫人没讲过，他们很实在，不喜欢胡编乱造。其实，编一个故事并不难，只要有初中文化程度的人借鉴别人的作品，都能够编出一个能讲 6 年的故事。

 树立好榜样

一个温馨家

英雄、伟人固然是榜样，却由于距离遥远，不能让孩子产生亲近感，缺乏具体的效仿性。有的英雄人物的事迹过于伟大，让孩子望尘莫及，反而失去了榜样的激励作用，甚至还会产生副作用，让孩子自惭形秽，产生自卑感。

我注重为儿子树立"看得见、摸得着"的身边的榜样。孩子接触得多的是祖辈、父母、兄妹、亲朋、师长，这些人对孩子的成长影响最大，是孩子最好的榜样。其中父母的影响力最大。父母的一言一行、一举一动，都在潜移默化地影响孩子，引导孩子。

我父亲是一个矛盾的人，我上小学的时候，他引导我自主学习。我小学肄业之后，他一反常态，不允许我摸书本。在我哥嫂最困难的时期，他一定要与我哥嫂分开另立门户，不给予应有的帮助，却将孙子看得比自己的性命还要紧。我母亲温顺善良，一辈子唯我父亲的马首是瞻，几乎从不违抗我父亲的旨意。我夫人虽不是新潮女性，但在城里长大。在接我父母来跟我们一起住之前，我岳父母已经从云南退休回到永州，早就有意带外孙。我接来父母之后，时刻担心爆发家庭

大战，担心影响儿子。

　　事实证明，庸人自扰。我夫人对我父母很孝顺。一进城，我父亲也变成了慈祥的"老爷爷"，除了抱孙子、喂鸡，他拿出自身的看家本领，跟我母亲一道为我儿子织毛衣、缝衣服、做鞋子，手艺不比我母亲差，绝活是用塑料包装带编织篮子。我夫人供职地区教学仪器站，有许多包装教学仪器的废包装带。我父亲如鱼得水，用废弃的塑料包装带编织出高的、矮的、大的、小的各种规格和花色的篮子，四处送人。为我儿子编织了四五个，有装玩具的，有提着玩的。所以，虽然生活清贫，一家人其乐融融。

　　当时，我家穷，连一件像样的家具也没有。我用夫人从单位拿回来的五个旧包装箱，里外贴上画报纸，组合成漂亮的组合书柜，将家中的书籍摆放进去，剩下两格没书放，到单位图书室借回来十几本，稀稀拉拉地摆满组合书柜，顿时满屋生辉。

　　针对家庭人员爱好，我为每个人买几本书或者订阅一份报刊杂志。父亲不关心国内外大事，喜欢养鸡和编织，我从新华书店找来一本养鸡的书、一本编织毛衣的书，还想找一本编织篮子的书，翻遍了整个门市部也没找到。特地为儿子买了一本搭积木的小册子和一本幼儿画册。夫人喜欢言情小说，我为她从单位图书室借回几本。大侄儿有课本。母亲不识字。

　　我规定每个月至少买一本书。我把这一计划告知儿子。每次买书回来，都要给他看一看、摸一摸。如果是珍贵的书，还叫他跟我一起用牛皮纸包起来。我发表了作品，也一定拿给儿子看一看，尽管他一字不识，目的是引导他对书籍和文化的爱好。

我跟父母和夫人商量，家中遵照"孔夫子"规则。这是我杜撰的名词，灵感来自旧时人们对文化的敬畏，来自我母亲对我的教导。在我几岁的时候，母亲反复跟我讲，有字的纸不能乱揉，不能扔在地上，不能用脚踩，更不能用来擦屁股，要齐整地存放在书桌的抽屉里；实在不用的，点火焚化。焚化的时候要向北面作揖，连作三个，一边作揖，一边默念："孔夫子，我把字烧给您了，您要保佑我考上功名。"当时，我不懂功名是什么意思，只记住了孔夫子，就把保存和焚化字纸这一套仪式程序命名为"孔夫子"。当时，我根本不知道孔夫子是何方神圣，母亲也只带我焚化过一次字纸，但是，焚化的时候，母亲满面庄重和虔诚的神情铭刻于我心间，让我对文字产生了一种不可名状的敬畏感和神秘感。我自小酷爱读书的动力大部分来自寻求文字的神秘，而不是对孔夫子的崇拜。

我母亲一辈子只上过二十几天私塾，写不出自己的名字，我不明白她老人家那种对文字和文化的敬畏之情是如何培养起来的。也许正由于她不识字，才心存对识字的渴望，才产生出对文字的崇敬和虔诚之情吧。

我几乎是一丝不苟地搬来母亲教我的"孔夫子"，跟母亲教导我一样教导儿子，有意叫儿子跟我一起收拾家中的字纸，特地腾出一只抽屉，专门用来放置废字纸。当废字纸积累到有几十张的时候，我特地选择一处干净的山坡，带儿子去外面焚化，希望儿子跟我一样自小对文字有不可名状的神秘感，有刻骨铭心的敬畏之情。

傻小子对这一仪式特别感兴趣，路还走不稳的时候就抢着点火，一定要第一个作揖，坚持认定孔夫子是我们家的老祖宗，我一再解释，他就是不听，说："不是我们的老老爷爷，怎么烧给他最好的纸呢？"认孔夫子做老祖宗很不错，我将错就错，不向傻小子解释了，待他长大之后自然而然就明白了。

也许跟我一样，儿子从"孔夫子"培植起了对文字的热爱，对文化的敬畏。自小到大，他都自觉地将每一片字纸小心地收拾起来，每一本书都珍藏起来。现如今，他的书桌抽屉里还有不少他上高中时期的作业草稿纸。

我们还刻意将家庭营造成学习型家庭。当时，彼得·圣吉的《第五项修炼》还没有翻译到中国，没人知道"学习型"这一概念，我们也一样不知道，我们的做法却基本上合乎"学习型"理念的要求。家庭成员具有学习意识和学习习惯，将学习作为自身发展和提高家庭生活质量的需要，家庭中充满互动、互学的学习氛围。

每天晚上，我和大侄儿在一间房里学习，大侄儿看书，写作业，我写小说或者材料。我父母和夫人在客厅里看书，逗孩子(当时，我家没有电视机)。

我们家也有娱乐，但有三条明确的规矩：一、娱乐时间固定为每周的星期天；二、我父母打纸牌，我和夫人走跳棋，大侄儿和我儿子搭积木；三、娱乐至晚上九点准时收场。

当时，市面上没有纸牌卖，不像现在你一进酒店，服务员就将纸牌和瓜子一并送上来。我父亲在医院用的 X 光片上，一面糊上牛皮纸，另一面糊上蜡光纸，自制一副纸牌。将近 90 张牌，他老人家够辛苦的。他把这副牌当成宝，藏在我儿子够不着的地方，经常在打牌之前数一遍。以致我儿子认为是比收录机、电视机还要珍贵的宝贝。

跟小朋友攀比家中财富的时候，傻小子每一次都自豪地宣称："我爷爷有一副牌！"

为生活琐事，我和夫人之间有时候也发生口角，却从来不在儿子面前争吵。见一方实在忍耐不住时，另一方咧嘴一笑，赶紧溜之大吉。

儿子3岁那年的一天，为一件小事，我跟夫人争吵。忽然，儿子跑到我们面前。我怔住了，夫人还没注意到，继续发表意见。见儿子满面苦相，我急中生智，一把抱住夫人，大声道："伙计，隔夜的冷饭是不能吃的。"

在家里，只有我和儿子相互喊伙计，我一出此言，夫人就明白了，赶紧顺着我的话，却故意保持原有的腔调大声道："我没讲要吃，也讲要炒一炒，你只顾照镜子，没听清我的话。"

我在夫人脸上吻一下，笑着道："你真聪明！"

傻小子哈哈大笑，转身就跑，边跑叫喊："奶奶，你快来看，我爸爸和我妈妈接吻。"

三个好哥哥

兄弟姐妹不仅是相互打闹、共同玩耍的伙伴，也是相互的安慰和故事的传播者，在共同的日常生活中体验类似感情，互为榜样，共同进步。我家一门四博士，就是例证。

当前，绝大多数孩子是独生子女。这是人伦的缺失，但没有办法。独生子女家庭的父母只能从亲朋好友的孩子当中，为自己的孩子寻求兄弟姐妹作为榜样。幸运的是我儿子有三位堂哥。三位哥哥堪称完美的楷模。

2001 年 10 月 18 日，《永州日报》用整版的篇幅刊登了一篇文章，题目是：《一个教育世家与三名研究生》。

在零陵师专，数学系主任郑正亚教授一家 3 个儿子全部考上全国著名重点大学，并先后攻读硕士和博士研究生，早已传为美谈。但他一家三代皆为教育工作者却鲜为人知。近日，记者慕名来到郑教授家里，采访了这位辛勤耕耘在教育园地里已近 40 年之久的教育世家的第三代"传人"。

以上文字是《一个教育世家与三名研究生》的引言，这篇文章是写我哥哥一家的，洋洋洒洒近一万字。限于篇幅，我只摘录并整理有关我三个侄儿的成长历程。

大侄儿吃过苦，自小生长在农村，读初中才进城。4 岁就要承担家中煮饭的重任。我们家乡烧茅柴，蛤蟆矮灶，技术不好的大人都难把火烧好，4 岁的孩子是怎样熬炼过来的，只有他自己知道。没见过那种情景的城里人，想破脑袋也想不到。他 7 岁读书，开蒙就读二年级，四年级报考初中，一考即中，成绩是全乡第一名。初中时期跟随我生活，上高中之后，才回到他父母身边。高中毕业，他以全市理科第一名的高考成绩，考入北京大学地质系地球化学专业。1991 年大学本科毕业，跨专业考上北京大学经济管理研究生。

大侄儿富有冒险精神，1988 年暑假，他找到团市委寻求支持，组织 10 名大学和中学的同学，自扎排筏，潇水漂流。从潇水源头起漂，漂至双牌水电站大坝。原计划用 4 天时间漂完全程，因上游的部分河段水流湍急，结果用了 6 天，急得我们一家寝食不安。当时没有手机，只能焦急等待。他回到家，望见他全身被晒得黑红的皮肤，满脸的笑容，一家人心中的石头才落下地。向父母道歉后，他笑嘻嘻地说："我们把扎排筏的树卖给搞基建的了，赚了一笔钱。"让人哭笑不得。

在我的四个子侄当中，二侄儿的智商测试分最高。他在农村读了两年小学，三年级进城，初中就读一所由原公社中学升级的一般中学。那所中学的师资、生源很一般，在我二侄儿考上中国科技大学少年班之前，就连一名普通大学的本科生都没考上过。我二侄儿为他的母校放了一颗令人震惊的大卫星。

按我二侄儿的学习成绩完全可以读一所很好的中学，全市的知名中学都欢迎他。有一所知名中学的教导主任还跑到我哥哥家里，劝说我二侄儿去他们学校。

我二侄儿说："我不想走那么远的路。"

就是这么个理由，凭你说破嘴唇，他就是不去那所人家想方设法要挤进去的知名中学。实际上，从那所中学到他们家有公共汽车，起点至终点。

二侄儿爱好广泛，喜欢足球、围棋、绘画和集邮，每一项都是自学成才。中学时期，所在学校没有足球场，不教学生踢足球，他组织同学踢"野球"。找一块面积宽阔平整的草地，脱下衣服摆成球门，十几个孩子就踢起来，踢得有模有样。大学期间，他以野路子入选学校足球队，还是主力队员。除了二侄儿，我们一家无一人会下围棋，下象棋都是玩翻子那种小儿科游戏，会玩的只有跳跳棋。二侄儿靠一本《围棋》书，没事就自己跟自己下，操练两年，竟然可以跟师专的一位高手对弈。绘画，也是无师自通。他自小爱看古典题材的连环画，父母给的零花钱几乎全用来买连环画，成套的《三国演义》、《水浒传》、《隋唐演义》。小学三年级，读过历史小说《三国演义》，他突发奇想，以所崇敬的赵子龙为题材，自编自画了上下两册连环画，人物形象生动，文字表述清晰，稍加修饰润色就可以出版。初中二年级，他将当时世界有名的足球运动员的基本资料收集起来，绘编成一本小册子，冠以《足球》之名，郑重其事地在扉页上题上"小小足球，牵动亿万人的心"。由于他有此技能，中小学期间，学校的板报刊头、插画全都出自他之手。1993年，中国科技大学举办首届学生书画作品大赛，他获得一等奖。

二侄儿赖在离家近的中学读书，不去知名中学，真正的原因是害怕知名中学管理太严，他不能随心所欲地按自己的兴趣弄自己的爱好。在那所一般中学，由于学习成绩冒尖，老师对他另眼相看，班主任说："你想来上课就来，不想来就在家里自学吧。"

这位班主任懂教育，是称职的好教师。有了这样的好政策，二侄儿如鱼得水。有时候，他走到半路不想去学校了，躺在草地上看看太阳，听听鸟叫，闻闻花香，就转身回家了。从他家到学校有两条路，一是大马路，二是穿过西山的小径。此西山就是柳宗元《永州八记》中《始得西山宴游记》中的西山。当时，西山还没有被用来建设，生态保护较好，树木参天，鸟语花香。树林中掩饰一栋栋民房，鸡犬之声相闻；山坡上点缀一块块耕地，种满蔬菜和杂粮。那情、那景，对一名充满幻想的少年太富有诗意了。一次，他躺在树下观看鸟儿喂食，不知不觉睡着了，醒来一看，书包让人顺手牵羊拎走了。

1990年，二侄儿高二参加高考，以高分考入中国科技大学少年班。1995年，本科毕业，被保送中国科学院读硕士研究生。硕士毕业，考上美国威斯康星大学全额奖学金博士研究生。

三侄儿是帅哥，也是乖哥。老师讲青蛙是益虫，他就责令父母不要买青蛙吃，买了他也不吃，还动员两位哥哥加入他的阵营。我哥哥、嫂子也听话，从此不再买青蛙。

以两位哥哥为榜样，三侄儿在各方面都不甘落后，不仅学业成绩名列前茅，还有较强的组织领导能力，高中时期，担任所在学校的学生会主席，是我们家孩子当中第一个当"大官"的。几年之后，我儿子也在那所中学担任学生会主席。

1992年，三侄儿如愿以偿考上清华大学电机系电力系统自动化专业，勤学五载。因学业成绩优异，本科毕业，获保送本校硕博连读研究生。

我十分注重兄弟之情，注重侄儿们对我儿子的榜样作用，我和我哥哥的情感也是我侄儿和我儿子的榜样。几乎四分之三的星期天，我们和哥哥一家相聚在一起。有时候，我父母带我儿子去我哥哥家住几天。我三个侄儿将我儿子当亲弟弟看待，充分发挥了兄长应有的爱心、细心和耐心，对弟弟的要求有求必应。特别是我二侄儿，弟弟要看、要玩他的什么宝贝，他都毫不吝惜。我儿子将去伯父家当作节日，只要有两个星期没见到三个哥哥，就缠住我们吵闹："怎么还不去伯伯家啊？"

一踏进伯伯家的门，傻小子就如鱼得水，跟三个哥哥滚在一起。

当时，哥哥家的住房面积狭窄，我三个侄儿住一间房，房间小，摆放不下三铺床，将两铺床并拢摆放在一起，四兄弟就在那铺"大床"上玩得不亦乐乎。

我儿子最喜欢二哥的集邮册、连环画和围棋，一上床就将二哥的所有宝物摆开了。见了二哥自编自画的连环画，佩服得眼睛瞪圆了，一定要二哥教他画。二哥马上在床上摆上两张纸，兄弟俩趴在床上画。

当时，签字笔属稀罕之物，使用吸墨水的钢笔。一次，我儿子手上的钢笔没有了墨水，叫三哥递来墨水。二哥要帮他吸，他偏要自己吸。结果可想而知，大半瓶蓝墨水倒在床单上。我侄儿们一面手忙脚乱地收起床单，一面叫爸爸。

我哥哥跑来一看，八成新的床单报销了，不免脸色一沉。

傻小子赶紧笑嘻嘻地说："伯伯，我倒的。我爸爸从来不骂我。"见我哥哥愣住了，傻小子接着说："伯伯，你看，墨水倒在上面还好看一些，有花了。"

我哥哥撑不住笑了。那一年，我儿子3岁。

我儿子将三个哥哥奉为最好的榜样，不仅要跟哥哥们并肩而立，还要超过哥哥们。我大侄儿考上大学时，傻小子不满6岁。我父亲逗他："大哥考上了北京大学，你考什么大学？"

傻小子信心十足："我考东京大学，盖过大哥的北京大学！"

虽然我们的小花狗去日本旅游过，但我没让它进东京大学逛一逛，傻小子不知道东京大学不属于中国。可能他认为东方是太阳升起的方位，温暖的阳光比寒冷的北风好，就想当然地认为东京大学比北京大学好。

孩子成长需要榜样，榜样太强大，让孩子无法企及也有副作用。那些从高楼跳下的大学生，其中有不少是缘于这种原因。事实上，我儿子也因此缘由遭遇过心理危机。

一位好老师

我们的教育要求学生绝对服从老师，教师这个职业被神圣化，孩子大都信任和尊敬自己的老师，甚至盲信老师，把老师的话当"圣旨"。亲和、公正、诚恳、守信、懂得鼓励学生、给学生以自由选择的老师，会激发学生的兴趣，会培养出聪明、热情、善于解决各种问题的好学生。那些只会批评、惩罚、命令学生，言而无信的老师，只能培养出相互争斗、相互欺骗的"差等生"。

我儿子非常幸运，从幼儿园到大学毕业，遇见的老师当中，绝大多数是好老师。幼儿园和小学的班主任和主科任课老师至今还记得我儿子，在路上偶遇，她们极其关切地打听我儿子的近况。特别是初中一二年级的班主任，对他的影响不亚于我这位自诩为"友爸"（跟儿子做朋友的爸爸）的父亲。

幼儿园中班时，一位姓蒋的年轻女老师刚从师范学校毕业，担任我儿子班上的老师。

一天，蒋老师给孩子们讲故事。才讲了几句，我儿子就叫起来："老师，你讲的故事没有味道。"

零陵话将"有意义"、"有意境"、"有情趣"、"好听"、"好看"、"好玩"、"好吃"等等一些赞美之词都说成"有味道"。我儿子的言行既没有礼貌，满口的零陵话又没有味道。要是碰上死要面子的老师，傻小子会活受罪，罚站墙角，理所当然。要是遇上如今那些用指甲掐、用针扎的不良老师，傻小子手臂上至少也会有七八个针孔。

蒋老师马上走到我儿子身边，蹲下身，笑容可掬，用零陵话问我儿子："哪个讲的故事有味道呢？"

傻小子大言不惭地道："我讲的故事最有味道！"

蒋老师抓过一把小椅子坐在我儿子身边，请我儿子讲故事。我儿子自然讲《小花狗》，越讲越来劲，讲了一节课。

下午，我去接儿子，蒋老师问我："郑老师，你儿子讲的《小花狗》是哪本书上的？你有这本书吗？能不能借给我看一看？"

不等我回答，傻小子神气十足地大声应道："不是书上的，是我和我爸爸，还有我大哥合伙编出来的！"

蒋老师惊异地望着我，我向她讲解缘由。她将我儿子拉进怀里，似乎担心我怀疑她偷懒，叫我儿子替代她讲故事，就向我解释叫我儿子讲故事的经过，边解释，边叫我儿子作证："是这样吗？"

三天后，我去幼儿园接儿子，儿子兴致勃勃地告诉我，从这一天开始，蒋老师要跟全班同学共同编一个故事，今天是蒋老师讲第一集，明天他讲第二集。我问他："你们的故事题目叫什么？""《小花猫》。"担心我不相信，儿子望着我的眼睛。"不可能也叫《小花狗》吧？"我窃喜并喃喃道。如今，这样的好老师少见啦！

 越玩越出色

打弹子

我儿子出生那一年，我哥哥、嫂子还分居两地。大侄儿考上城里一所知名中学，从农村来到城里，跟随我生活。

 那年，大侄儿年仅 10 岁。他 7 岁上小学，上学前，我父亲教过他识字、算术，上学就读二年级，四年级考上初中。上了初中，他读书仍然跟玩儿似的，放学回家，玩的时间多，看书的时间少，每次考试却是班上第一名。我们任由他怎么玩，从来不说他。

我母亲有时候忍不住，对我大侄儿抱怨道："别光顾着玩，你看看书嘛。"

我大侄儿说："书在课堂上就读懂了，还看什么？"

我父亲劝阻我母亲："小孩子不玩饱，读书也读不进，让他玩，随他怎么玩，玩到不想玩了，他自己就会去看书了。"这就是我父亲的教育方法。

我的教育理念和方法，基本上是从我父亲那里得来的。5－8 岁，我跟随父亲在外地的乡村小学生活。在我上小学之前，他没教我识一个字，没为我买过一本书。他的理由是：小孩子有吃有耍就可

以了，读书识字是有老师教的。当时的乡村小学一般只有两名教师，两名教师教四个年级，四个年级分两个班，一二年级一个班，三四年级一个班，教师随班上，从一年级教到四年级，轮流来。我上学时，轮到我父亲教一二年级，他却一定要跟他的同事调换，请那位老师教我。他叮嘱那位老师，只要我听懂了课，完成了作业，可以自由离开课堂。他的理由是：读书跟吃饭一样的，一个人一天只能吃那么多，吃饱了就要玩，就要跳，就要消化。要是吃饱了之后，你还压着他吃，压过几次，一看见饭碗，他就厌烦了。

有了爷爷和叔叔的支持，大侄儿玩得肆无忌惮，放学回来，想着法子玩。我儿子能满地乱跑之后，他带着我儿子玩，搭积木、吹画片、放风筝，玩得最欢、最专注的是打玻璃弹子。一放学回家，他就带着弟弟趴在地上玩得不亦乐乎。

见小兄弟俩玩得高兴，我也加入进去，跟着他们趴在泥土地上玩。同事们见了，一个个撇嘴、皱眉头，蔑视之情溢于言表。一位南下干部副馆长冲我斥责："成何体统！"我冲他傻笑，依然趴在地上玩，还十分认真地跟侄儿和儿子争输赢。

我们玩"打老虎洞"，在地上挖5个小圆洞，谁先打完5个洞，就变老虎，然后打着谁，就把谁的玻璃弹子吃掉，赌注是吃掉的那颗玻璃弹子。

他们兄弟俩玩的时候，输赢状况我不知道，只知道他俩相安无事，其乐融融。可想而知是哥哥在打"黑弹"，故意让弟弟赢，是手把手教弟弟打，帮弟弟赢。我参与的时候，开始两次也是故意让儿子赢，宠得3岁的傻小子自以为是国家队选手了，获得的是奥林匹克运动会冠军了，目空一切，抓着"赢得"的玻璃弹子在我们面前显摆，手舞足蹈地道："我赢，我赢，总是我赢，我想赢好多就赢好多！"那份跋扈，就差驾豪车上街飙车啦。

一天，傻小子再次获得"冠军"再次显摆的时候，我向大侄儿使眼色，对儿子说："再来一盘。"傻小子高兴得跳。在我的授意下，大侄儿拿出了真本事，很快就将我和傻小子吃掉了。傻小子不服输，嚷着再来一盘。暮色四合，在厕所门前的路灯下，我们另辟战场，傻小子和我又被我大侄儿吃掉了。傻小子扛不住了，破坏规则，第三盘不猜剪刀、石头、布决定出场顺序，抢先出手。结局自然又是他惨败，他哭闹起来："我要赢，我要赢！"

我示意大侄儿先离场，严肃地问傻小子："为什么一定是你赢？"

他哭闹得更起劲："我就要赢，就要赢！"

"是你自己打输了，没有人不让你赢。"

他理直气壮："哥哥不让我赢。"说罢，接着哭闹。

哭声将整个单位的人都惊动了，有两位住一楼的同事还出门观望。我夫人从家里跑过来，问儿子为什么哭闹，哭得这么厉害，是不是跌伤了。我报告了情况，夫人哭笑不得，瞪我一眼，长叹一声，拉着儿子往家里走，哄道："明天，我叫哥哥让你赢。"

儿子赖着不走，更大声哭闹："我要今天赢，就要今天赢！"

我从夫人手上拉过儿子，命令她回家，对儿子说："爸爸再跟你打一盘，看你能不能赢。"

"我能赢。"傻小子抽抽搭搭，伸手抹去眼泪，蹲下身子。

我要赢，
我要赢！

　　我赶忙说："伙计，讲清规则再打。一、按规则定谁先打；二、愿赌服输，赢了不笑，输了不哭。你答应这两条，我们就打，不答应，我不跟你打。你答不答应？"

　　傻小子想也不想就说："答应。"

　　我就跟他猜剪刀、石头、布决定出场顺序，故意让傻小子先上场。结局自然是他输。这一次，虽然他心里不服输，但不哭闹了。我拉他去洗衣台前的水龙头下洗手，跟他说，打弹子、玩扑克、下跳棋等等一些游戏是有输赢的，玩的时候，要全力以赴，输了要服输，赢了不要骄傲，争取下一盘玩好，争取下一盘赢。

　　傻小子问道："为什么昨天、前天，还有大前天，都是我赢呢？"

　　我笑着说："那是哥哥和我故意让你赢的，让你高兴的。"

　　傻小子说："我不要高兴，不要哥哥和你让我，我要自己打赢你们。"

　　说句题外话，这次厕所门前灯下的父子打弹子大战，让我在单位名声大噪。不少同事冲我的背影撇嘴，在讨论我入党的支部会议上，有同事就这件事指责我不成熟。我却依然我行我素，跟儿子越玩越出格，越玩越出色。

玩词语

1985 年，我调进地区文化局工作。我哥哥调进零陵师范专科学校教书，嫂子由民办教师转为公办教师，调进了城里。大侄儿初中毕业，跟随他父母读书。我将家搬到文化局，住进粉刷一新的房子里。

望着白净光洁的墙壁，儿子问我："伙计，这个家的墙上面也可以画画吧？"

我父母睁大眼睛望着我。父亲欲言又止，叹息一声，借故走开，眼不见为净。母亲满脸挂笑，忍了又忍，对我儿子说："这房子墙好白啊，我们要住很久很久的。"

我对儿子说："你想画就画吧。"

儿子望着我怪怪地笑，笑到我也咧开嘴向他笑的时候，他大笑道："哈哈，我哄你的，以后我不在墙上画了，妈妈拿回来好多白纸，我在纸上画。"他转身从房里抱出十几张八开的白纸，"哗"的一声，摆放在我面前的餐桌上，神气地道："你看看，不要钱的。"

夫人的单位人员不多，大多数人身兼数职，夫人兼任打字员。这些纸是她拿回家的。看着白生生的纸，我觉得这么好的纸让 3 岁蒙童乱画可惜了，却为儿子省悟到了不能在墙上画画而高兴，又责怪夫人不该拿公家的东西，不该跟儿子讲"不要钱"这种话。看看儿子的高兴劲，我没把心里想的说出来，告诉儿子，纸是用树造出来的，造出这么一摞纸要砍倒一棵大树，要用掉很多水、很多电，还要很多人做工。要求他每一张纸都要两面用，要画满。

"爸爸，你是错的。"儿子跑进客厅，将我没来得及挂上的风景画挂历拖过来，一边翻开挂历，一边点着画面上的空白处，教训我："你看看，画都是不画满的，都是画一面的。我的画就是不画满，就是画一面。"

我总不可能讲他画的不是"画"吧，无言以对，只能嘿嘿笑。

调进文化局之后，我的工作任务多了，职责重了，跟儿子相处的时间少了。我禁不住冒出辞职的念头，在家一边带傻小子玩，一边写小说。可是，我当时得过的最大一笔稿费仅有 40 元，没有了我的工资，一家人只能天天喝稀饭。无奈之下，我给自己定下规矩：不管再忙，一天也要挤出一个小时跟傻小子玩。

我调进文化局的第二个月，傻小子上幼儿园。社会上下对培养革命接班人都十分重视，单位允许我接送儿子上幼儿园，不算我迟到、早退。我欣喜若狂，一见局长和同事就递烟。

我儿子上地委机关幼儿园。我们单位在东山顶上，地委机关幼儿园位于山腰，是紧邻，咳嗽能相互听见。可是，一堵高达约 7 米的护坡墙将两家单位隔离开来，从文化局到幼儿园必须从南面的大门下山，经过一段街道，再从北面上山。单程约有 800 米，下山有 176 级青石台阶。每天接送儿子，我花费一个小时，虽然领导和同事可能会认为我动作慢，但不会有太大的意见。我就准备利用每天的这一个小时，跟傻小子好好玩一玩。

送傻小子上幼儿园的第一天，我打算在接送的路上把当天要讲的故事讲了。那一天轮到我讲。我一开口，傻小子就站住不走了，还要我在路边坐下来。这时候，我才省悟到傻小子早已将跟我一起编故事、轮流讲故事看作是庄重的仪式，不坐下来是不能讲的。跟礼佛一样，不洗手不能上香。况且，路上人来人往，人声喧嚷，讲的人既要注意路况，注意力又不容分散；听的人听不清楚，听到精妙之处，也不好意思傻乎乎地笑。可是，这一个小时的宝贵时间决不能浪费，我决定跟儿子玩游戏。放慢上下台阶的脚步节奏，玩词语倒是十分合拍。

为了锻炼儿子的语言表达能力，引导他领略语言的精妙，引导他对古代文明的向往，引导他认识身边的事物并感兴趣，增强他的自信，我经常跟他玩词语。所谓玩词语，一是背诵经典，二是讲反话和词语接龙。

自从对着怀抱中的傻小子背诵《三字经》开始，我父亲几乎没间断过对着他背诵古代经典。几年来，我父亲给我儿子背诵了《三字经》、《弟子规》、《百家姓》、《幼学琼林》和《增广贤文》，以及部分《论语》，把他老人家上私塾十几年的老底子都抖搂出来了。稍有成效，我儿子能背诵《三字经》、《弟子规》和《百家姓》的前一二十句，《幼学琼林》、《增广贤文》和《论语》只记下了前面几句。我能背诵《三字经》、《百家姓》和《幼学琼林》，都是在家务农时无书可看，反复诵咏记下的。为了跟儿子玩词语，我临阵磨枪，暗中背诵《弟子规》和《论语》。《论语》背了几页就放弃了，因为背诵"子曰：学而时习之，不亦说乎？有朋自远方来，不亦乐乎？"合不上走台阶的脚步节奏，背诵《三字经》、《百家姓》和《弟子规》则十分合节奏。下坡时，左脚下去，我说："人之初，"右脚下去，他跟："性本善。"上坡时，抬右腿，他说："弟子规，"抬左腿，我跟："圣人训。"傻小子对文义不理解，凭记忆跟我一人一句地背诵，记不起来时就乱跟。比如，一天，我背："事虽小，"他记不起"勿擅为"，就说："也要管。"仔细一想，嘿，很不错，有为民做主的胸怀，我就任由他"管"。"管"着"管"着，我也记不起来了，一部《弟子规》就演变成了郑氏父子版的"乱弹集"。

背经典主要是一种感染和熏陶，让孩子对传统文化有一点印象，没有必要一丝不苟地较真，天马行空地信口开河反而更有情趣，更能加深孩子的印象。

讲反话，不是正话反说，是讲正义词和反义词，或者相近的词语和同类别的名词。没有严格的规则，只是不讲儿化语，父子俩跟成年人一样对话。我讲热，他对冷；我讲高，他对矮；我讲天晴，他对下雨——对阴天也算对；我讲脚，他对手；我讲牛，他对马；我讲伙计，他对朋友。这些简单的词语，我们在日行万步路的时候已经玩过无数遍了。

接送他上幼儿园的路上，我们一是见到什么讲什么，二是讲较为复杂的句子。一天早上，经过邮政局门前，一辆汽车从门里开出来。我讲："邮政局开出来一辆汽车。"他想了半天，接道："幼儿园进来一个孩子。"我讲："幼儿园的这个孩子不爱吃青菜。"他接："邮政局的那辆汽车喜欢走大街。"我讲："大街上人来人往。"他接："青菜叶虫子太多。"我讲："虫子太多洒农药。"他接："人来人往都回家。"我讲："家是幸福的港湾。"他接："转过弯就看到汽车。"我讲："汽车送信。"他接："信封上贴邮票。"

傻小子对玩词语兴趣盎然，乐此不疲，一开讲就对沿街的冰棒、糖果和玩具视而不见了，上下176级台阶也不觉得累了。他还发明了讲倒话，就是一人讲一个单词，或者一句简短的语句，另一个人接着将他讲的单词或者语句倒过来讲一遍，这种玩法更加趣味无穷。

街上—上街；幼儿园—园儿幼；蒋老师—师老蒋；伙计—计伙；汽车—车汽；吃饭—饭吃；人吃饭—饭吃人；爷爷喂鸡—鸡喂爷爷；奶奶炒菜—菜炒奶奶；爸爸讲故事—事故讲爸爸；太阳光—光阳太；天上星星—星星上天；擦屁股—股屁擦……

傻小子对主宾颠倒、语意相反的短句非常有兴趣，挖空心思找这类短句子。最感兴趣的是擦屁股之类的脏话、痞话，一讲到就笑哈哈。

一天，一辆粪车经过我们面前，他顿时眼睛放亮，停下脚步，仰头望着我，大声道："臭。"

我以为他抱怨粪车臭，就说："这是菜农拉粪的车，当然臭。"

他抓住我的手摇晃："我晓得是粪车，我是要你跟我玩词语。"

我立即对道："香。"

傻小子诡秘地一笑，接着出招："屁股。"

我对："脸庞。"

傻小子立即又讲："拉屎。"

我对："撒尿。"

"不对，不对，应该是吃饭。"傻小子更来劲了，接着出题：

"屌屌。"

我对："手指。"

傻小子挥手向我屁股上就是一巴掌，严肃地教训道："你是不是不用心，不认真？"

可能傻小子也觉得不能太出格，教训过我之后，没逼我再对，笑嘻嘻地再出题："男的讨老婆。"

我对："女的嫁老公。"

傻小子哈哈大笑，笑得走不动了。

卖冰棒

当时，潇水路未开通，零陵城只有东山西面的一片，我们上下的176 级台阶的那段路是一条小巷子，北面是邮政局的高围墙，南面是地委机关的高围墙。除了过往行人，街边的巷口有一处古玩地摊；地摊后面的台阶上，依次坐了几个算命的和两位卖冰棒的老婆婆。

冰棒上市之后，我去接儿子的时候忘了带他的小水壶，他一般会要求我给他买一支冰棒。当时没有食品卫生观念，甚至认为工厂里出来的东西比家里做出的东西还卫生，吃了还有益健康。儿子提出要求，我一般会满足他。

在巷子里两位卖冰棒的老婆婆中，傻小子喜欢那位慈眉善眼、满头白发的。我以为他是喜欢她看上去很友善，问他为什么喜欢她。

傻小子却说："她有四个冰棒盒子，比那个人多一个。"

那年代，用保温瓶装冰棒。那种保温瓶跟 8 磅热水瓶一般大小，

瓶口跟瓶身内径一般大，外壳是竹篾编织的，上档次的外壳上喷印了吃竹子的熊猫图案。白发婆婆不仅拥有四只保温瓶，而且每一只的外壳上都喷印了熊猫图案。

一来二去，我们跟白发婆婆很熟了。有时候，儿子不提要求，我也买两支，儿子一支，我一支，父子俩"吱溜、吱溜"地吸吮，很满足、很惬意。

儿子5岁那年夏天的一个星期六，我提前了大约半个小时去幼儿园接儿子，打算带他去学游泳。一走进那条巷子，儿子就直奔白发婆婆。双方早有默契，不需言语，白发婆婆揭开瓶盖，拿出两支冰棒递给我儿子，笑盈盈地道："绿豆沙的。"

儿子抓着两支冰棒，转身向我跑过来，塞一支在我手上，笑眯眯地道："绿豆沙的。一角钱一支，你快去数钱。"边说，边一只手举着冰棒吸吮，另一只手拉我向白发婆婆走，生怕我吃霸王冰棒似的。

数过钱，我一时兴起，想考考傻小子的数字概念和生意头脑，就问他，白发婆婆卖几种冰棒，哪种贵，哪种便宜。

在此之前，我一直忍住不教他数数，每天上下台阶那么好的机会，都没有利用过。我以为傻小子没有数字概念，也不会注意白发婆婆卖几种冰棒。

傻小子在白发婆婆身边的台阶上坐下，有滋有味地咬下一口冰棒，"呵哧、呵哧"，咽下去之后，不慌不忙地道："胡奶奶卖两种冰棒，一种绿豆沙的，一种白糖的，绿豆沙的一角钱一支，白糖的五分钱一支。"

白发婆婆比我还高兴，问我儿子："宝崽，你怎么晓得我姓胡？"

傻小子再咬下一口冰棒，再不慌不忙地道："我早就晓得了，去年，有一个人跟你买冰棒，那个人对你说，'老胡，给我一支白糖的'，我就记住你姓胡了。"

胡奶奶想抚摸一下我儿子的脑袋，手没伸到脑袋上就缩了回去，赞叹道："真聪明！"

傻小子很受用地咧嘴一笑，快速吃完冰棒，央求道："爸爸，让我帮胡奶奶卖冰棒吧？"

我在一本杂志上读到过，为了锻炼孩子的生存技能，美国父母特意帮助自己的孩子摆地摊。有现成的摊子，儿子又有要求，不管能不能锻炼什么，至少能引导他思考生活并不容易。于是，我立即点头，并对儿子说："你应该先征求胡奶奶是不是同意。"

胡奶奶连连点头："同意，同意，让他玩，反正是上门生意，不耽误我的事。"

傻小子立即提起一只保温瓶，坐到上面的台阶上，冲我叫道："爸爸，你坐在胡奶奶身边，好让她不担心我们跑了。"

跟受了轻视似的，胡奶奶连声道："可怜哟，可怜哟，你们哪里看得上我的几分钱。宝崽，你放心卖！"接着，胡奶奶跟我拉家常，问我是哪里人，在哪个单位工作，有几个孩子，父母是否跟我们同住等等。

胡奶奶占据的是第二个档口，另一位卖冰棒的老婆婆占据的是第一个档口，我儿子是第三梯队，走过第一个档口的顾客都是胡奶奶的生意。

傻小子在电影上见过卖报的小报童，把报童的那一套借鉴来卖冰棒。一见有人过来，就大声吆喝："冰棒，冰棒，绿豆沙冰棒，白糖冰棒，快来买喽！"

这条巷子是山上几个单位人员的必经之地，我有不少熟人走过。见我坐在胡奶奶身边，亲热地拉家常，见我儿子吆喝卖冰棒，他们可能以为我跟胡奶奶是亲戚。于是，大多数熟人都买一支冰棒。傻

小子提走的十几支冰棒，不到半个小时就卖光了。他提着保温瓶，兴致勃勃地回到胡奶奶身边，从口袋里掏出一把角票，塞进胡奶奶手上，催促道："胡奶奶，你快数一数，看看少不少。"说着，他将衣服上的两个口袋都翻过来，拍一拍。"胡奶奶，你看，我身上就两个口袋。"

"可怜哟，可怜哟！"胡奶奶抓着钱向挂在胸前的布包里塞。我一定要她数一数，她数了一遍，说没错，笑盈盈地对我儿子说："宝崽，你很会算账，真聪明！"

傻小子一脸茫然："我没算账，我拿冰棒给他们，他们给我钱。"

看来，这是一笔良心账、糊涂账。我忍不住笑出声来，再买下两支冰棒，和儿子上山。傻小子兴犹未尽，不停地说："伙计，好有味道，好有味道！我长大以后专门卖冰棒！"

我说："好！"

傻小子为难地道："可是，卖冰棒的是老奶奶，等我老了才能卖。爸爸，我年轻的时候，跟你这么大的时候，我做什么呢？"

我笑着道："卖冰棒的有我这么大的，你还可以年轻的时候做冰棒，老了再卖冰棒。"

傻小子高兴得手舞足蹈："对啊！伙计，明天，你带我去看做冰棒的工厂。"

我点头答应，傻小子兴奋地两步并成一步走。回到家，急不可待地把他今日的丰功伟绩和人生远大理想向爷爷、奶奶和妈妈报告。爷爷、奶奶和妈妈哭笑不得，齐声叹息。

晚上，儿子熟睡后，夫人在我身上拧一把，饱含怨气地道："你就教你儿子卖冰棒？让你儿子长大以后卖冰棒？"

我嘿嘿笑："卖冰棒有什么不好？"

"你再这样子教他，他长大以后真的只能卖冰棒！"夫人再拧我一把。"你究竟想把儿子培养成什么样的人？讲啊，你究竟是怎么想的？"

我依然傻笑，老老实实地坦白，我从来没想过培养儿子未来从事多么崇高的什么职业，只期望儿子有快乐幸福的人生，人格达到博雅的高度。不囿于法，不为成法所拘；不囿于物，不为物质所困；不囿于己，不因环境所束缚；不囿于名，求名而不恃名。一个心灵健康的人，一个善于自我教育的人，做什么事情都容易胜任，容易成功。进入社会，他想干什么就干什么，能干什么就干什么，是花是草，看他自己的造化。就是他真的去做冰棒、卖冰棒，绝对也会有所成就，也会赢得尊严。

第二天，跟儿子密谋之后，我对父母和夫人说，带儿子去看文庙。事实上，我们先去参观了冰棒作坊，然后才去文庙。

鸡的葬礼

往僻静之处扔垃圾是一般市民的小嗜好。我接送儿子上幼儿园经过的小巷，路沟里扔满垃圾，还不时有死鸡、死鸭、死老鼠。

一天下午，我去幼儿园接儿子，经过小巷，一只死鸡丢在台阶上。我骂一声："缺德！"绕过死鸡走了。下完台阶，我想，何不利用这只死鸡，引导儿子对生死的认识？这个念头一冒出，我就觉得太离谱，打消了这个念头。

恰在那一天，幼儿园附近一位老人逝世。家属在宿舍楼前的坪地上搭起灵棚、敲锣打鼓、放鞭炮、唱歌。让人想不明白究竟是庆祝死者逝世，还是庆贺生者解脱？

傻小子更加想不明白，从幼儿园接他一出门，他就认真地问我："爸爸，死了人应该伤心，应该哭啊，怎么还放炮仗、还唱歌呢？"

我只好老老实实地回答："我也想不明白。"这时，我才下定决心，带儿子为死鸡举行葬礼，借机向儿子讲解生与死的道理。

担心那只死鸡已让人报复性地扔进了围墙里，我拉着儿子快步走。走到台阶前，死鸡还在，只是让人踢进了路沟里。我拾起死鸡，打算埋在山坡上的大树下。

我一提起死鸡，傻小子就叫喊："爸爸，死鸡不能吃！"我把我的打算告知他，他长吁一口气，兴致勃勃地要帮我提死鸡，指着山坡上一棵枫树，说："爸爸，埋在那棵枫树下，给它做肥料。我最喜欢那棵枫树，叶子变红的时候，好好看。我最不喜欢樟树，树上掉下来的虫，好可怕，还让人身上痒。"他一边说，一边打量我手上的死鸡。

也许是人们留恋生，惧怕死，在我所受的教育当中，从来没有人跟我讲过这个话题。学校教的可能只有那一句气壮山河的"生的伟大，死的光荣"！我父母非常忌讳死的话题，我 10 岁那年的大年初一，我一时兴起，背诵昨晚看到的书上的一句话："人都是要死的……"父母不知道我在表现自己学问高深，以为我在诅咒某人，他们认为，大年初一的诅咒最有可能成为现实。于是，没容我背出下半句，父亲挥手打我一耳光。母亲接连不断地朝地上吐口水，一边吐，一边嘟哝："放屁，放屁，放屁！"这就是我们的文化，逃避死亡，掩饰死亡，畏惧死亡，自然而然的死亡我们总要刻意隐藏起来。等到真正死亡了，我们又美化死亡。

我赞同这样的观点：生是偶然，死是必然，出生之时已确定了死亡必然来临。人的生死就跟大自然中的其他生物一样自然，生未必可喜，死未必可哀。生命若无尊严，何喜之有？死亡若有尊严，有何悲哀？生命的尊严，是从活得有意义、有价值、有目标之中体验和显示。生命的价值，不是由他人评估判断，而是自己负起责任，完成一生中必须完成的责任，以有限的生命，作最大的奉献。

跟儿子为死鸡举行葬礼的时候，对生与死这个话题，我想到的没有这么深刻、这么多，只觉得应该在儿子幼小的心里种下一颗种子，引导他尊重生命，对生死这一话题逐步深入思考，将来比我知道

得多。

如何向一个不满 6 岁的孩子讲清这些大道理？这是我给自己出的大难题。我只能利用那只死鸡，将死鸡提到大枫树下，找来两块石片，叫儿子跟我一起挖坑。

我一边用石片挖土，一边问儿子："你知道这只鸡是怎么出生的吗？"

傻小子见过爷爷孵小鸡，双手抓住石片刨泥土，应道："知道，从鸡蛋里面拱出来的。"

我再问道："是不是每个鸡蛋都能拱出来小鸡？"

傻小子先说能，随即说不能，说让人吃进肚子里的鸡蛋永远拱不出来小鸡。我不敢点明人来到世上也是偶然，怕他自己轻视自己，接着讲那只鸡。那是一只老母鸡，我就讲它如何出生，如何长大，长成漂亮的小母鸡；如何跟其他的鸡相处；如何赢得一只公鸡的爱，产下一窝又一窝蛋，孵出一窝又一窝小鸡。在鸡代表大会上，它获得最高嘉奖，被授予英雄母鸡称号。它的主人如何喜爱它……

傻小子打断我的话："那它怎么被扔到路上呢？"

我一时语塞，随即接着胡编，说昨天晚上，两只黄鼠狼闯进它家，叼它的小鸡。它与黄鼠狼搏斗，不幸壮烈牺牲。黄鼠狼想拖走它，拖进这条巷子的时候，碰上一个过路人，黄鼠狼吓得放下它，自己逃跑了。

傻小子深信不疑，满面崇敬的神情，伸手去翻死鸡的翅膀，说看看黄鼠狼咬了它哪里。我慌忙拿开傻小子的手，说黄鼠狼身上的细菌已经传染到了死鸡身上，小孩子绝对不能用手去碰。挖好坑，我赶紧将死鸡放进坑里，垒上泥土。

中元节，傻小子跟随奶奶烧过纸钱，知道祭奠死者要烧纸钱。我垒土的时候，他收拾起地上的枯树叶，在坟头前堆了一大堆，叫我点上火，他恭恭敬敬地对着坟头作揖。见他庄重虔诚的神态，我赶忙跟着弯腰作揖。直起腰的时候，我恍然大悟，人们在亲人逝世之时，敲锣打鼓、放鞭炮、唱歌，不是庆祝死者逝世，更不是庆贺生者解脱，而是彰显死者和生者的尊严。

我把这个答案告诉儿子，他满面疑惑，问我："什么叫尊严？"

我说："尊严就是一个人被人尊重、尊敬。比如，我们埋葬了这只鸡，给这只鸡烧树叶当纸钱，对它作揖，它就有了尊严。"

傻小子若有所思，许久后，认真地问道："爸爸，是不是一个人只做好事，不做坏事，死了就有尊严？"

我郑重地道："一个人一生做好事、做大事，做出了成绩，在生也有尊严，不只是死了才有尊严。"

带孩子下厨

被窝里的辩论

儿子4岁半，我决定带儿子买菜，带他下厨。

我父母勤劳，在我们下班之前，就把饭菜做好了，厨房里的事情，几乎不让我和夫人插手，并且想方设法把饭菜做出比在农村时好的滋味。父母这样做，除了减轻我和夫人的家务负担，还有报答我们将他们接到城里来奉养的意思。

听说我要带儿子下厨，我父亲的脸色就变了，叹息一声，借故走开。我母亲思虑良久，小心问我："是不是你爸爸和我煮的菜不合你们的口味？"

我说："合口味，比酒店的菜好吃多了。"

我母亲长吁一口气："那你还要煮菜？"

加强亲子关系、锻炼孩子的本领、激发孩子自己吃饭的兴趣，引导孩子爱劳动的意识和热爱家庭的情感，学会生存、学会交往、学会劳动、学会关爱，这些道理，我母亲听不太明白，而且她怎么也舍不得让4岁半的孙子下厨房择菜、洗菜、炒菜，甚至觉得让4岁半的孙子煮饭菜给她吃是一种罪过。可是，不向她老人家讲明白，又会在我们母子之间留下阴影，我尽力通俗而形象地讲了上述道理。

我一边讲，她老人家一边反驳，小声嘟囔："我没听说过煮菜也是教育，学校老师怎么不教学生煮菜？你儿子跟你的关系还不好？每天下班时间还没到，他就到楼门前去接你。天天要你接送他上幼儿园。你出差一天，他嘟囔一天，出差两天，嘟囔两天，出差三天，就哭鼻子，关系还不好？还要钻进你肚子里去？煮菜算什么本领，长大了，只要不嫌累，个个都会煮。吃饭，吃饭，你儿子不是吃得好好的吗？哪一餐没吃饱？"

我笑一笑，去做我父亲的工作，让父亲做母亲的工作。父亲毕竟是教师，听了我的理由，他长吁一口气，眉开眼笑，立即叫过我母亲，只讲了一句："让他带儿子耍。"

望一眼我父亲的笑脸，我母亲的思想通了，却故作生气地冲我道："你真狠心！"

夫人的思想却没通。对我教育儿子的方法她早有意见，只是囿于我有小学肄业考上大学的那么一点老本钱，囿于我们签订的口头之约，囿于儿子的表现的确比同龄的孩子优秀，不好发作而已。听了我带儿子下厨的宏图大略，她跟我在被窝里辩论，开场白自然是老调重弹："你究竟想把你儿子培养成什么人？"

不容我分辩，她举出几个具体事例为论据，意欲说服我。其中一个事例，她认为是培养孩子的不二法门，我们应该当作完美榜样，一丝不苟地效仿。那个事例是她的一位朋友，该朋友有一个比我儿子大3岁的女儿。在母亲的精心教育下，小女孩会唱、会跳、会读、会写、会算。当年元旦，地区工会举行全区文艺汇演，小女孩上台演出，唱歌是独唱，跳舞是领舞。这还不算强项，小女孩的强项是识字、书法和数学。4岁之前，小女孩就认识一千多字，能读报纸，能背几十首唐诗，会写毛笔字，会一百以内的加减法，会讲hello……数到这里，夫人一声长叹，提高了声调："现在啊，她认识两千多个字了，还会弹电子琴了！"她再次长叹一声，愤然而又无奈地抱怨："你啊，你啊，你究竟想把你儿子培养成什么人？当厨师？！"

在我们夫妻之间，这样的辩论已经成为保留节目，隔三岔五在被窝里演出。她有"鸳鸯腿"，我有"迷踪拳"。我的"迷踪拳"有三招：一、笑口哑哑；二、满天花雨；三、一夫当关。

无论她使出曲径通幽，还是直捣黄龙等狠招，我都是一边傻笑，一边"嗯，嗯"，表示在认真聆听，已经虚心接受。她讲过之后，我就搬出孔夫子、陶行知、苏霍姆林斯基，古今中外，理论与实践，满天花雨，连我自己都觉得是雾里看花。最后，我使出撒手锏，一夫当关。这一夫不是我，是我们的儿子，我说："儿子喜欢下厨，早就吵着下厨，我有什么办法？"

虽然夫人明知是我假传圣旨，但也只有忍气吞声。何况，我们儿子除了不会唱、不会跳、不会写、不识字、不会加减乘除、不会讲hello，但他无师自通画的画贴在幼儿园墙报上的第一位，会讲上百小时的故事，能说会道，从来不讲儿化语，常用成语信手拈来，这些出色成绩不是一般孩子能比的。

跟以往一样，辩论结束，夫人默认失败，主动参与我倡导的行动。第二天，她着手为儿子缝制小袖套和小围裙。我母亲的绣花手艺不错，在小围裙上绣了一只小花狗的小脑袋。我儿子把小围裙当成名贵时装，不下厨，也要系上。

第一次下厨

　　我和夫人把儿子第一次下厨办成隆重的仪式。时间定在一个阳光明媚、气温舒适的星期天。明媚的阳光让人振奋，舒适的气温可以少穿衣服，以利放开手脚大干。

　　在选定的日子里，吃过早饭，叫儿子穿上小围裙，我和夫人也打扮一番，夫妻俩带儿子去菜市场买菜。

　　戴上小袖套，系上小围裙，傻小子高兴得蹦跳，拉紧我的手，要我带他上街。听说带他上菜市场买菜，买菜回来带他炒菜，他愣了一下，随即高声大叫："一技之长啦！"

　　玩词语的时候，一事无成、一拍即合、一往无前、一差二错等等成语，儿子已经能够信手拈来，只是常常词不达意，却意趣横生。儿子跟我关系很铁，却又特别怕我，一旦他言行有错，我瞪他一眼，他立即垂下脑袋。稍等一会，问我："伙计，我又做错什么啦？"单位的同事见了这般情景，逗我儿子："你为什么怕你'伙计'？"我儿子用成语回答，有时候说："我们相敬如宾。"有时候说："忠心赤胆嘛。"有时候说："情同兄弟嘛。"甚至会自我解嘲："人无完人嘛。"

　　傻小子不喜欢吃鱼。书上说，吃鱼聪明。夫人总劝儿子吃鱼，有时候还恩威并施，一边替儿子剔鱼刺，一边命令儿子吃。傻小子就是不吃。走进菜市场，见了满池子活鱼，傻小子大开眼界，主动提出买一条鱼，宣称今天由他煮鱼，他一个人要吃半条。

进入厨房，傻小子真的要独霸天下，将我和他妈妈向后推，命令道："让我来！"

说罢，他一屁股坐在马扎上，抓起油菜就掐根。油菜根有筋丝，大人都难掐断。他咬牙切齿也掐不断，气得丢下油菜，起身去看水池里刚买回来的草鱼，仿佛要先处理鱼。想一想，他又坐下来，抓起油菜又掐根。这一次，他学乖了，点着他能掐断的嫩处下手。

夫人着急了，连声叫："掐得太多了，掐得太多了。"

我冲夫人一笑："将来尽炒嫩头给我们吃，还不爽？"

我和夫人蹲在儿子身边，跟他一起掐菜根，趁他不注意，将他丢弃的菜根再掐下一节能吃的。夫人故意用身子挡住儿子的视线，跟着我舞弊。

洗菜的时候，傻小子争着洗，抓住水龙头一拧到底，水花四溅，围裙上溅满水珠。我将水龙头拧小，叫他站离水池稍远一点。那时，我家用的是自己砌的煤灶，水池也是自己砌的，为方便倒水，水池高度不到 50 厘米。

抓着油菜在水流下冲洗的时候，傻小子抓出我们暗中留下的那一节，高高举起，大声质问："这是我丢掉的，谁搞进去的？"

我赶紧承认，并告诉他能吃。

"我讲不能吃，就不能吃。"接着，他教训我："伙计，你最三心二意。"他关上水龙头，在油菜中翻找，将我和夫人暗中留下的都找了出来，丢进垃圾桶，教训妈妈："妈妈，你怎么不管住爸爸，让他三心二意。"

洗过油菜，我担心他要争着剖鱼，赶忙将菜刀抓在手上，将鱼抓上砧板，鱼在砧板上跳。傻小子扭头向餐厅跑，边跑边叫："爸爸，等你打死它，再叫我来煮。"

将鱼剖开收拾干净，切片之前，我叫儿子过来。他伸头一看，叹息一声："伙计，你真狠心。"随即满脸是笑，问道："怎么煮呢？我还是不想吃鱼，有刺。"

我说："今天的鱼没有刺，保证你吃了还想吃。"

文化部门是纯净水衙门，但毕竟是衙门。虽然没有人给我们送钞票，但吃吃喝喝免不了。每一次跟同志们去吃喝，我都特别注意有什么新花样的菜。见了新花样的菜，我一边咂摸滋味，一边想象做法。想不明白的，进后厨请教厨师。

几天前，我跟局长去吃过一道名叫"富鱼"的菜。做法是将草鱼去头去骨去皮，鱼肉切成薄片，氽肉片汤一样地氽，滑嫩可口，没有鱼刺。我决定做儿子从没见过的"富鱼"。

开火的时候，也许为了躲避吃鱼，傻小子赶紧向厨房外跑。我将他拽回来，说："你讲过你来煮鱼的，男子汉大丈夫，讲话必须算数。"

傻小子用力挣扎，辩解道："我不会煮，我要画画。"

"不会煮，爸爸教你，画画吃过饭再画。"我抓住他不放。

夫人在一旁向我使眼色，意思是不要教儿子煮鱼，不要强人所难，让儿子去画画。我也向夫人使眼色，意思是告诉她，今天，傻小子煮鱼煮定了。

傻小子的眼睛骨碌转，看爸爸妈妈打哑谜。他明白我做出的决定难以违抗，只好对我说："我跟你一起煮，但我不吃鱼。"

我答应下来，心想，"富鱼"煮出来，你傻小子闻一闻都会流口

儿子，看清楚了，就这么做！

水。傻小子刚有灶台高，我拿凳子让他站上去，让他主厨。我把着手教他放油、放香料，舀上水送到他手边，倒水下锅时，让他将一只手把在瓢柄上。总之，一切操作由我控制，每道程序让他经手。

不出本人所料，"富鱼"的鲜香让傻小子馋涎欲滴，煮鱼的成就感又让他飘飘然。出锅前，他叫起来："慢点，慢点，先让我尝尝，看看还要不要再放点盐。"

我关上火，舀点汤和鱼片，吹一吹，让他尝。一尝，他跳下凳子大喊大叫："爷爷，奶奶，快来尝我煮的'富农'，味道好好哟！"

土改时，我家的成分是富农。就是因为家庭成分，上小学时，我被赶出教室，一家人受了不少苦。我母亲忍不住不时跟我儿子"忆苦思甜"，傻小子就记住了富农。高兴之中，就把"富鱼"说成了印象深刻的"富农"。

这一餐，算得上是傻小子开了"鱼戒"。见儿子吃下不少鱼片，夫人可能想到儿子会增加几分聪明，就不反对带儿子下厨了。有时候，她带儿子下厨的积极性比我还高。

豆芽菜丸子

为让儿子保持下厨的兴趣，我和夫人只是在星期天带他下厨，每一次下厨都做一道他从没吃过的菜或者他喜欢吃的菜。

1987年上半年，我下县做乡镇文化调查，几乎跑遍了江华瑶族自治县。在瑶胞的菜谱中，最有特色的除了荷叶扎，就是各种肉丸子。有豆腐酿、香菇丸子、苦瓜丸子、茄子丸子、辣椒丸子、笋子丸子、蒜子丸子、南瓜花丸子、豆芽菜丸子等等，俗称十八酿。这是谦虚的统称，细数出来绝对会超过三十六酿。

十八酿当中，最有特色的是豆腐酿、笋子丸子和豆芽菜丸子。豆腐酿不是一般那样向油豆腐中间塞一坨肉馅，而是在不能用手去碰的水豆腐中间酿入肉馅，放进锅里用油稍煎一下，下清水焖煮。揭开锅盖，鲜香引人馋涎欲滴。笋子丸子是用瑶山里特有的一种比苦瓜还苦的竹笋，剥去笋衣，用开水焯一下，再用清水漂，漂去部分苦味；用刀尖在笋茎上纵向剖开一条一条细缝，酿入肉馅。煮出来金黄晶莹，香味扑鼻，苦中有甜，甜中有香，色香味齐全。豆芽菜丸子是将鲜嫩的豆芽菜扎成一束，在中间酿入肉馅；爆炒出来，又香，又甜，又脆，请你吃过，保你两日之内肚腹清爽，唇齿留香。

除了苦瓜丸子、辣椒丸子和油豆腐丸子，其他丸子，我父母都不会做。豆腐酿对豆腐的要求高，菜市场买的豆腐做不出来，做出来也没有豆腐酿的滋味。

从江华县回到家的第三天，我母亲孵的豆芽菜出坛。当晚，我一试身手。听说豆芽菜能酿丸子，我父母和夫人都来参观，我儿子欢欣雀跃。

那时，傻小子刚满5岁，厨艺水平刚掌握了放油技术，人比案台高不了多少，却要争着剁肉馅。我只好用另一块小木板当砧板，切出一点肉，让傻小子在凳子上剁。剁了几下，跟我剁的一比较，傻小子的小面子挂不住了，刀子一丢，大声质问我："你为什么要剁那么多，为什么剁得那么快？"

只好又抓一点肉给他，跟着他的速度慢慢地剁。父子俩同时大功告成，傻小子高高兴兴地跟我一起调肉馅。本来一个蛋清就够了，见我敲了一个鸡蛋，他一定也要敲一个。敲就敲吧，反正不是接待外宾。有了鸡蛋的教训，我学乖了，盐、生粉、料酒、香油和味精由他放，却担心他舀一调匙盐倒进肉馅里。没料到，他很谦虚，舀上盐，请示我："伙计，放这么多盐够不够？"

调好肉馅，扎豆芽菜时问题又来了，傻小子一定要由他一个人扎。我只好动员父母和夫人一齐动手，他就没有意见了。做豆芽菜丸子，功夫就在扎豆芽菜上，要求一束十几根豆芽菜长短基本一致，用干净的纱线将两端扎紧。

择出十几根长短基本一致的豆芽菜，傻小子能胜任，扎的松紧度却把握不准。豆芽菜脆生易断，扎得太紧，将豆芽菜勒断了，扎得太松，没下锅就散了。好在豆芽菜是自家孵的，大把的有，任由他折腾。失败几次之后，傻小子扎的合格率超出三分之二了。

往扎成束的豆芽菜里面酿肉馅，是这道菜的技术活，我也是第一次尝试。我担心傻小子又要包干，还好，他知难而退，跟着爷爷奶奶和妈妈站在一边，观摩我操作。

豆芽菜丸子炒出来，傻小子的高兴劲可想而知。以主厨的身份，一边向爷爷、奶奶和妈妈的碗里送豆芽菜丸子，一边自豪地道："快吃，快吃，是我们一起做出来的。"

冰天雪地

操练两年，傻小子跃跃欲试，一定要独当一面。

星期天，我哥哥一家来玩，我带儿子下厨，共同做金银饺。傻小子对我说："伙计，下一个星期天，我也要发明一道你想也想不到的菜，比你的金银饺好一百倍。"

金银饺是我的发明。金饺是蛋饺，银饺是水豆腐饺。蛋饺，一般家庭主妇都会做，没啥稀罕的。稀罕、好看、能体现特色和水平的是银饺。

做法：用小巧锋利的水果刀将水豆腐切成饺子状，先片出薄薄的一片，摊在调羹里，放上肉馅，再盖上一片，然后放进锅里蒸。熟后，在清水中控出。整个工艺流程，既要有技术又要有耐心，还要有审美情趣。做一只要憋几次气，十几只银饺做出来，让人满头大汗。

金银饺比我预想的漂亮，二十几只一黄一白的"饺子"盛在金边大碗里，宽宽的汤，黄白之间漂浮白菜心和半寸长的青葱。外人见了，绝对会以为是从国宴上偷来的。

又一个星期天，吃过早饭，儿子叫他妈妈带他去买菜，我故意要跟他们去。傻小子将我一把推开："不允许你知道我的秘密，我要发明一道你没见过的菜。"

他们买菜回来，我在房里看书，故意不去查看。趁傻小子去阳台上喂鹦鹉，我溜进厨房，一看他们买回来的菜，就忍不住笑。青菜、豆腐和猪肉，傻小子能发明出来什么我没见过的菜？

清理过鸟笼，喂过鹦鹉，傻小子去厨房"发明"。进厨房之前，他走到房门前，冲我大叫："不准你进厨房，我不来叫你，你坐着不准动！"

儿子已满6岁，站在矮凳上能上锅台操作，我担心他被油烫伤或者切伤手指，赶紧问道："准不准你妈妈、奶奶进厨房？"

思索片刻，儿子说："准，但不准她们动手，看着我发明，你看也不允许看。"

听见从厨房里传来儿子跟妈妈和奶奶的欢笑声，刀剁肉馅的声响，我安心看书。想象傻小子会发明一道什么样的菜，我不时笑出声来。

听见碗筷摆上桌子，却不见傻小子来叫我就餐，我按捺不住。听见他请爷爷、奶奶和妈妈就座的时候，我故作可怜地叫喊："伙计，老爸的肚子咕咕叫了啊！"

傻小子大笑："等一分钟就请你来当裁判。"

大约一分钟过后，儿子吹着逗鹦鹉的口哨，一跳一跳地跑进书房，弯腰做一个优雅的恭请动作："师傅，请！"

我摆出师傅的架势，走进餐厅。餐桌上摆放三碗菜，一碗青菜，一碗萝卜干炒肉，正中是大盖碗，碗盖没揭开，盛的想必是傻小子发明的菜。一坐下，我就伸手去揭碗盖。傻小子抓起筷子向我手背上敲："先猜，先猜，你先猜一猜我发明的是什么菜。"

我故意乱猜："清蒸鸡。"

他教训我："你就晓得吃鸡，鸡要几块钱一斤。"

我猜："金银饺。"

他又教训我："学你的东西，还算发明？"

乱猜了一阵，我转入正题，猜肉丸子。

他说："是，也不是。"

我猜："肉片豆腐汤。"

他说："是，也不是。"

我说："究竟是，还是不是？"

他说："就是是，也不是。"

我母亲笑嘻嘻地道："等你们两个伙计猜清了，汤都冷了，豆腐汤冷了发酸。"她边说边伸手揭开碗盖。

盖碗里汤面平整，浮一层用蛋清做的蛋花，一片雪白，看不见蛋花下面是什么菜。傻小子抓起汤勺，从汤里捞出几片豆腐和一个肉丸子放进我碗里。4 片豆腐有 3 种形状、三角形、菱形和正方形，肉丸子不是球形，是圆形，像饼干。看来，傻小子就是在形状上下了功夫。我一时想不到饼干状的肉丸子是如何做出来的、是如何做得这么规整的、是如何没煮散的。煮不散的方法是多放生粉，傻小子已经从我手上学会了。

我夹起肉丸子咬一口，果然跟面饼差不多，大笑："这算什么发明？"

傻小子冲我叫："伙计，你看看，你仔细看看，汤上面浮着的蛋花像不像雪？各种形状的豆腐像不像冰碴？这个菜名叫冰天雪地，比你的金银饺好看多了。"

我父母和夫人齐声道："的确好看多了。"

我也不能打击人家的积极性，舀一口汤喝下，嘴巴咂得喳喳响：

"味道也不错，名字取得比味道还要好。伙计，你是用什么方法把肉丸子做成这么漂亮的？"

"伙计，这就是我的发明，把肉馅拍平在砧板上，用瓶盖一按，就做出来啦。你这个脑袋瓜子哇，让你想 10 天，也想不出这种好办法。"傻小子得意忘形，抓起筷子在我头顶上敲打，敲得"叭叭"响。

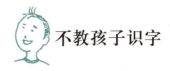 # 不教孩子识字

看图识字

　　儿子5岁那年的秋天，我下县出差，回到家一进门，就被眼前的情景怔住了。客厅的墙上挂满《看图识字》和《学拼音》挂图，花花绿绿，共有8张，将两面墙几乎挂满了。

　　时近傍晚，我父母将我儿子从幼儿园接回来了。我父亲神态威严，手执一支树枝做的、精致的教鞭，点着《看图识字》上的"哥哥"、"姐姐"，用不规范的普通话一板一眼地念，全身心投入，我进门时，他都没觉察到。我儿子站立在我父亲身边，仰望《看图识字》，跟着念，努力念出爷爷的那种"塑料"韵味。我禁不住笑出声来。

　　我儿子闻声扑上来，抱住我的腿，委屈地叫起来："伙计，你欠了我7集《小花狗》。"

　　那一次，我出差7天。傻小子可能是一天一天在勾手指头盼望我回来啊！

　　我说："三集半，你自己要讲三集半。"

　　"那算你4集，走，到阳台上讲《小花狗》。"儿子拉着我向阳台

上走。

我故意逗他："认字比《小花狗》有味道多了。"

他尖声大叫："没有味道，没有《小花狗》的味道！"

说也奇怪，我小时候跟着父亲的时候，他不教我识字、算术。我要求他教我查字典，他说："到你上学时，老子自然会教你。"他所担心的是教早了、教多了，让孩子失去新鲜感，从而失去学习兴趣。可以说，这是我家独特的家庭教育理念。可是，我大侄儿满 5 岁以后，我父亲病休在家。他摒弃了自己原有的教育理念，每天教我大侄儿识字、写字、算术。

哥哥结婚之前，孝敬了父亲一块怀表。从此，怀表成了父亲的至爱之物。每天吃过早饭，他掏出怀表来看一眼，然后在堂屋当中的餐桌上摆上纸和笔，十分威严地冲我大侄儿下令："八点半了，上课了！"大侄儿赶紧走到桌前，爬上椅子，趴在桌上，睁大眼睛等着爷爷教他读书写字。爷爷顿时换上老师的神情，既威严又亲切，站立在孙子身边，手捧书本，抑扬顿挫地念，一字、一词、一句，循循善诱。那情、那景一时成了我们那偏僻小山村一道亮丽的风景线。我二侄儿、三侄儿分别满 5 岁时，我父亲又开始这样教我二侄儿和三侄儿。也许是由于我侄儿们的成功，我父亲禁不住在小孙子身上再显身手。

如此看来，不能隔代带孩子这种观点是正确的。我对父亲再次笑一笑，带儿子去阳台上讲故事。心想，今天晚上，免不了一场家庭大辩论。

吃晚饭的时候，一家人坐在餐桌前。在温馨的气氛中，我父亲转弯抹角扯到了教我儿子识字上，一个劲地夸我儿子聪明，一个字教过两遍就记住了。

我母亲随即帮腔，现场验证给我看。她起身用筷子点着《看图识字》右下角"眼睛"两个字，问我儿子："毛毛，这两个字是不是'眼睛'？"母亲不识字，看图识字。

我儿子立即用塑料普通话大声念："眼睛。"

我忍不住笑，望着夫人，她笑眯眯地望着儿子，问道："'眼睛'上面那两个字呢？"

"眼睛"上面是"姑母"。挂图上的"姑母"比现实中的姑母年轻多了，何况我儿子管姑母不叫姑母，叫伯伯。傻小子立即叫道："姐姐。"

我故作大笑："眼睛上面是额头，不是姐姐。"

"不是额头，是姐姐！"傻小子一本正经地纠正我。

我父亲和夫人尴尬地笑一笑。我母亲则没意识到，又点着"姑母"右边的"姨妈"，兴致勃勃地问傻小子："毛毛，这个'阿姨'你认得吧？"

傻小子又用塑料普通话大声念道："姨妈。"

我父亲和夫人满面得意。父亲说："这个'姨'字，好些孩子上二年级了还不认识。"

夫人瞟我一眼，婉转地向我示威，对我父亲说："爸爸，明天，你可以教他写字了。天天乱画，能画出什么名堂！"

教我儿子识字，对我父母和夫人来讲，是天大的好事，是父母和祖辈应尽的职责和义务；对我而言，是父母和祖辈的乱作为，是违背了教育规律和我的引导教育原则的大错事。

我的引导教育原则一是坚持"两个凡是"：凡是学校要教的课本知识父母坚持不教；凡是孩子自己应做的事情父母决不代劳。二是坚持"四项基本原则"：重学前，轻学后；重引导，轻管教；重能力，轻知识；重过程，轻结果。

我心里叹息，还没等辩论正式开始，双方已经在暗自较劲啦。虽然双方的人员是1:3，但是，真理往往掌握在少数人手里，咱有必胜的信心。

家庭辩论会

当天晚上，儿子入睡之后，我将父母和夫人叫到一起。晚饭前后，我给儿子讲了两集《小花狗》，舌干口苦。我想节省口舌，开口就讲不要教我儿子识字，把墙上的《看图识字》和《学拼音》全部扯下来。

他们睁大眼睛看着我，感到不可思议，人家花钱买挂图，甚至花钱请老师教自己的孩子识字。我有免费的老师和挂图，却不让儿子识字？

我父亲隐约意识到了自己操之过急，表情不自在。我母亲和夫人冲我齐声道："你是不是喝醉了？"

随即，婆媳俩争相向我开火，论点明确，论据确凿。我夫人再次举出她朋友的那个女儿为例，说小女孩已经提前一年上小学，学习成绩优秀，还担任班上学习委员。举过事例，她异常激动，声色俱厉地指责我："你不要总看老黄历，现在是'不让孩子输在起跑线上'，你懂不懂！"接着，饱含怨恨地给我下结论："我看，你就是懒！"

我母亲立即接腔，语重心长地道："你看你的书，教你儿子识字不要你操心，也不要你天天接送他上幼儿园。从明天起，由爷爷接他，像这几天一样，一接回来，就教他识字。我保证你儿子不比任何人差，明年也可以上学。我这个孙子可聪明啦，我亲眼看见的，一个字教两遍，随你顺点、倒点，他都能认识，绝对不比他三个哥哥差！"

一说到我三个侄儿，我父亲就满面得意，用商量的语气对我说："让我教教吧，我有把握，你儿子的领悟力跟他三个哥哥一样高。"

我笑一笑，问道："诸位的意见发表完了？"

我父亲没吭声。母亲不容分说地道："明天，接着教你儿子认字！"

夫人说："懒得跟你啰嗦，我去睡了。"她嘴上这么说，却坐着不动，因为她明白将辩论地点搬进被窝里，最终还是她举手投降。于是，她气呼呼地抱怨："真想不明白你是怎么想的！难道就让儿子玩一辈子？！"

我再次笑一笑，故意用正式会议的语气问道："同志们还有什么意见？没有意见的话，那就该本人发表意见了。"

我母亲和夫人气呼呼地齐声道："看你能讲出什么法水来！"

我慢条斯理地讲了在入学之前不教孩子识字的两条理由：

一、智商决定了在入学之前不用教孩子识字。不可否认，人的智商有高低，但是，除了先天痴呆，任何一个孩子进入学校，都能学会课本上的知识、认识课本上的字，因为学校教育是以孩子为文盲作起点的，一二三四五，从"一"教起，并非开蒙就教"五"。为什么一个班的孩子，有的孩子成绩差，有的孩子成绩好？孩子之间学习成绩的差异，是智商的差异，或者是学习习惯、学习方法的差异。学习习惯、学习方法可以加强培育和不断修正得以提高。智商的差异却不是在孩子上学之前由父母教几个字就能抹平的，就是让你在家里教孩子把一年级的课文学得滚瓜烂熟、倒背如流，也抹不平先天智商的差异。一年级，你可以教会了孩子再让他去上学。二年级呢？三年级呢？你不可能让孩子在家学一年，再让孩子进学校重复学一年吧？假如如此循环反复，孩子读完高中就要 24 年。何况，很少有父母具有从小学一年级到高中的全部课程知识，就是有知识，也没有时间。就是有足够的知识和时间，教出来的孩子也不会是天才，而会是不能融入社会的怪物。

二、兴趣决定了在入学之前不宜教孩子识字。兴趣源于好奇而产生的新鲜感。城里孩子来到乡下，第一次看见牛斗角，他兴趣盎然，恨不得能有两双眼睛看，恨不得把一招一式全都记在心上。回到城里，跟父母和同伴绘声绘色地能讲好几天，一辈子忘不了。城里孩子为什么对牛斗角有兴趣？就是因为从来没见过，觉得新鲜。在孩子上学之前，就教他认识不少的字，老师讲到他所认识的字的时候，无异于炒冷饭。孩子会自以为已经懂了，就会不用心听讲，做小动作，东张西望，人坐在课桌前，心思早已飞到爪哇国去了。久而久之，会养成不好的学习习惯，习惯一旦养成很难改正过来。不好的学习习惯一养成，学习成绩就会越来越差，就会让孩子对学习丧失信心，就会厌学，就会破罐破摔，最后，真的不知道会成为什么样的人。

我们经常听到有父母抱怨："我孩子读一年级的时候是前几名，怎么越读越蠢了？"这类父母没意识到蠢的人是自己，是自己把孩子教"蠢"了。

讲过上述道理，我说："那些挂图上的字和拼音都是学校要教的。要是蠢到连这么几个字要在家里学好了再去上学，那还有什么教的？那还不如让他在家里练举重，练到 18 岁，买一部板车给他拖。"

接着，我讲了一个能击中我父母心坎的事例：从我爷爷那一代起，我家跟同村一户人家明争暗斗，我家一直没胜过那户人家。我爷爷担任过苹洲中学的庶务主任，我爷爷的对手当过湖南省地方法院推事；我父亲是乡村小学教师，对手黄埔军校毕业，当过国民军营长；我哥哥是中学教师，对手是汽车司机（"文化大革命"时期，汽车司机比中学教师吃香）。司机的一个孩子跟我大侄儿年龄差不多，司机的老婆是小学教师，那孩子 5 岁就认识一千多字；我嫂子当时是农民，我大侄儿 4 岁就要煮饭。从当时的情况看，我家输定了。结果让人大吃一惊，我大侄儿的学习成绩超出那孩子一大截。

"不让孩子输在起跑线上"，说穿了就是拔苗助长，是"商业奇才"冥思苦想出来的营销策略，不是培育孩子的方法。仔细想一想，"商业奇才"也没有错，孩子的确不能输在"起跑线"，必须从一出生就开始正确引导，问题是教孩子怎么跑、朝什么方向跑。可怜天下父母心，在应试教育和就业形势的逼迫之下，大多数父母抱有一种幻想，孩子还没走稳就想着孩子获奥运冠军。还有一种盲目认识，认为只有上名牌大学才是孩子成功的唯一途径，不顾自己孩子的兴趣和特长，不管是"老鹰"还是"兔子"，都丢进河里去游泳，还指望获得游泳冠军。"商业奇才"巧妙地利用时势，以及天下父母的幻想和盲目，投其所好，让善良的父母们将红色大钞交到别人手上时毫不吝惜，还喜滋滋地认为进行了一项宏伟的长远投资。

人生是一场马拉松，不是百米短跑赛。不顾孩子的成长规律，让孩子提前起跑，不仅不能让孩子轻松顺利地到达终点，反而会把孩子累死在起跑线，就是不被累死，也会累得两眼发黑，找不着目标和方向。

人生的道路不仅漫长，而且还很宽阔。三百六十行，行行出状元。社会是由各种各样的人员组成的，不是仅仅由社会名流组成的。社会名流无疑是成功的，但构成社会并支撑社会的各种各样的人员也是成功的。没有厨师，没有服装师，再大的官员，再牛气的科学家，吃饭穿衣都成大问题。

每一个孩子都是特殊的个体，"起跑线"因人而异。齐白石从小家境贫困，世代务农。12 岁之前，他随外祖父读过一段私塾。随后，他砍柴、放牛、种田。12 岁学木匠，15 岁学雕花木工，挣钱养家。27 岁才开始学习画画，最终成为一代大师。

我一招满天花雨使完，我父亲和我夫人沉默不语，只有我母亲顺手举出我父亲教我三个侄儿的事例反驳我。

我笑眯眯地接招，有条不紊地分析，说侄儿们生长在农村，农村小学教学资源匮乏，师资力量薄弱，一般只开语文、数学两门课程。在侄儿们上小学之前，我父亲教他们读书识字，正是弥补了农村小学的缺项，不仅没有损伤侄儿们的学习兴趣，反而提高了学习兴趣。还由于跟同学们比较，他们的知识丰富，还提升了他们的自信心。而且，大侄儿在家里学了一年级的课程，上学直接读二年级。二侄儿和三侄儿从课程单调的农村小学转入课程丰富的城里小学，也没有经历炒冷饭的困扰，反而有"山外有山"的惊喜和奋起直追的紧迫感。

我儿子的处境与我侄儿们当时的处境完全不同，生长在城市，有良好的幼儿园教育，有资源完善、师资素质较高的小学教育。在他上学之前，祖辈和父母要做的是把他的目光引向学校教育以外的知识海洋，引导他慢慢成长，逐步学会生活，逐步懂得道德伦理和道德规范，逐步领悟人生道理，养成良好的行为习惯，慢慢地学会与他人相处，逐渐形成自尊、自信、自爱、自觉的自我意识，形成完整的人格，而不是像驯化大猩猩一样机械地教他认识几个字。一个人只要有完整的人格，任何时候出发都不晚。

讲到这里，我满怀敬意地注视我父亲。他教我侄儿们识字，并没有违背我们家独特的教育理念。不论他老人家是有心栽花，还是无心插柳，在当时的环境中，他教我侄儿们识字不仅正确，还是对我们家的教育理念的完善和补充，只是他没意识到这一点。

我这么一分析，我父亲和我夫人彻底服输了。可是，中国人没有几个人会当面服输，就是在自己的家人面前也是一样。

我父亲故意瞟一眼墙上的挂钟，说："不早了，睡吧。"

我夫人更厉害，言不由衷地道："我们说不定也让毛毛上学就读二年级。"

我母亲没意会到这是我夫人让自己下台的话，立即认真附和：

"对呀，毛毛也很聪明，完全可以跟他大哥一样，上学就读二年级。"

我父亲故作不耐烦地向我母亲道："睡吧，睡吧，明天再讲。"

父亲和夫人默认了，母亲会有父亲开导，这场辩论我又获得全胜。

第二天清早，送傻小子去幼儿园之前，我将他带到挂《看图识字》和《学拼音》的墙壁前，对他说："伙计，读书识字是老师教的，我们是不是把这些挂图扯下来，不认字了，每天画画和讲《小花狗》？"

傻小子高兴得拍手："快扯下来，小花狗上学之前就不认字。伙计，全部扯下来。"

挂图是我父亲用那种窄窄的不干胶带粘住四角粘贴在墙面上的，我用手指头伸进挂图与墙壁之间的缝隙，抓住挂图边沿轻轻一拉，一张挂图就掉下来了。

我刚要将手上的挂图卷起来的时候，傻小子大叫："爸爸，爸爸！"

我担心傻小子改变了主意，叫我将拉下来的挂图重新粘贴上，他要识字。他伸手拍一拍我手上挂图的背面，得意地道："伙计，你看，这张画的背面也没有画。"

我一时茫然，扯下第二张挂图，才想起搬进这栋房子那天，我叫他在白纸两面画画的情景，心里笑道："傻小子的记忆力倒不赖，将来会有出息的。"

 饲养小动物

六条小蚕

　　我喜欢看儿子进出幼儿园时那灿烂如花的笑容，喜欢对儿子讲跟别的父母不一样的告别语和欢迎词。早上，将儿子送进幼儿园，挥手再见，我总是说："伙计，好好玩！"傍晚，将儿子接出幼儿园，我笑嘻嘻地问："伙计，今天好玩吧？"

　　我特地注意过，百分九十五以上的父母送孩子进幼儿园的时候，一再叮嘱："听老师的话。"接孩子出幼儿园的时候，第一句话就问："今天学了什么？"或者"今天，老师教了几个字？你记住没有？"

　　有人无意中听到了我跟我儿子讲的话，就用一种异样的目光打量我，仿佛是在研究我是不是刚进城里的山野之人。我穿着整洁，面色白净，气质文雅，戴近视眼镜，怎么看也不像是在山林里与野猪共舞的人。有人瞟我几眼，嘴角牵动一丝冷笑，赶紧拉着孩子离我远一点；有人毫无顾忌地冲我指指点点，跟他人议论。我熟视无睹，依然如故。

　　一天傍晚，从幼儿园接出儿子，我拉住他的小手，照例问道：

"伙计，今天好玩吧？"

"伙计，今天好玩死了！"傻小子举起一只火柴盒让我看，"你猜猜，火柴盒里面装的是什么东西？"

我猜蜡笔，他摇头；猜粉笔头，他摇头；猜好看的小卵石，他摇头；猜玻璃弹子，他仍然摇头。一只火柴盒能装下什么呢？猜了半天，我只好投降，说脑袋被小麻猴敲了一棒，不灵泛了。他更加兴奋，哈哈大笑，叫我在路边蹲下。他依偎在我怀里，跟打开无比珍贵的宝盒一样，小心翼翼地推开火柴盒，双手捧住让我看。盒里有一片嫩桑叶，桑叶上趴着6条灰黑色的蚁蚕，每条身长不足一厘米，细毛已褪，看似有人养过两天了。

小时候，我玩过养蚕，却故意说："小毛毛虫啊。"

"蠢哟！"傻小子挥手在我头顶上敲一下，神气十足地教导我："伙计，这是蚕，吃桑叶的蚕，吐的丝能做衣服。毛毛虫是有毛的，是黑红色的。"

我问："谁给你的？"

他说："蒋老师给我们的，全班同学每人6条，只有三个人没要。"

这位蒋老师真是一位有心的好老师。

当天晚上，傻小子将火柴盒放在枕头旁边睡了一晚上。我父亲用塑料包装带，连夜编织了一只脸盆大小的小簸箕，给我儿子当蚕床。

第二天清早，傻小子醒来就叫喊："我的蚕宝宝呢？"

我早有准备，连忙抓起枕边的火柴盒塞进他手上。他赶紧推开火柴盒，仔细察看，数了有6条，确认全都活着之后，轻轻地推上火柴盒，将火柴盒抓在手上穿衣服，扣纽扣时也不放下来，折腾了老半天才扣上。

欢欢喜喜地跳下床，傻小子拉住我的裤腿问道："伙计，到哪里去采桑叶呢？我的蚕宝宝要吃早饭了。"

头天晚上，我思考了小半夜，怕就怕在采桑叶。一是担心找不到桑树；二是担心儿子一个人出外找桑叶，可能会发生意外。不让他养嘛，或者悄悄弄死小蚕，又觉得对不起蒋老师的一片苦心。况且，傻小子已满5岁，我早已在考虑让他饲养一种小动物。

让孩子饲养小动物，可以激发和培育孩子的爱心、细心、耐心和责任心。爱心成就崇高，细心砌就基石，耐心铺就成功，责任心锻就伟业。要想让孩子在事业上取得成功，要想让孩子成为对人类发展有所贡献的人，必须从小激发并培育孩子的爱心、细心、耐心和责任心。

激发和培育孩子的这"四心"，养蚕是最佳选择。一条不足1厘米长的蚁蚕，经过孩子亲手喂养，历时一个多月，经过四次蜕皮，长成状如孩子手指、通体白亮的熟蚕，吐丝结茧，一周后化蛾，钻出茧壳，雌雄交配，繁殖后代。在这一个多月的时间里，孩子天天亲手采摘桑叶，亲眼看见蚕宝宝吃下桑叶，一天比一天长大，亲眼看见蚕的一生变化，他肯定对蚕宝宝爱得不得了，那种爱绝对跟父母爱自己的孩子一样，充满成就感。

颁发证书

在傻小子养蚕的一个多月时间里，他的爱心、细心、耐心和责任心表现得淋漓尽致，还享受到了成功的喜悦。我每天跟他一起分享那种甜美无比的喜悦，就是今天回想起来，我心中依然甜蜜无比，依然怀着崇敬的心情感谢蒋老师。

在我们单位隔壁的气象局院内的山坡上，我和儿子找到了一棵两米多高的桑树。每天傍晚，我去幼儿园接儿子，带上我父亲为他编的小篮子。回家时，我们径直去采摘桑叶。第一次采摘桑叶，我向儿子讲解注意事项：不爬树，采摘不到的由我代劳。由我代劳时，傻小子比自己采摘还认真，睁大眼睛盯住树上的桑叶和我伸出的手，一丝不苟地监视我。不时提出警告："伙计，你手上那片有虫眼，不能要。""嗨，这一片也不要，太老了。"

采回桑叶一进家门，傻小子就扑向爷爷为他特制的蚕床前，一边用专用筷子清理蚕屎和蚕吃剩的叶柄，一边问奶奶，帮他喂蚕没有；是不是按他的方法喂的；蚕生病没有；吃得多不多等等，那份关爱之情绝对赛过称职的父母。每次清理完蚕床，他长吁一口气，鼻尖上布满细碎的汗珠，脸上绽开如花的笑容，像是完成了一项伟大的工程。

用筷子清理蚕屎和叶柄，是我的主意，目的是锻炼儿子的细心和耐心。望着儿子全神贯注、吃力地一颗一颗往外夹蚕屎，我常常不忍心看下去。

我买回一本空白荣誉证书，32开，布封面，字体烫金，比文化厅颁发给我的荣誉证书还漂亮；用红薯刻制一枚圆章，刻上"世界桑蚕总会郑家分会"。在证书上写上"奖给优秀养蚕专家"，盖上红薯"公章"，郑重其事地为傻小子颁奖。

傻小子如获至宝，比在幼儿园获了奖状高兴十倍，争着当上了

"世界桑蚕总会郑家分会"会长。从此，他更加尽职尽责了，更有"专家"范儿了，一有空就扑在蚕床前，叹息问道："奶奶，它们怎么还不吐丝呢？"

这是傻小子最关注的问题，每天问几遍，一直问到蚕结茧的那一天。蚕一结茧，新的问题又来了："奶奶，它们怎么还不产卵呢？"

旧社会，我家有十几棵桑树，每年养不少的蚕。我母亲年轻时是养蚕能手，对蚕的习性了如指掌。实际上，是我母亲在替傻小子养蚕。我和傻小子采桑叶只是做样子，因为蚕不能吃过夜的桑叶。真正喂蚕的桑叶是我父母采摘回来的，只是清理蚕床的任务特地留给了傻小子，这是我一再坚持的结果。

在我母亲的精心照料下，6条小蚕茁壮成长。结茧之后，傻小子焦急地等待蚕蛾破茧而出，产下上万颗卵，扬言把家里所有的地方摆上蚕床，为家里的每一个人都做一件蚕丝衣裳。

望着傻小子对着草把上的蚕茧诉说的神情，我打算让他饲养另一种小动物。一是担心傻小子识破蚕是奶奶养的；二是担心采不到足够下一批蚕吃的桑叶；三是蚕是季节性动物，秋冬季节，傻小子的爱心无所寄托；最担心的是怕我父母出外采摘桑叶时摔跤。

我父母和夫人也有这种担忧。我母亲问道："换一种什么养呢？"

我想到了养金鱼，却又想养一种能跟人交流的小动物。跟蚕一样，金鱼只顾自己在鱼缸里乱游，连对它们的主人点一点头的意识都没有。最合适的是养小鸟，既能一年四季饲养，又能跟人交流。虽然它们歌唱并非是感谢主人，但主人会自作多情地以为是感谢自己。

小时候，我养过一只八哥。它会讲话的时候，我父母担心它可能出言不慎，给家里招来灾难，背着我悄悄将它处理掉了。

我父母和夫人也认为养鸟合适，却担心弄不到小鸟。由于滥施农药，城里已经多年没听见鸟叫声了。我去哪里为儿子弄来一只小鸟？6 只蚕茧又怎么当着儿子的面处理掉呢？

漂亮的挂坠

处理蚕茧，我母亲想出了一个令人拍案叫绝的方法。为实施这一方法，我和母亲暗中准备了两天。母亲准备缫丝工具，我去河边寻来一块色泽如玉、状如泪滴的扁平小卵石。

准备工作就绪之后的星期天，我们特地请来我哥哥一家，准备了比较丰盛的午宴，跟过节一样隆重。我郑重地跟儿子说，今天为他养蚕成功召开庆功大会。傻小子高兴得立马向楼下跑，到单位大门前去迎接伯伯和哥哥。

傻小子在大门前的青石台阶上坐了足有一小时，迎接到了伯伯和哥哥。一进家门，他就拉着三位哥哥去看他的蚕茧，滔滔不绝地介绍他的养蚕经验，自豪之情溢于言表。三位哥哥认真聆听，不失时机地赞赏一两句，傻小子的劲头更足了。事实上，在养蚕的日子里，三位哥哥来过两次，养蚕经验是第三次聆听了。

庆功大会正式开始。我母亲烧了一锅开水，水将沸腾时，经我母亲讲解，傻小子心甘情愿地将他的 6 只宝贝蚕茧从草把上摘下来，投进沸水里。我母亲用搅丝棍牵出蚕丝，挂在用一节竹竿上下交错穿上两根筷子的缫丝棍上。不一会儿，6 只蚕茧不见了，6 只蚕蛹在沸水里翻滚。

傻小子问道："奶奶，它们马上会产卵了吧？"

我们的嘴巴张开来，无言以对。我母亲赶紧将蚕蛹捞出来，装在小碗里，笑眯眯地道："等明年春天，它们才产卵。"

我们赶紧附和，争相描绘产卵的盛况。我父亲寻来一只装过药的小纸盒，将蚕蛹装进去，对傻小子说："爷爷帮你保管，明年春天产卵的时候，爷爷给你编织十几张蚕床，把我们家里摆满。"

傻小子信以为真，傻乎乎地道："我养 10 床，我们家里的人一人一床，多出来的送给院子里的小朋友。"随即，傻小子的兴趣转移到了缫丝棍上的一小把蚕丝上，叹息道："这一点点丝啊，我还想做一件衣服给奶奶穿哩。奶奶，明年的10床蚕养大了，先给你做衣服。后年，给爷爷做。再后年，给伯伯做。一年做一件，我的第10年做。"

两天后，蚕丝干了，我母亲将所有蚕丝搓成一根细绳交给我。

小时候，踢毽子，毽子是我们自己做。将缝衣针钉进筷子尖端，将针折断，磨利针的断头当钻头，再在筷子的另一端钉上一块约一寸厚的小木块，配上绳索和横杆，做成一把小钻，在铜钱周边钻出8个小孔，插上8根鸡毛，就做成了漂亮的毽子。

我自制一把小钻，在河边捡回的那颗小卵石的一端钻出一个小孔，将蚕丝细绳从孔中穿过，做成一块漂亮的挂坠，挂在儿子的脖子上。傻小子的高兴劲可想而知，天天挂在胸前臭美。开始几天，碰见熟悉的小朋友就从衣服里掏出来，美滋滋地显摆："玉石的，我爸爸做的，蚕丝是我奶奶捞出来的，蚕是我养出来的。"

傻小子仍然天天想着他的蚕产卵，焦急等待明年春天养蚕，家里摆满蚕床。我焦虑去哪里弄一只小鸟。当时，整座零陵城没有一家花鸟店。我想回农村老家弄一只，可是，清明节回老家祭扫，也没听见过一声鸟叫，麻雀也没见到过一只，世界已经是"寂静的春天"了。

两只鹦鹉

去省厅开会。傍晚，跟朋友上街散步，走至一处街心小公园，刚要进门，忽闻啁啾之声，我不禁冒出进公园偷捕一只小鸟的念头。循声一望，喜不自禁。园门左侧有一家花鸟店，门前的横梁上挂了一溜鸟笼，各色小鸟在笼内鸣唱。

我飞快跑过去，依次观赏，考虑买什么鸟，最终决定买吃素的。吃素的鸟吃稻谷、高粱之类，不愁饲料。吃荤的鸟吃虫子，我担心虫子难找，担心儿子感染病菌，担心儿子惧怕小虫，失去养鸟的兴趣。连笼带鸟，我买下一对虎皮鹦鹉，顺便买下一斤粟米。

店主异常热情，介绍说，虎皮鹦鹉通人性，可以跟人交流。笼中的一对是一公一母，黄绿灰翅是公，淡紫灰翅是母，它们早已恋爱结婚，不出一个月就会孵出小鹦鹉。黄绿灰翅配淡紫灰翅是绝配，好比是公主配王子，后代是极其名贵的彩虹。

我第一次见识虎皮鹦鹉，不懂什么"翅"不"翅"，不知道什么彩虹。见它们花花绿绿好看，只吃粟米，我儿子会喜欢，养起来容易，不等店主介绍完毕，就掏出钱包，爽快地按标价数了钞票。后来，我才知道黄绿灰翅和淡紫灰翅交配，还会出灰翅，根本不可能出什么彩虹，而且那两只鹦鹉都是公的，是"同志"，不是夫妻，店主完全是瞎掰。

见了两只漂亮的小鹦鹉，傻小子高兴得忘了谁是他的老爸，围住鸟笼问个不停："伙计，是送给我的吧？""伙计，它们是什么鸟？怎么这么好看？""伙计，它们会不会叫？""伙计，它们吃什么？不是吃虫的吧？"问最后一个问题的时候，小伙计的眉头皱紧了，我庆幸自己有先见之明。

那年代，还有木轴的缝衣线圈，我用缝衣线的木轴做了一套滑轮装置，用上一根结实的尼龙绳，绳子一头系鸟笼顶上的挂钩上，另一头系上两只小铁环，铁环相距约有一米；将一只短小的码钉的一头捶直，另一头弯成一个小圈，将码钉钉进墙上，用来固定尼龙绳上上下相差的两只铁环。傻小子只要取下挂在码钉上的铁环，上下拉动尼龙绳，就可以轻松地让高挂的鸟笼上下升降。喂食时，将鸟笼降下来；喂完食，升上去。既可避免傻小子有借口依赖大人，又让他感觉是在玩游戏，保持养鸟的兴趣和积极性。

有了虎皮鹦鹉，傻小子不再念叨他的蚕卵了。

我跟他约法三章：自己喂养；每天打扫鸟笼；不叫爸爸、妈妈、爷爷和奶奶帮忙。

傻小子点头答应，认真遵守承诺。每天清早就去阳台上清扫鸟笼，喂鸟，跟鸟讲话。他给两只小鸟取了名字，一只名叫鬼老虎，另一只名叫怪老虎。他跟两只小鸟的关系近乎我跟他的关系，他心甘情愿地担负起了"父亲"兼朋友的职责，在生活照顾上，比我做得好；在情感交流上做得不比我差。他为两只小鸟编了一个连续故事，题目叫《鬼怪老虎历险记》，基本上一天讲一集，一集讲15分钟左右。我跟他一起讲《小花狗》的时候，那肯定是要坐在阳台上讲啦，让他的两只小鸟一起听。

我悄悄跟夫人说："我们再生一个儿子吧。"

夫人知道我是开玩笑，就玩笑道："你来带，我是不想带，我有一个儿子心满意足了。"

我指一指在阳台上认真清扫鸟笼的傻小子，对着夫人耳语："让你大儿子带，保证他比你带得还要好。"

夫人这才明白我是转弯抹角夸耀儿子，脸上洋溢自豪之情。

我又买回一本荣誉证书，本想以"世界虎皮鹦鹉总会郑家分会"的名义颁奖，授予儿子"优秀养鸟专家"称号。可是，用红薯刻制圆章时，傻小子一定要我刻上"全世界鹦鹉总会"，并要当会长，我只能依从他。

我还想为两只小鸟做点什么，进一步感谢、鼓励傻小子。

虎皮鹦鹉真的通人性，不论傻小子给它们讲《鬼怪老虎历险记》，还是我和儿子在鸟笼旁边讲《小花狗》，两只小鸟都欢愉地鸣叫，有时候"嘎嘎嘎……"有时候"啾啾啾……"

我原以为虎皮鹦鹉的叫声比百灵、画眉的叫声还悦耳动听，没想到它们的叫声是这么一般，但对于几乎没听见过鸟叫声的孩子而言，算得上是天籁之音啦。

我养八哥的时候是用口哨声跟它交流的，一听见我呼唤它的独特口哨声，它就发出声调跟我几乎相同的鸣叫声，振翅向我飞来，停在我的肩膀上。我决定教儿子吹口哨。

我先是暗中学虎皮鹦鹉的叫声吹口哨，学了两天，有了八分相像，就在房里跟虎皮鹦鹉"对唱"。不出所料，儿子对我佩服得五体投地，一定要我教他吹口哨。功夫不负苦心人，学了十几天，他能吹出虎皮鹦鹉的叫声了。这时候，我又学画眉叫，儿子跟着学。父子俩天天早上对着虎皮鹦鹉学画眉叫，两个月之后，虎皮鹦鹉的叫声跟我们的口哨声有八分相像了。

傻小子高兴得手舞足蹈，赞叹道："伙计，养'老虎'比养蚕有味道多了！"

放飞鹦鹉

养了一年多，不见鹦鹉下蛋，傻小子天天嘟囔，还由于没履行送小鹦鹉给蒋老师的诺言，深怀歉意，天天问我，他的鹦鹉怎么还不下蛋。见儿子一天比一天焦虑，我生怕给他造成心理影响，很想弄清楚鹦鹉不下蛋的原因，却又不懂这方面的知识。

下属单位有一位同事来局里办事，听见我家阳台上传出鹦鹉的叫声，驻足仔细辨听。恰逢我路过他身边，见他那么专注，我以为他想跟我预定小鹦鹉，笑道："还没下蛋。"

他哈哈大笑："它们若下蛋，你会生儿子。"

我这才意识到可能让那位店主忽悠了，赶紧请那位同事上家里指教。他随我上楼，将鸟笼取下来，一只手提着鸟笼，另一只手指点笼中鸟，教我如何区分虎皮鹦鹉的公母。

当日下午，从幼儿园接回儿子，我告诉他，两只鹦鹉都是公的，不会下蛋，不会孵出小鹦鹉。儿子没说什么，怔怔发呆，一连几天闷闷不乐。

几天后的星期天早上，傻小子将我拉到阳台上，取下码钉上的铁环，将鸟笼放下，摆在阳台的栏杆上，神情凝重地对我说："爸爸，把它们放了吧？"

我知道两只小鸟在儿子心中的分量，怕引起儿子伤心，没问缘由，默默点头。

傻小子打开笼门，转过鸟笼，将笼门对着外面，哽咽着叫喊："飞吧，飞吧，飞吧！"

我家住三楼，阳台前有一棵大樟树，枝叶伸展到了阳台上。微风吹拂，樟树叶片沙沙轻响。初升的阳光映照下，树影在阳台上摇曳，氤氲着扑鼻的芬芳。

两只鹦鹉转动眼睛望一望傻小子，一只迟疑着走出笼门，似乎已经丧失了飞翔功能，站在笼门外，转动脑袋四处打望。忽然，它展翅飞到了近在咫尺的樟树上。另一只赶紧钻出笼门，飞到伙伴身边。两只鹦鹉站在枝头，望着我们欢快地"啾啾啾"鸣叫，仿佛是在感谢我儿子为它们放了一条生路。

傻小子抓起晒衣竿向它们挥舞，叫喊："飞啊，飞啊，快去找老婆啊！"

两只小鸟飞走了。傻小子泪流满面，我的泪水夺眶而出。为安慰儿子，我擦去泪水，玩笑道："没有老婆也快活的。"

　　傻小子却认真了，扑在我身上又打又哭又叫："你没有老婆，你没有老婆！"省悟到我的老婆就是他妈妈，他不哭叫了，依偎在我怀里，泪眼婆娑地望着我，轻声问道："爸爸，它们能找到老婆吗？能飞回它们的老家吗？"

　　"能！"我搂抱住傻小子，郑重点头，可我那不争气的泪水又涌出来了。

　　此后，每天清早，傻小子起床后的第一件事是伫立在阳台上，凝视枝叶繁茂的大樟树，遥望辽阔的天空，等待他的鹦鹉归来。两只鹦鹉没回来过，院子里的十几棵大樟树上不见它们的踪影，只见我家阳台上傻小子默默伫立的身影。

一起做玩具

一支射水枪

我父亲给我买过无数次糖果，却从来没给我买过玩具。除了舅舅送给我一支手枪，除了姐姐为我缝制了一只布老虎，我小时候的玩具都是自己做。毽子自己做、陀螺自己削、点棍自己砍、弹弓自己造……我利用两根铁轨相接处的缝隙，用铁丝制造过小刀。用木头制造过驳壳枪，装上响炮，拉开枪栓，一扣扳机，"叭"的一声，烟火直冒，只是射不出子弹。

每做好一件玩具，我都有一股不可名状的成就感，感觉自己是天底下最厉害的角色，什么困难都难不住我。我无师自通，成为手艺不错的理发师和木工，在不懂正极和负极的基础上，学会布线装灯，就得益于做玩具的功力；我安全行车20年，应该受益于滚铁环。

我儿子也可怜，也不是想要什么玩具就能得到什么玩具。我们跟傻小子有一条不成文的规矩：一年送他四次礼物。送礼的日期固定：元旦、春节、中秋节和他生日。送礼的日子带他上百货公司，由他自己选，限定两件。其他的日子，他只能站在玩具柜台前，望着琳琅满目的玩具流口水，干瞪眼。

傻小子4岁那年的一天，我父母带他上街，为他买了一支射水的塑料手枪。

　　也许傻小子牢记我们的规矩，也许是想向我展示既成事实，也许是想取悦我，让我网开一面。我下班一进家门，冷不防，他从门侧冲出来，高举手枪，瞄准我来了一梭子，清凉的水珠射了我一脸。

　　没等我反应过来，傻小子哈哈大笑，随即抱住我的腿，举着手枪，受了委屈似的，道："爸爸，爷爷硬要给我买，我不要，他还要买。"

　　我父亲特地等候在一边，赶紧笑眯眯地道："块把钱的东西，摆摊子的又是一个七十多岁的老婆婆。"

　　我跟着演戏，大叫一声："缴枪不杀！"从儿子手上抓过手枪。

　　一脸哭相的傻小子顿时笑了，高举双手："我投降，我投降。"

　　我走进房里。傻小子紧跟在我身后，见我将手枪放进了他够不着的书架上层，他意识到难逃法网了，长叹一声。我拉住他的手，走到阳台上。我坐在躺椅上，他坐在我脚边的小凳上。平日，我们就这样坐着讲故事。

　　我笑着问他："伙计，不是买玩具的时候，小花狗叫它奶奶给它买了一辆小汽车，小花狗是如何做的？"

　　在我跟儿子一起讲的故事当中，小花狗家定有跟我们家一样的规矩。

　　儿子垂下头，思考了一会，痛下决心似的，道："好，下一次买玩具，我少要一件。"

　　我笑得更甜蜜："还有呢？"

他说:"手枪放到下一次买玩具的时候再玩。"

我说:"今天,你已经玩过半天了,要扣除半天。"

他点头答应:"好。"

我说:"伙计,还要加重处罚!"

"为什么?"他叫起来。

我说:"你说实话,是不是爷爷硬要买给你的?"

他再次垂下头,摇了摇。

我问道:"撒谎如何处罚?"

傻小子极不情愿地站起身,跑进房间里,将两道门关上,待在房间里,高声大叫:"爸爸,你看时间。"过了 6 分钟,他再次大叫:"爸爸,有 10 分钟了吧?"

我说:"还有 4 分钟。"

衣服怎么搞湿了?

和爸爸玩射水枪

小花狗家也是这样"关禁闭"的。

10 分钟之后，我叫他开门出来，坐在我脚边的小凳上，拉住他的手，故作神秘地说："伙计，你想现在要一支射水的枪，是完全可以的，是可以不受处罚的。"

他抓紧我的手摇晃："怎么得到？伙计，怎么得到？"

我说："自己制造啊。"

单位内的山坡上有一丛竹子，我立即带儿子去砍来一根竹子，做了两支唧筒。装满一桶水，提到楼前的坪地上。父子俩一人一支唧筒，对着喷，嘻嘻哈哈，不亦乐乎。傻小子依仗自己是儿子的优势，专点我的要害之处喷，一定要把我喷成落汤鸡才解恨。

一块积木

我儿子小时候，变形金刚、奥特曼等动画片还没引入中国，能变形的塑料玩具没见到过，培养孩子智力最好的玩具是积木。

搭积木可以引导孩子的创造力和想象力。我儿子最喜欢搭积木，最喜欢跟他大哥搭积木，一岁多就跟大哥搭积木了。兄弟俩玩出了不少新花样：图形组合、对数字、盖房子、搭小桥、多米诺骨牌、童话里的城堡等等。

我们给儿子买得最多的是积木，到他上小学的时候，他拥有大大小小的积木二十多盒，可能将当时市面上各种品类的积木尽收囊中了。

一次，我的一位大学同学来看我，送给我儿子一盒积木，是我儿子拥有的积木当中最大、最漂亮的，42 块组件。我儿子如获至宝，几乎天天搭这一盒积木。

一天，他在宿舍楼前的洗衣台上搭这一盒积木。收场时，不知怎么少了一块。我们一家人屋里屋外寻找了几遍，也没找到那块积木。我母亲说，肯定是让别的孩子故意拿走了。我赶紧一边向母亲使眼色，阻止她不要制造矛盾，一边安慰儿子。

傻小子趁机央求道："爸爸，给我买一块。"

我笑道："那是不可能的，没有哪家店会卖一块积木。"

傻小子哭喊起来："我要我的积木，我要那块积木！"

我抚摸儿子的头，心平气和地道："伙计，哭声小了，放开喉咙哭，大声哭，哭到你不想哭的时候，那块积木就会自己跳出来了。"

见哭不奏效，他不哭喊了，抽抽搭搭，喘息平定，可怜巴巴地哀求："爸爸，我真的好喜欢好喜欢这一盒积木，爸爸！"

我说："爸爸知道你喜欢这一盒积木，爸爸在为你想办法。"

傻小子赶紧顺着竿子爬："买一盒一模一样的，这一盒丢了一块，用那一盒的补，那一盒的丢了，用这一盒的补，我永远永远有一盒我最喜欢的积木。爸爸！"

我大笑："伙计，买一盒必须等到你生日那一天。"

他的情绪又低落下去，泪流满面。

我说："男子汉流血不流泪。你清点一下，看看是丢了哪一块。"

听弦外之音，似乎又有了希望，傻小子连忙抹掉泪水。积木的纸盒早让他弄破了，现在装积木的是我父亲特地用包装带编织的篮子。

他将篮子里的积木倒在饭桌上，七弄八弄，几分钟之后，按盒装的形式摆好了，他抓起一块桥拱一样的积木，叫道："就少了这样的一块，爸爸，就少了这样的一块，原来有两块的，一模一样。"

我的木工手艺能做花板架子床，做这么一块积木难不住我，积木正面绘制的花纹也难不住我，难住我的是油彩。那块积木正面绘的如意图案，用了红、黑、白三种颜色的油彩。

我父亲看出了我的意图，将我拉到一边，轻声道："买三盒油漆，能买两盒积木了。"

我夫人凑过来，也劝我："给儿子买一盒吧，反正这一盒已经玩了几个月了。"

钱是小事情，规矩是大问题，东西一定要珍惜。我笑一笑："你们别管。"

我回到饭桌前，将那块像桥拱的积木抓在手上，叫儿子将积木收进篮子里，说："伙计，吃过饭，跟老爸做一块一模一样的。"

"真的啊！"傻小子一蹦老高，抱住我的胳膊，担心地问："这不是唧筒呀，画了花的，我们能做出来吗？"

这一餐饭，傻小子用比平日快一倍的时间吃完了，也不管我吃没吃完，筷子一丢，冲我大叫："快快，爸爸，我们赶快做积木！"

我的木工工具还在，寻来一块小木板，没用半个小时，我做出了粗坯，教傻小子用砂纸打磨。教他打磨，是让他参与的意思，让傻小子有一点成就感。他打磨了一遍，我细致地打磨了几遍，打磨得跟样品一模一样。然后，我拿着样品和半成品去找单位的美术专干，请他用油画油彩替我绘上图案，一块一模一样的积木就这样制作出来了。

拿着新做的那块积木，傻小子比得到了一盒新积木还高兴。傻小子先是表扬我，给我戴高帽："伙计，你怎么这么能干呢？太能干了！"接着提出更高的要求："爸爸，我们能不能做一盒比这一盒大、比这一盒还复杂的积木呢？"傻小子一边说，一边双手比画。

按他的比画，那一盒积木做出来，搭建起来之后，住进一个人应该没有问题。

神奇的葫芦架

院子里一位小朋友新得到一只陀螺，四处显摆，引得小朋友们垂涎三尺，我儿子也不例外。

这一次，傻小子学乖了，不提出要我买。回到家，跟我说："伙计，闵闵有一只陀螺，转起来好有味道，我们能不能做出来？"

我以为是我小时候玩过的那种陀螺，想也没想就应道："当然能做出来，我是孙悟空，想做什么就能做出什么。"

儿子拉我去看陀螺。一看，我傻眼了。那是塑料做的陀螺，铜钱般大小，用专用装置发出，使它旋转。我玩过的是自己用木头削成的，用布条抽打，使它不停地旋转。

我跟儿子说："玩这种陀螺没有味道，我们做的陀螺玩起来才有味道，想让它转多久，它就转多久，只要你有力气，可以连续转几年。"

"真的啊！"他不屑于看人家的陀螺了，拉着我向家里跑。

我寻出一根酒杯口粗的柴棍，锯下一节，削陀螺。小时候，我偷偷使用家里的菜刀削，刀钝，力小，削一只陀螺费时大半天，还要注意不让父母知道我用菜刀砍过木头，跟做贼一样。如今，我有锋利的刀凿，有合适的工作台，有放手大干的环境。我一边削，一边吹口哨，吹完两支曲子，一只陀螺削好了。

傻小子第一次见到这种土不拉叽的陀螺，抓在手上翻来覆去地看，嘴角一撇一撇，道："这个东西不可能转起来，哼，还说可以连续转几年，吹牛！"

我笑嘻嘻地道："伙计，人不可貌相，海水不可斗量。"我一边说，一边做鞭子，三下两下，一支鞭子做好了，在客厅当中演示给傻小子看。

傻小子看呆了，我还没尽兴，他就抓住我挥舞鞭子的手，大声嚷嚷："伙计，快教我抽，快教我抽。"

傻小子已满5岁，教过几遍，他会抽了。抽过几盘，他抓起陀螺仔细端详，道："爸爸，我认为在上面画几道圈，转起来肯定更加好看，更加有味道。"

不待我点头，傻小子丢下鞭子就去画圈，用红、绿、蓝、黄四支彩笔，在陀螺的上端画了四道圈。

我自6岁开始玩陀螺，玩了十来年，从来没想到过在陀螺上画圈，让它转起来好看，只觉得自己削的陀螺能转起来，能转赢小伙伴的陀螺就心满意足了。真是长江后浪推前浪，一辈更比一辈强，傻小子比他老爸有审美眼光，有科学头脑。有人说，科学是玩出来的。这话很有道理。亚里士多德说，科学的产生需要具备三个条件：惊异、闲暇和自由。贪玩的人需要这些，而科学更需要这些贪玩的人。

今天，傻小子是为了好看，突发奇想，在陀螺上画圈。明天，他是否为了玩得有味道，灵机一动，像高达德那样造一个又细又长的大鞭炮，支在雪地里，电钮一按，"轰"的一声大鞭炮飞上了天，"飞"出一个"火箭之父"的名头呢？

画了圈的陀螺转起来的确好看多了，我忍不住跟傻小子争着抽。在客厅练得有十分把握之后，傻小子抓着陀螺和鞭子就往门外跑。人还没下楼，我就听见了他的叫喊声："我有陀螺啦，转起来好好看，想转多久就转多久！"

玩了两天，傻小子不满足了，扑进我怀里，央求道："爸爸，我要自己削一只陀螺。"

我父母和夫人立即叫起来："不行，凿刀那么锋利！"他们怕我儿子弄伤了手。

我想让儿子实践一下，只要不切掉手指头，受点小伤也没有什么关系。我对父母和夫人笑一笑："我看着他。"

见我准许了，儿子立即行动，赶紧跑到阳台上，抓起我锯过的那根柴棍，仿效我的做法和步骤，拿起锯子就开工。人矮，踩不上工作凳，力小，锯子在柴棍上跳，吓得我赶紧跑上去，帮他踩住柴棍，手把手教他锯。实际上是我在锯，他只是将手把在锯手上。

动刀凿的时候，他不甘当配角了，一定要独立操作。削了几下，见无成效，才准许我握住他的手，帮他一把。陀螺旋转的关键是尖端是否垂直，重心是否平衡。傻小子有创造精神，一定要将尖端削成歪斜的，说转起来后左右摇摆，更加好看，我依他削成歪斜的。可想而知，根本转不起来，他才口服心服，才允许我改成垂直的。

陀螺旋转成功，他问我："爸爸，能不能发明一台机器造陀螺？"

木工用来切葫芦的架子，不就是造陀螺的机器吗？楼梯栏杆、葫芦架子床和仿古桌腿等家具，需要用葫芦。我做木工那些年月，很少有电动车床，农村木工还少有见过电动车床的。我们自己做车床，用几根木条做一个架子，加一条结实的绳索，就做成了葫芦架子——车床。操作时，将加工件套上绳索，置于架子凹槽中，人坐在架子后面，双脚踩动绳索，使加工件旋转，手握凿刀，就可以切削出非常漂亮的葫芦了。

奋战半天，我做了一个葫芦架子，不到两分钟就能切削出一只陀螺。

儿子一直守着我做葫芦架子，见那么简陋的"机器"能造出陀螺，能造出算盘珠子，能造出拉力器把手，能造漂亮的双节棍，就以为我真是孙悟空了，不停地问："爸爸，你怎么不去北京呢？怎么不去搞科学研究呢？飞船你也能造出来吧？"

收音机和铁环

夫人的单位发给每位职工一只小收音机，这是我们家的第一件电子产品，儿子如获至宝，天天捧在手上听，老是问我们，为什么里面有人讲话、有人唱歌；时不时对着收音机讲话："伙计，你怎么唱得这么好听呢？你姓什么？是不是姓郑？"

我和夫人不知道收音机的原理，老半天也解释不清楚。我母亲能解释，她老人家笑眯眯地告诉傻小子，说人都躲在收音机里面，想讲话就讲话，想唱歌就唱歌。傻小子明白奶奶是逗他，却仍然抑制不住想要亲自弄个清楚明白。

我担心傻小子真的傻到以为有人躲在收音机里面，故意问他："你猜猜，收音机里面躲了几个人？"

他伸手对着我的屁股就是一巴掌："你傻哟，人怎么可以钻进这么小的盒子里，这里面没有人，唱歌讲话是收音收到的，我是想知道它是怎么收到音的。"

那一年，傻小子已满6岁。一天，他躲在阳台上，将收音机拆了。傻小子明白我们不会允许他故意弄坏收音机，先发制人，故作神秘，将我拉到阳台上，悄悄跟我说："伙计，奶奶是乱讲的，收音机里面根本没有人，只有一些乱七八糟的东西。我想把那些乱七八糟的东西摆放整齐，稍微动了一下，它就不响了。"

我心里在笑，肯定是傻小子将收音机拆了，怕挨骂才把责任推到奶奶身上，却又没有忘记自己揽下一半责任。说到底，对孩子而言，收音机也不过是一件玩具，而玩具的主要功能是激发孩子的好奇心和探索精神。因而，我认为傻小子把收音机拆了，比让他像捧珍宝一样小心翼翼地捧在手上更体现了它的价值，主要功能已经实现了。

于是，我故作惊讶，笑嘻嘻地道："不可能吧，你稍微动了一下，它就不响了？"

见我一脸带笑，傻小子长吁一口气，也笑嘻嘻地道："我的手指头太粗了，本来想只动一个小东西，稍微一动，有几个东西自己跟着掉下来了。"

我忍住笑跟他去看收音机。他将拆散的收音机塞在木工工具箱里。打开工具箱，他先拿出半边机壳，接着再摸出另一半机壳，然后摸出线路板，再掏出一把小零件。依然笑嘻嘻地道："伙计，这个收音机太不经搞了，我们是不是买一个经搞的？"

我"扑哧"一笑，在他头顶上轻轻地敲一下，说："搞坏了就搞坏了，还想出那么多歪理由。"

傻小子笑得更灿烂："怕你骂我嘛。伙计，你肯定能修好。"

我叫他把七零八落的零件和机壳装进一个塑料袋，带他去修理店修理。第二天，去幼儿园接他时，我们顺便取回收音机。傻小子对修收音机的师傅崇拜得五体投地，说："这个人太厉害啦，我搞成那个样子了，他还能修好。等我长大了，一定跟他学修收音机！"

我把这件事告诉夫人，以为她会表扬我和傻小子，赞扬我保护了儿子的好奇心，赞叹儿子有远大理想。她却说："你们两个就是把这栋房子拆了，我也毫不惊讶。"

再牛的老爸，也有在儿子面前大意失荆州的日子。

一天，路过一处基建工地，无意中发现我的一位远亲在扎钢筋，我突发奇想，请他为我做两只铁环。工地上六码丝下脚料和焊机齐全，他很快为我做了两只，问我，是不是用来箍桶。我告诉他，教我儿子滚铁环。

他遗憾地道："我没有办法弄周圆啊。"

我曾经跟我哥哥的姨夫学过三个月冷作工，知道怎么把铁圈弄周圆。我随手在地上拾起一根短木枋，将铁圈套进一根铸铁水管上，一边用木枋敲打，一边转动铁圈，很快将两只铁圈弄成了周圆。

当天下午，从幼儿园接回儿子，我叫他跟我一起制作推杆。儿子已满 6 岁，完全有能力制作出铁环的推杆。父子俩坐在客厅里，一人一把钳子、一根竹棍和一节铁丝。我一边用钳子将铁丝弯成推勾，一边向儿子示范并讲解。

推杆制作好之后，我忍不住生气，我教他向左弯的那一节，他向右弯；向右弯的那一节，他向左弯，与我弯的完全相反。

我长叹一声："伙计，你怎么左右不分啊！"

他神气十足地先伸出左脚，叫一声："左。"再伸出右脚，叫一声："右。"接着教训我："你才左右不分。"

我抓起我制作的推杆，套上铁环就滚："你看看，我怎么左右不分，我不分左右能滚起来吗？"说着，我抓过他制作的推杆，套上铁环，一动就偏倒了。我得意地连声问道："是谁左右不分？是谁左右不分？"

"你！"他抢过我手上的推杆，理直气壮地道："我是左撇子，你左我右，你懂不懂？"

我猛省过来，赶紧认错："伙计，对不起！左右不分的是老爸。"

不上学前班

走空了的大班

我儿子上幼儿园大班那一年，小学兴起办学前班，郑重其事地广而告之：从明年开始，没上过学前班的、经考试不及格的，一律不准许上一年级！

夫人向我通告这一消息的时候，我不相信，半天也没想明白为什么要开办学前班，为什么上小学一年级要考试？

幼儿园开园那一天，因一点公事，我在上午9时才带儿子去报名。儿子早已急得跳，几次跑进办公室催促我。

傻小子早已知道自己的教室是哪一间，领我走进教室。室内空无一人，我们父子愣住了。按常情，此刻的教室里应该是孩童满座，或者吵吵嚷嚷地在报名。

我猜测是在总务科或者教务科报名，拉着儿子向办公楼跑。跑出不远，蒋老师迎面走来，满面焦虑和愤慨之色。按上学期的安排，蒋老师带我儿子所在的大班。

我儿子一见蒋老师，就扑过去，大声报告喜讯："蒋老师，我的鹦鹉快要生蛋了。"

蒋老师笑容可掬："孵出了小鹦鹉送我一对，好不好？"

我儿子连连点头："好好！"

蒋老师拉住我儿子的手，顾不上再跟他讲话，对我说："郑老师，全班的孩子都去学前班了，一个班只有你们来报名，如何是好呢？"

这时候，我才相信夫人通告的信息是真实的，慌忙问道："学前班学一些什么东西？"

蒋老师说："大概跟一年级差不多吧。"

地委机关幼儿园教学相当规范。我想也没想就说："我儿子还是上幼儿园。"

蒋老师为难地道："我也舍不得他去学前班，可就他一个人，园里不会开这个班啊！"

我说："那就让他再上一年中班。"

蒋老师笑一笑，叫我先去学前班看一看，再决定是否来上幼儿园。我只好先将儿子带回家，再去看学前班，选择了儿子将要去上学的那所小学。

我来到那所小学，寻到学前班。两间教室里坐满孩子，八十多个。那些本该在幼儿园活蹦乱跳的孩子，在课桌前正襟危坐，两只小手反在背后，跟随老师在读"a、o、e"。让人担心中国科大少年班今后要扩展多大的规模，才能保证需求。

我赶紧找到一位熟悉的老师打听："学前班学过拼音，一年级还教不教？"

她笑着说："怎么不教呢？学前班只是为一年级打基础。"

原来如此，所谓的学前班不过是小学跟幼儿园抢生意罢了。我飞快地跑回家，打算立即带儿子去幼儿园报名。

不提前上学

我夫人也明白孩子最好不上学前班，却又不想让儿子在幼儿园玩一年，请了半天假，去一小找人走后门，让儿子提前一年上一年级。教学仪器站跟学校关系密切，校长答应了。

我回到家，夫人早已从一小回来了，焦急地等候跟我商量。夫人的意见是儿子聪明伶俐，完全可以跟上班，干脆提前一年上一年级。她举出我们认识的几个人，某某的女儿5岁就上学了，某某的儿子6岁就上学了。

她说："我们儿子离满6岁只差两个月，完全可以上一年级。"

我父母赞成我夫人的想法，我父亲说："早一年最好，要是高中成绩好，还可以考中国科大少年班。"

我们在客厅里商量，我儿子自得其乐地在阳台上清扫鸟笼。我坚持让儿子在幼儿园玩一年，除了不教儿子识字的理由，我还认为，上学读书是一项艰苦的劳动，仅凭聪明才智是不够的，还要有坚强的意志力。《教学大纲》是针对孩子身心发育进展而设计的，当时规定的入学年龄为7岁，小学一年级的课程就是根据7岁孩子的心智发育水准而设定的，是有学习任务的，一天6节课，每节课40分钟，孩子得有体力和意志力坚持坐下去。年龄小的孩子各方面的能力都发展不足，自制和自理能力都还不成熟，好的行为习惯还没有养成，就把他送进考试机器有点残忍，学习会很吃力，很容易产生厌学情绪。

掌握知识需要领悟力，而领悟力是伴随年龄增长而逐步提高的。当一个人的心智成熟，学习知识举一反三，事半功倍。反之，学的人吃力，教的人吃苦，事倍功半不说，还损害孩子的心智养成，将孩子头脑里的知识搅成一团迷乱。

我本人就是最有说服力的事例。我在小学五年级辍学，数学只学过分数。1978年决定参加高考时，我连有理数都不懂。我哥哥教了我21个下午，从有理数教到导数，是初中至高中的全部数学课程，导数还是大学一年级的课程。之所以会出现这样的奇迹，是因为当时我已满24岁，有较丰富的生活实践经验，心智成熟，对数理逻辑有较强的领悟力。

孩子适龄上学，既合乎客观规律，又让孩子学习轻松。说到这里，我开了一句玩笑："就是跟同学打架，也不会吃亏。"由于气氛严肃，心情沉重，我父母和夫人都没笑。

有不教我儿子识字的前车之鉴，我父母和夫人知道不可改变我的决定，而且，他们并不是一定要让我儿子提前上学，就不坚持了。

让孩子提前上学弊大于利，提前一两年上学没有任何好处。22岁大学毕业跟21岁大学毕业没有什么差别，跟20岁大学毕业也没有差别，有差别的倒是20岁大学毕业的孩子吃了别人想不到的苦，就业应聘时，很可能竞争不过比他年龄大的同学。真想不明白有的父母拿出钻天打洞的干劲，求爹爹，告奶奶，请客送礼，想方设法把不够学龄的孩子送进学校，不知道是为了什么？

我有一位熟人，女儿刚满4岁，他就想方设法将女儿塞进了小学一年级。他的理由让人哭笑不得："上幼儿园一年要交几千块钱学费，上一年级只要几十块钱的课本费。要是她跟不上班，我就让她再读一个一年级，就是留级两次，她也比同学小。"

除了满脸苦笑，除了敬他一支烟，我一时想不到对该朋友还应该有什么表示。

大多数有女孩子的家庭，提前送孩子上学的理由不是为了节省钱，是防备女儿早恋。女孩子发育比男孩子早，到青春发育时期，正值学习任务繁重的中学期间，学习任务挤压得孩子睡觉的时间都没有，一有空闲就打瞌睡，自然就没有精神恋爱，自然就安全度过了早恋危险期，自然就一心死读书，自然就考上了北大或者清华。

这样的父母忽视了一个重要事实：男女婚恋，一般是男大女小。你把女儿送进一群比她大两岁的男孩子当中，不是正好"送羊入虎口"，为女儿创造了恋爱的便利条件吗？

留级幼儿园

做通父母和夫人的工作，下午，我带儿子去幼儿园报名。

这一年，我大侄儿考上北京大学，我儿子也劲鼓鼓的。见我又带他向幼儿园跑，他担心地问："爸爸，大哥上没上学前班？"

我说："没上。你大哥连小学一年级都没有上，读书就上二年级。"

傻小子挥舞双手："那我也不上一年级，读书就上二年级！"

我向傻小子解释我大侄儿不上一年级的缘由，再问他是想上幼儿园，还是想上学前班。犹豫了半刻，他说他想上幼儿园，想跟蒋老师玩。

我们再次找到蒋老师，她正在班上跟孩子玩游戏。一见我们，她示意停下游戏，跑到门前。问了我之后，她表扬我："郑老师，你是真正懂得教育的。"她请另一名老师接替她上课，领我们去找园长。

园长不仅爽快地答应让我儿子去蒋老师所教的班，还对我千恩万谢。我们临走时，园长气呼呼地对蒋老师说："小蒋，你跟教务科商量一下，是不是写一点什么送交地委，哪有一年级要学两年的，那不都是留级生了？"

德国立法禁止开设学前班，禁止孩子上学前班。

2005 年，重庆市教委历数了学前班的四宗"罪"：办班条件差；教师素质不高；教育和管理存在"小学化"倾向；招生行为不规范。

可是，大多数家长偏不认这个"罪"，认为上学前班可以教孩子简单的加减法、拼音、英语口语，为孩子上小学打下好的基础，孩子上学后会学习轻松。当然，也是家长无奈的选择。大部分小学，特别是知名学校，制订了不成文的规定：你不上我学校的学前班，就不准许你来我学校上学。除了硬性规定，还有软性伎俩：在学前班教过的课本知识，在一年级时，蜻蜓点水地教一教，让你的孩子跟不上班，看你送不送孩子来我学前班。为了保证"霸王条款"和潜规则落到实处，各小学又相应地制订了堂而皇之的明规则：上一年级必须通过考试。做成了一个结结实实的连环套，让你乖乖就范，无处可逃。

傻小子在幼儿园留级的那一年，我夫人时不时半真半假地跟我嘟囔："要是你儿子考不上，那就有好戏看了。"

夫人有幽默感，将儿子称为"你儿子"，巧妙地嘲讽我在教育儿子上独断专行。其实，不仅是她担心儿子考不上小学一年级，我心里也打鼓。可是，男子汉大丈夫，我不可能让儿子中途从幼儿园退出来，再死皮赖脸地去求人家同意我儿子去学前班插班吧？

夫人又说："我们还是自己教教你儿子吧。"

母亲也劝我让我父亲教一教。虽然父亲默认了我不让他教我儿子识字，但一直没有放弃一显身手的念头，只要我一点头，他立即就会披挂上阵。

我一是坚信自己的教育理念是正确的；二是坚信儿子能考上小学一年级；三是怕在老婆和父母面前丢面子，坚持不同意，仍然跟儿子一起讲《小花狗》，仍然任他自由逍遥。我不相信一个能讲几百个小时故事的 7 岁孩子考不上一年级。

我说："我小学未毕业，大学都考上了，我儿子连小学一年级还考不上？"由于我有这么一点牛皮哄哄的老本钱，父母和夫人只能将信将疑地依从我，何况傻小子是"我的儿子"。

星期天，傻小子在家里画他心爱的幼儿园。画完之后，郑重其事地在下面写下他的名字。我以为他像我一样是偷偷学到的，他说是幼儿园的蒋老师教的。我问他还会写什么字，他说蒋老师没教。我问他："你会不会算术？"

他说："会。1 加 1 等于 2，2 加 2 等于 4，4 加 4 等于 8，8 加 8 等于 16，16 加 16 等于几，我不知道了，但我知道 10 加 10 等于 20，20

加 20 等于 40，40 加 40 等于 80，80 加 80 等于 160。"

我高兴得要跳起来："你是怎么知道的？"

他说："老师教了 10 以内的加法，其余的是我想出来的，1 加 1 等于 2，10 加 10 当然就等于 20 啦，100 加 100 当然就等于 200 啦。"

"想得好！伙计，读书就是这么想的！"我高兴得将儿子举起来，转了两个圈。

我把这一喜讯告诉夫人，她也高兴了一阵，却又担心地说："你发现没有，你儿子是用左手写字。"

儿子是左撇子，当然用左手写字，天经地义。爱因斯坦、牛顿、居里夫人、美国汽车大王福特和传媒大王福布斯都是左撇子，好些大政治家也是左撇子。他们左手执笔在文件上签名的时候，既潇洒又别致，有什么不好？

我笑着问夫人："你想让儿子用右手写字？"

她说："我担心学校老师会让他改过来。"

"没有那么愚蠢的老师吧？"我心里却明白凡是老师都有那么愚蠢，一定会把我儿子左手上的笔夺下来，再塞进他的右手。但我对儿子未来的老师抱有一丝希望，希望她（他）像幼儿园的蒋老师那样，任凭孩子按天性成长。

夫人却没有我乐观："你等着看吧，老师肯定要让他用右手写字的，说不定还不收你儿子，我们先纠一纠他吧？"

我不容分辩地道："不！绝不！我绝对不相信当老师的真的一个个都那么愚蠢，幼儿园的小蒋老师不是不纠我们儿子吗？"

夫人已经学乖了，不再跟我辩论，长叹一声："到时候再说吧，要纠就让老师去纠吧。"

事实上，不能责怪老师愚蠢，可能在三纲五常创建之前，也可能在开科取士、推行八股文之后，中国就奉行共性教育理念，把个性视为异类，彻底排除，若不排除，寝食不安。莫说是百里挑一的左手执笔写字者，就是头发留长一点、衣服穿艳丽一点，都是不允许的。为师者恨不得将全班学生的面孔修整得一模一样，只是苦于不懂整容手术才罢。要想让我儿子的老师网开一面，那无异于希望天上掉馅饼，无异于太阳西出东落。

可是，要我违背天性，亲手夺下儿子手上的笔，我坚决不干！

考一年级

二小是城里最好的小学，距离我们家近，不要横过马路，十几分钟就走到了。我们自然决定送儿子进二小读书。

二小的陈老师跟我夫人的姊姊熟，教一年级。开学的两天前，我和夫人去拜访陈老师，想请她网开一面，让我儿子进二小。陈老师40多岁，面目和善，说话亲热，一见面就让人产生信赖感。点头答应过后，她问道："你儿子在我们二小上学前班吧？"

夫人不好应答，偷偷瞟我一眼。我感觉不妙，心想 3 斤苹果白买了，却实话实说："一直在地委机关幼儿园。"

陈老师也许以为我儿子脑子有问题，或许年龄太小，我们才不送他上学前班。思量一会儿，她问道："你儿子会不会写字，会不会算术？"

我本想实事求是地讲不会，看一眼满脸严肃的陈老师，再看一眼满面焦虑和抱怨之色的夫人，我违心地说，我儿子会写字，也会算术。陈老师叫我们第二天带儿子去考试。

毕竟是考小学一年级，没有考大学那般排场，没有划定警戒线，没有警察值勤，也没来领导巡考，可是，考场的气氛一点也不比考大学轻松。我和夫人带领儿子来到考场的时候，教室门前已经站满了家长和孩子。

考试是一对一的面试，允许家长陪同孩子进入考场。我就明白说是考试，实际上不过是设置一道门槛，保证学前班以后的生源罢了，顿时信心十足。

参加考试的孩子大多数是我儿子在幼儿园的同学，都上过学前班。一见我儿子，几个孩子就跑过来。我儿子留级幼儿园的这一年，可以说是蒋老师的助理，在同班小朋友眼里算是半个老师，傻小子自信满满。说起幼儿园，他神气得不得了，让他们羡慕不已。

上过学前班的孩子排在前面，考试出来，一个个兴高采烈。我夫人忍不住拉住熟悉的孩子，问考些什么，得到的答案让她对我怒目而视。我想问问她，却怕自讨没趣，刚刚蓬勃起来的信心低落了下去。怕传染儿子，我佯装轻松地跟儿子开玩笑。

傻小子似乎看透了我的心思，一派不以为然的神情，反而安慰我："伙计，你不要担心，二小不要我，我到一小去，或者跟大哥一样，直接读二年级。"

我说："二小不收你这样的学生还能收谁？你大哥是因为那时候在农村，没有办法才直接上二年级。你还是从一年级开始，一级一级地读上去，这样好耍。"

叫到我儿子时，我和夫人拉着儿子走进考室。说是考室，实际上就是一年级的教室，考官就是该班的语文老师和数学老师。语文老师是陈老师，数学老师是彭老师。

彭老师30多岁，看上去很严肃。她家住在跟我们单位隔壁的气象局，她认识我儿子，知道我儿子讲话跟大人一样，还很赏识我儿子。她跟我夫人很熟，可是，除了见面点一点头，讲几句"白菜几分钱一斤"、"好久没下雨啦"之类的客套话，没有值得为我儿子网开一面的交情。

两位考官公事公办地打量我儿子之后，轮流发问。问我儿子叫什么名，家住哪里，家里有什么人，父母在哪个单位工作等等。

我爸说幼儿园比一年级好耍些

问过这些，陈老师问道："你为什么不上学前班？"

我儿子答道："我爸爸讲，幼儿园好耍一些。"

两位老师眉毛紧皱，一脸鄙夷地斜我一眼。彭老师指着教室的天花板，问："这间教室的天花板是方的，还是圆的？"

我儿子望着彭老师笑而不答。碍于情面，彭老师又问了一遍。

我儿子笑着道："你是老师还认不出这间教室的天花板是长方形的，还好意思问学生？"

彭老师和陈老师忍俊不禁。我和夫人也笑了。

傻小子更来劲了，主动问道："老师，还考什么题目？"

陈老师问："你会不会拼音？"

我儿子说："不会。我爸爸讲，上学后，老师会教的。"

彭老师问："你会不会算术？"

我儿子说："会。但不会写，我爸爸讲，老师会教的。"

两位老师瞪我一眼，再相互望一眼，拿出一张纸和一支铅笔递给我儿子，叫他写字。

我儿子望着老师问："除了画画，我只会写我的名字。老师，我写名字，还是画画？"

两位老师长叹一声，无奈地齐声道："写你的名字吧。"

见我儿子用左手写字，如同突然看到了一头大野猪，两位老师齐声惊叫起来："哎呀，你怎么用左手写字？！"接着，她们埋怨我和我夫人为什么不早点纠正过来。

人家手握否决大权，我们只能唯唯诺诺地说工作太忙，没在意。担心她们不收我儿子，我赶忙道："两位老师，请你们收下我儿子。我保证第一个学期期中考试，我儿子进入全年级前十名，期末考试，进入前五名。要是没有达到，你们把他退学。"

两位老师懒得理睬我，相互看了一眼，长叹一声，对我夫人说：

"明天，你来看榜吧。"

走出考室，我和夫人商量如何找人去一小走后门。

第二天，夫人带儿子去看榜。回来时，母子俩喜气洋洋，夫人逗我说，儿子榜上无名。

我高兴地嚷："我这样的棒儿子哪个胆敢不收？"

夫人叹息道："收是收了，但名列倒数第一名。"

这出乎我的意料，却也在我的意料之中。我想，只要收下我儿子，我儿子一定会让她们大吃一惊，刮目相看，欣喜若狂。

夫人再次长叹："倒数第一可能还是照顾的呢。你呀，你呀……"木已成舟，抱怨已无济于事，她转换了话题："你那牛皮吹得太大了。"

夫人说的是我向陈老师和彭老师保证的事。我却有绝对的信心，实际上，夫人对儿子也信心十足。可是，我们的信心不等于儿子的信心，我们如履薄冰。

少年时期

引导自我教育

　　自我教育是指人通过认识自己，要求自己，调控自己和评价自己，自己教育自己。自我教育既是教育的本质要求，又是受教育者自我综合能力的体现。真正的教育是通过自我教育而实现的，一个人能否成才主要取决于自我教育。

　　有自我教育能力的孩子是智能汽车，父母是领航员，引导孩子顺利地到达理想之地；没有自我教育能力的孩子是独轮鸡公车，父母是推车的，累得叫苦连天，还时刻担心车子掉进路边的沟里。父母的职责就是如何帮助孩子安装上功率强大的发动机和先进的智能系统，引导孩子跑得又快、又稳、又远。

父母要放手

"三不"守则

儿子被小学录取的当天晚上，我跟父母和夫人订立"三不"守则：

一、不督促孩子读书；

二、不监督孩子写作业；

三、不辅导孩子的功课。

经过不让识字、不上学前班和不提前上学等几番较量，我父母和夫人知道了他们不可能改变我的"政策"。我父亲瞟我一眼，没吭声。母亲和夫人长叹一声，气哼哼地嘟囔道："反正儿子是你的，随你怎么办！"

差一点没考上一年级的打击，让我夫人已成惊弓之鸟，儿子的表现却又让她不得不承认我引导有方，但她又觉得我的非主流方法和原则，将会让儿子生活在应试教育与我的非主流引导教育的夹缝中不仅左右为难，最终会被强大的现实力量所击溃，不能成才。她却又非常明白无论是在被窝里辩论，还是在家庭会议上辩论，我都是胜利者。

可是，钻进被窝，她不惜再失败一次，在我身上拧上一把，气呼呼地地质问："'三不'，'三不'！你是不是要偷懒？你去人家家里看看，看有谁不辅导孩子功课的！"

我嬉皮笑脸地道："我们老郑家的孩子没有谁需要辅导，我读小学的时候，我老子还让我在上课的时候自由离开教室，到外面疯玩哩。"接着，我再次使出战无不胜的满天花雨，滔滔不绝地讲道理，希望她不耐烦，早一刻投降。

孩子天生就有对世界的好奇心和求知欲望，只要善于引导，学习本身就不会是一个负担，而是一种乐趣。每天学到了新东西，以前不懂的弄懂了，他就会有成就感，就会提升自信，就会越来越热爱学习。父母像狱警监守劳改犯一样地监督孩子读书、写作业，像祖师爷式地辅导孩子的功课，势必把孩子搞得疲惫不堪，使孩子养成逆反心理或者依赖性，孩子天然的求知欲和学习的乐趣就会从根本上被摧毁，教育的核心也就被毁坏了。

我订立"三不"守则的目的，就是为了激发孩子自己的内心动力，引导他养成自主学习的好习惯，培育他的独立自主的个性品质，不断增强自我教育能力。儿子将要面对的是科学技术发展迅猛、社会竞争日益激烈的生存环境，要想有所成就，就必须具备独立思考、自主选择、自我判断和独力解决问题的能力，才能应对各个方面的严峻挑战。

为了尽快结束辩论，我举出夫人那位朋友的女儿为例，以子之矛，攻子之盾。那位曾经让我夫人羡慕不已的小女孩，头上的光环已经散尽，现出了原形。小学三年级开设作文课，小女孩出手不凡，作文经常被老师当作范文在全班朗读，有几篇还发表在少儿类报刊上。

我读过小女孩儿发表在《小学生报》上的一篇散文，以小女孩的年龄而论，让人觉得过不了20年，永州之野会走出一位"张爱玲"。

夫人对那位朋友的教育方法更为崇敬有加，对我引导儿子的理念和方法更加嗤之以鼻。每一次谈起那位小女孩，她都免不了将自己的儿子跟人家比较一番，都免不了对我冷嘲热讽一番。将自己的儿子跟人家比较的时候，她表情复杂，既有为朋友高兴的得意之情，又有担心自己的儿子比不过人家的嫉妒之意，还有抱怨老公胡乱作为的愤慨之色。

可是，夫人的朋友被单位派去省外接受培训，一去就是一年。她一走，小女孩的作文就不及格了，家庭作业也一塌糊涂。此时，真相大白，小女孩先前的作文基本上是由母亲代劳的，连家庭作业也是大多由母亲越俎代庖的。

父母的这种做法无疑是给了自己孩子温柔的一刀，虽然不见血，但伤势不轻，后果严重。孩子的自主学习能力会越来越差，学习兴趣会越来越低，自信心会越来越弱，依赖性会越来越强，严重的会引起厌学情绪，会把学习当作累赘，哪里还谈得上自我教育？哪里还谈得上养成独立自主的个性品质？不用找"周易大师"算命，这样的孩子进入社会，谁都料想得到将会遭遇什么样的境地，将会是什么样的命运。除了啃老，可能还是啃老。但愿这样的父母万寿无疆，长生不老。

具有自我教育能力的孩子，具有独立自主的个性品质的孩子，在校学习期间，"我要学！""我会学！""我能学！""我学得最好！"进入社会，"我要干！""我会干！""我能干！""我干得最好！"

我满天花雨纷纷下，还没下完，夫人就举手投降。在我身上再拧一把，故作不屑地耍赖："懒得理你，反正儿子姓郑，是你郑家的子孙，随你把你儿子教成什么样。"

文具盒

开学的前一天，我和夫人带儿子上街，让他自己挑选书包和文具。

一进商店，傻小子就调侃我："伙计，中秋节还没到啊。"

我说："伙计，请你不要再惦记中秋节了，从明天开始，你就是伟大、光荣的小学生了，一年买四次玩具的规定作废了。今天，你想买什么就可以买什么，但买的东西必须是上学读书必需的。"

傻小子嘴角一咧："我还以为你发现良心了呢。"

我笑着说："伙计，是良心发现，不是发现良心。"

他嘲讽地道："铁公鸡拔毛了？"

我故作认真地道："我是钢公鸡。"

傻小子拉住我的手在柜台前转悠，一边乱看，一边乱讲，引得周围人们的目光全都注视在我们父子身上。傻小子赶紧捏一下我的手，示意乱弹到此结束，不可影响观众的情绪。

买过书包和文具。夫人发现儿子没买文具盒，指着柜台内一只漂亮的文具盒，对儿子叫道："还有文具盒。"

"我不要。"傻小子神秘地一笑，背上书包向门前跑。

"怎么不要文具盒？"夫人嘟哝着转身要去买文具盒。

我拉住她："你已经提醒过他了。"

她生气地道："不可能不要文具盒，明天上学，见了同学们有，他肯定会叫我们再带他来买。"

我说："我才不管，他自己说过不要的。"

夫人气哼哼地叫道："你不管，我管！"她转而请营业员拿文具盒。

我拉着夫人向门外走，跟在儿子身后，带儿子去菜市场，让他挑选他喜欢吃的菜。打算准备一席比较丰盛的晚宴，把我哥哥一家请来。

回到家，傻小子迫不及待地向爷爷、奶奶展示他的新装备，漂亮的书包、铅笔、橡皮擦、造型别致的卷笔刀、十二色的彩笔。

我父亲发现了没有文具盒，笑着问我儿子："文具盒呢？"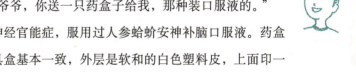

傻小子道："爷爷，你送一只药盒子给我，那种装口服液的。"

我父亲患有神经官能症，服用过人参蛤蚧安神补脑口服液。药盒的形状大小跟文具盒基本一致，外层是软和的白色塑料皮，上面印一

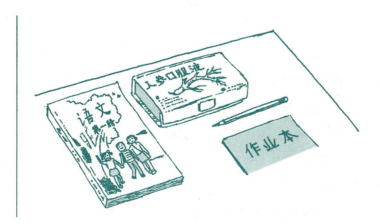

支带绿叶结红籽的人参图案，清新淡雅，比当时的铁皮文具盒还漂亮。

我父亲舍不得将那么漂亮的药盒丢弃，收集在抽屉里，有五六只，没想到派上了大用场。他老人家眉开眼笑，赶紧去拉开抽屉，叫傻小子过去挑选。

傻小子选出一只抓在手上，笑眯眯地道："我老早就想用这种盒子当文具盒了哦！"将文具一一摆放进去，他从胸前掏出一直佩戴在身上的、那一颗用蚕丝细绳挂住的小卵石。"我就喜欢不花钱的东西，不花钱的东西多好！"

"三要"法则

我儿子视伯伯一家到来就是节日，三位哥哥让他对自己的未来充满憧憬和向往。

傍晚，他照例去单位大门前迎接伯伯一家。大哥已去北京上学，一进门，他就将二哥、三哥拉去观赏他的书包和文具，特别推介文具盒，叫爷爷送给他二位哥哥一人一只。无休止地询问二位哥哥，上学读书要做好哪些事。二位哥哥有问必答，毫无保留地传授经验。

晚宴结束，送走哥哥一家，我和傻小子坐在阳台上，跟他讲上学后应该注意的事项，订立上学之后必须遵循的法则。

我跟父母和夫人订立的是"三不"守则，跟儿子订立的是"三要"法则：

一、 当堂的功课要当堂听懂；

二、当天的作业要当天完成；

三、明天的课程要今天预习。

小花狗就是遵照这样的"三要"法则读书的，傻小子早已牢记在心。我没讲完，他就嚷起来："伙计，我读书是我的事，不用你管。我们讲《小花狗》。"

这一次，我没听傻小子的话，没有立即讲《小花狗》，而是再三强调第三点，硬性要求他，明天的课程一定要今天预习。最好是先预习明天的课程，再写家庭作业，如果时间紧，家庭作业就不写。家庭作业是将当天学习过的功课复习一遍，写不写没有多大关系。好的学习方法是预习，不是复习。可能每一个人都有这样的体会，读一篇文章，其中有几个词你不懂，有几个字你不认识，当别人讲到这几个词和字的时候，就跟接通了电源一样，你的心里一下就亮了，一下子就记住了，并且记得很牢固。

如果说，我老郑家的孩子读书学习真有什么绝招的话，课前预习就是绝招之一。

傻小子向我保证一定课前预习之后，我才跟他讲《小花狗》。我想把讲了五年半的故事结束了，就有意让傻小子跟着我的构思，他一集我一集，加快速度让小花狗率领小麻猴、小花猪、小白羊和小黑马驾驶飞船，顺利飞上太空，推开了那一颗小行星，拯救了地球。讲了四个晚上就将《小花狗》结束了。

没过一个星期，傻小子的故事瘾发作了，说飞船不可能顺利飞上天空，要求重编。于是，我们又断断续续地讲了差不多半年。

虽然我为培育儿子的独立自主的个性品质倾注了心血，可是，他

上学之后，我们还是惶恐不安。打个不怎么恰当的比方，那种心情就像是将一块铁坯投进了炉火中，眼看着被熊熊烈火煅烧，却看不清、拿不准会变化为什么样的形状。

要命的是经不起现代生活的诱惑，我们家买了一台 21 寸的彩色电视机。我们搬离群众艺术馆的半年前，省里配备给群众艺术馆一台彩色电视机。每天晚上，我母亲带我儿子去看电视连续剧《霍元甲》。我儿子已经将霍元甲的迷踪拳模仿得惟妙惟肖。搬进文化局之后，我的同事时不时逗我儿子打上一路，常常搞得傻小子浑身灰土。

现在，家里有了电视机，傻小子的热爱程度可想而知。每天放学，跑进家门的第一件事是拉开门边的电灯开关，看看停没停电；第二件事是打开电视机，一边选台，一边问奶奶喜欢看哪个节目。我母亲最喜欢看电视，只要荧屏上有人影、有声音，就高兴。锁定频道，傻小子才放下书包，一边向爷爷、奶奶报告在学校的见闻，一边写作业，一边看电视，一边讲解电视内容给奶奶听。

傻小子对《米老鼠》、《葫芦娃》之类的动画片没有多大兴趣，说还没有我们编的《小花狗》有味道。他喜爱《动物世界》、《地理知识》、《历史人物》等自然人文知识节目，当然，最喜欢的是武打片。当然，奶奶想看动画片，他也乐意奉陪。

我认为电视是一种教育，不制止儿子看电视。社会分工千百种，说不定哪一档节目、哪一个人物、哪一种工作、哪一句话触动儿子的神经，引导他痴迷于某一方面的知识，将来成为某一方面的翘楚。一棵参天大树，谁能说清楚它的种子是鸟衔来的，还是风带来的？同时，我还认为一边看电视一边写作业没有什么不好，"一心二用"应该是高智商的一种表现，是做大事业之人要具备的本领，应该自小锻炼。

更重要的是，我不想儿子自小就没有契约精神。在跟儿子订立"三要"法则的时候，我没想到约法"四"章，把"写作业时不看电视"立为法则。我必须言必行，行必果，不得中途添加或修改。要是我可以随意添加或修改，儿子是不是也可以随意添加或修改？要是他改成"写作业要看电视"，我能怎么样？较之一边写作业，一边看电视，遵守契约重要多了，契约上升一个层次就是法律，对契约没有敬畏之心的人是不可能遵守法律的，是很难在正常的社会之中立足的。

写错两个字

我父亲不看电视。我儿子去上学，他跟我母亲打字牌。有时候，我母亲忍不住想看看电视，他就吓她："这东西是花了两千多块钱买的，搞坏了，卖了你也赔不起！"我儿子打开电视机，他不瞟一眼。我儿子写作业时，他坐在我儿子身边，盯住我儿子手上的笔，随时准备纠错，可是，又不好违背我制定的"三不"守则。我儿子写错字的时候，虽然他老人家技痒难熬，但也只能眼睁睁看着自己心爱的孙子一错再错。

一天，我父亲发现我儿子写错了两个字，如临深渊，极其郑重地悄悄告诉我，要我去叫我儿子改正。

我笑一笑，说："让他自己去明白写错了，明白了过来，下次就不会再错了。"

　　我担心的不是儿子写错一两个字，而是上学的第一天，老师就勒令他改用右手写字。看见他用右手写字时笨拙而痛苦的神情，我的心发痛。我会用左手写字，为了体验他的痛苦，我用脚趾头夹笔写字，那滋味就如同脑袋里的神经被人抽走了，整个人不由自己做主。可是，我既不安慰他，也不询问他，装作没看见他的痛苦。实在看不下去的时候，我赶紧走开。我知道要是安慰或者询问他，他就会感觉更加委屈，更加痛苦，就会对老师产生怨恨。如果对老师有了怨恨，就会对老师所讲的知识产生怨恨，进而对学习产生怨恨和厌恶。

　　用左手写字不妨碍别人，不危害社会，何错之有？

　　1996 年，美国竞选总统的三位候选人中，得票最高的两位，布什和克林顿，都是用左手写字。可是，在中国用左手写字，可能连小组长也当不上。从这一点看，我儿子的老师又是对的，是对我儿子负责的，是好老师。

　　经历了一个多月的磨难，傻小子用右手写字跟用左手一样灵活了，写作业的时候，不再睁大眼睛，屏住呼吸了，脸上没有痛苦之色了。他一边写作业、一边看电视、一边讲解，一心三用的技术越来越得心应手，胜似闲庭信步了。我父亲没再跟我讲他写错字了，还夸他写得又快又好，不时跟我母亲说："我们这个孙子哪，比他三个哥哥一点也不差。"

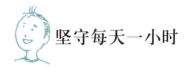

坚守每天一小时

放弃机会

1987 年，湖南省文化厅组织开展全省文化艺术发展战略研讨，厅长亲自带队，我是从全省地市文化局抽调的两名人员之一。由于我的文字功底不错，在调研活动中表现积极，省文化厅有意调我到社会文化处工作。先是由社会文化处处长和人事处处长跟我谈，明确表示厅领导已经同意调我，但按规定先借用半年，半年之后再办正式调动手续。

对借用半年，我没有异议，因为是按规定办事。我提出将我夫人一并调来，他们表示爱莫能助，只能由我自己想办法。

一听这话，我就陷入了沉思。按我的本事和关系，我不可能有办法将夫人调进省城。夫人不来，儿子就不能来。夫妻分居的寂寞我能忍受，教育儿子的责任我无法割舍。我走了，谁跟我儿子一起讲《小花狗》？谁跟他玩那些出格的游戏？谁能不时给他惊喜？想到儿子，我毫不犹豫地谢绝了省厅的好意。两位可亲可敬的处长目瞪口呆，半天才回过神来。

我从省厅回来后的第五天，社会文化处处长专程来到永州，再次跟我商议调动的事，我还是委婉地谢绝了。

1989 年，一位文学挚友邀我一起去海南发展，我也婉言谢绝了。

1990 年，召开全市文化工作会议，市领导的报告由我执笔。在讨论报告的过程中，市委秘书长认识了我，暗中将我发表的论文和文学作品找去看了，决定调我去市委综合科工作。我非常高兴，一听这一消息，就从外围打听市委综合科主要做哪些工作。问了四五个人，其中有在综合科工作的朋友，有老乡，还有一位同乡的副秘书长。他们的答复几乎一致：综合科的工作就是写材料。写材料是我的强项，我心想自己完全有能力胜任新工作。可是，他们的下一句话让我犹豫不决。他们说，综合科的工作很忙，经常加班熬夜，几乎没有时间照顾家庭。于是，我又一次谢绝了。

一个人的一生有几次这样的机会？

现在回想起来，喜忧参半，喜的是儿子有出息，忧的是自己没有出息，工作了十几年还是科级干部，心中不免翻腾。无聊之时，禁不住为自己当初的决定而懊悔，拍打得额头"啪啪"响。

同时忍不住猜想，假如我去了文化厅，也许当上了副厅长；要是我去了海南，也许是报社总编了（那位文友现任某报社社长）；倘若我去了市委综合科，也许当上了副市长，最低也应该是市直某局的"一把手"。这是完全有可能的，市委综合科的人员下放县区就是副书记，副书记干一两届，不是书记、县长，就会回到市里去行政局当"一把手"。跟决定调我的时间前后一两年进入综合科的几个人，他们的仕途走的基本上是这样的路线图。

我转而又猜想，倘若我忙于仕途，疏于引导儿子，儿子的聪明才智用歪了，养成了骄横跋扈之性，变成了纨绔子弟、横行的衙内，闯下大祸之后，高喊："我爸爸是……"那么，我有何颜面见江东父老？我和我儿子的一生不是白活了吗？

以上猜想不过是发扬光大阿Q精神，无聊之时聊以自慰罢了，并非是真正追悔莫及。

三十多年来，我一直在文化局没挪窝，守住一份清闲，守住一份清醒，守出了清高，守出了清廉，守出了一身清爽。

更重要的是，我守住了每天给儿子一小时的承诺，守出了一个好儿子！

傻小子上学之后，我更不敢松懈，无论再忙也要坚持每天至少挤出一小时的时间跟他在一起。教他查字典、用字典，跟他一起阅读，一起背诗词，一起游泳，一起骑车郊游……

初见成效

傻小子自觉遵守"三要"法则，从不落下功课，从不欠交作业，每天写完家庭作业，将第二天要教的课程预习一遍。学会利用字典之后，还将所有生词认下来，注上拼音。让我们心痒难熬的是，他竟然从来不问我们，似乎从来没遇到过难题。

夫人不放心，半开玩笑半当真地悄悄跟我说："伙计，你儿子是不是跟你一样是马大哈，不懂装懂，怎么从来不要求我们辅导他？"

我再次牛皮哄哄："我老郑家的孩子是从来不要父母辅导的。"

我嘴上吹牛，心里敲鼓，傻小子是不是真的不懂装懂？

我儿子上一年级是 1989 年，那年代，学生的家庭作业由老师批改，也不要求家长每天在作业本上签字，我就不清楚他每天家庭作业的具体情况。见他一般用不了半个小时就写完了作业，还包括看电视，想必家庭作业量不大。由于不清楚儿子的学习状况，经夫人那么一说，我心里不禁有一丝害怕。

当晚，傻小子入睡之后，我和夫人翻看儿子的书包。在此之前，我们一直没翻看过他的书包。不看不知道，一看吓一跳，傻小子几乎每一门科目、每一次作业都是 95 分以上，就是开始用右手写字那一段时间的作业也是一样，只有一次是 90 分，就是我父亲发现他写错了两个字的那一次。

第二天，我去新华书店买回一整套小学教材，放在办公室。一是预备在儿子万一弄丢了课本的时候，及时替补；二是我想看一看课本，既能够有效地了解他的学习状态，又可以在他要求辅导时讲出所以然，不在儿子面前露怯现丑。可是，我这种未雨绸缪之举白费劲了，一直不见"雨"下来。

我儿子读小学那年代，经常停电。傻小子最怕停电，每天放学回家，一进门，必定伸手拉开门边的电灯开关，灯亮，欢天喜地，灯不亮，赶紧写作业。停电的日子，要是天黑之前没写完作业，他就站在阳台上大喊大叫："电啊，你怎么还不来啊！"

我安慰他："一次作业不写没有关系，跟老师讲明情况就可以了。要是你不好意思跟老师讲，我写个证明给你带给老师。"

傻小子跺脚叫喊："哪有男子汉完不成任务还讲理由的？电啊，

电啊，你快来吧！

电啊，你快来吧！"有几次，他急得哭起来。

傻小子一哭，我就笑，轻轻抚摸他的脑袋，说："伙计，好好哭，边哭边想，想想能不能用哭声发电。"

这样几次之后，停电的日子，傻小子不哭喊了，缠着我教他造发电机。我没上过中学，没学过物理，对发电的了解仅限于用钢笔末端摩擦头发，吸起细碎的纸屑。只能告诉儿子，我不会造发电机。让我的高大形象在儿子心目中大打折扣。

一天，又一次停电，儿子没完成家庭作业，我写了证明，他高高兴兴地拿去学校。没想到，老师没情趣，责令他第二天补上，还叫他带回一张便条给我。便条上，以孔夫子的语气写道："负责任的家长必须想方设法帮助孩子完成学习任务！"这位老师太负责了。

家庭作业不过是将当天学过的课程知识复习一遍，炒冷饭而已，难道比孩子哭喊来电还重要？如果我是教育部部长，就严令禁止给小学生布置家庭作业，谁违禁，叫谁去养猪！用写家庭作业的时间，让孩子读读杂书，看看电视，讲讲故事，做做游戏，绝对比写家庭作业受益大。如果一定要将学生钉在课本上，那还不如让学生预习第二天要教的课程。

至高奖赏

第一学期期中考试，拿回成绩单的那一天，傻小子垂头丧气，吓我一大跳。我佯装幸灾乐祸地问:"老师批评你了吧?"

他将成绩单递给我,牛气地道:"哼,老师舍得批评我!"说着他耷拉下脑袋。"是我考试没考好。"

我赶紧看成绩单,一看就高兴得想跳起来,却故意说:"伙计,你对自己的要求还挺高的嘛,班上第三名,全年级第四名,还说没考好?"

"是没考好嘛,要是我细心一点,不把那个加号写成减号,减号写成加号,我就是班上第一名了。"他眼睛里噙满泪水。

我赶紧一把抱过他,抚慰道:"没关系。读书是把书读懂,不是考了第几名。你知道加号写成了减号,减号写成了加号,这就表明你会做那两道题,书读懂了。下次考试,多检查一遍就会避免这种错误啦。"

他的情绪有所缓解,坚定地道:"爸爸,期末考试,我一定要搞个全年级第一名。"

我说:"没有必要,不要想着去争名次,只要你觉得自己努力了就行了,觉得读书有味道就行了,考试能打 85 分就很不错啦。"

期末考试,傻小子果真是全年级第一名。

拿回成绩单,他故意装出垂头丧气的样子,藏着不让我们看,想让我们主动求他。夫人意欲开口向他要,我冲她摇头。坚持了没有一分钟,傻小子就憋不住了,将成绩单递给他妈妈,转身一把抱住我,欢喜地叫喊:"伙计,拿奖来!"

我故意问为什么要奖他。他神气十足地道:"我考了全年级第一名,你还不发奖?我同学讲,要是他考第一名,他爸爸奖他 20

请把这个交给，交给党……

块钱！"

我笑着问道："你想让我奖你20块钱？"

他放开我，望着我认真想了想，又扑上来抱住我，尽力将我向沙发上推，大声叫喊："我要你跟我好好地打一架！"

我就跟他滚在沙发上打架。

我家的沙发是能打开当床睡的那一种，我们一直将它打开着，就是为了让我们父子俩滚在上面打架。滚打了一阵，见他气喘吁吁，满头大汗，我赶紧佯装牺牲了，躺在沙发上一动一动。

傻小子套用电影上的标准台词，伏在我耳边叫道："同志，你醒醒，你醒醒。"

我从裤子口袋里摸出一片纸，有气无力地道："请把这个交给，交给党……"说着，我脑袋一垂，双手一摊，彻底牺牲。

他抓过纸片，挠我的胳肢窝。我哈哈大笑着坐起来，他又将我扑倒在沙发上，骑在我身上，跟我约定："伙计，以后，我考了第一名，我们就这样好好地打一架。"

曲径通幽

不是有了"三要"法则和"三不"守则，有了傻小子考试成绩第一名，我就可以取消每天给他一小时的制度，撒手不管了，而是管得艺术一点。我们不催促儿子写作业，不计较他的考试成绩，但是，会不时查看他的作业，只是不当着他的面查看，不指手划脚干扰他，不自作高明地教他写作业，更不会越俎代庖地替他写作业，而是在一旁偷偷观望，时刻注意他的思想和学习状况，该出手时就出手。

一次，儿子做数学测试题。我拿一本书坐在他身边，一边看书，一边不动声色地看他写作业。那是三年级的数学测试题，印刷好的作业本，属课外练习。我看了看他正在做的一道题，严肃地说："伙计，这道题你要仔细想一想再做。"

傻小子睁大眼睛盯住我，惊异地道："想清了呀，会做啊！"

我拿过那本作业本，点着那道题说："不是说你会不会做，是叫你想一想这道题有什么问题，应不应该这样出题？"

傻小子更加茫然了，仔细看了看那道题，抓耳挠腮地想了想，还是想不出所以然，就把那道题念了一遍。

那道题的意思是这样：甲乙丙三人去爬山，遇山体滑坡，被困山中，等候救援，又冷又饿。乙有 4 只苹果，丙有 5 只苹果，甲有540 元钱。他们平均分掉苹果，甲付钱，问甲向乙和丙各付多少钱。

他一念完，我就笑着问道："伙计，世界上有这么贵的苹果吗？"

傻小子摇头："没有。"随即笑道："这是写作业，又不是真的卖苹果。"

我说："你想想，如果你是乙或者是丙，你能收甲的苹果钱吗？在那种危难时刻，你应该收人家的钱吗？"

傻小子想也不想地叫起来：“当然不能收！”

我说：“我叫你想的就是这个问题，能不能收这种钱？伙计，题还是要做的，你只要记住谁都会犯错误，就是编题的'大人物'也会犯错误。还要记住当你碰到山体滑坡时，不要收别人的苹果钱就是了。”

傻小子郑重点头，思索半刻，问道：“爸爸，我可不可以把这个问题告诉老师？”

这可给我出了一个难题，不同意他告诉老师嘛，他会觉得对待不平之事可以事不关己高高挂起。同意他告诉老师嘛，达到他所期待的效果的概率不大，很可能会让他陷于尴尬的境地，甚至蒙受羞辱。有的老师会因为由年幼的学生抢在他（她）前面指破，觉得丢面子，不分青红皂白将学生训斥一顿；有的老师为了维护学校教育的权威，睁大眼睛说瞎话，也会将学生训斥一顿。而我又不能将可能会出现的两种境况跟儿子讲明白，生怕讲明白之后会引起他对学校教育的怀疑或者鄙视。要是达到了他的期待，老师表扬了他，那么，就证明我推测错了，儿子又会认为我胡乱猜疑，侮辱了他所尊敬的老师和他所敬畏的学校教育。

想了又想，我将球踢回给儿子：“你认为可不可以告诉老师？”

想了许久，傻小子叹息一声：“算了吧。我知道谁都会犯错误就行啦，知道在危难的时候帮助别人就行啦。”

我喜忧参半，喜的是年幼的儿子已经如此明智，忧的是他已经如此世故。我随着儿子叹息一声，给出了折中方案，建议他在那道题后面写上：“危难之中应当相互帮助。”

傻小子拍手叫好，立即一笔一画地写上那句话。

第二天放学回来，傻小子非常高兴，抢起书包扔到我身上，大声叫道："伙计，你太厉害了！老师表扬我啦！"

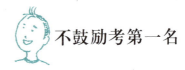

不鼓励考第一名

第一名的危害

自从一年级上学期期末考试是全年级第一名以后，第一名让傻小子"买断"了。为他考了第一名，我们一年打四次架。打到他上四年级，沙发被我们打坏了，不得不将战场搬到了床上。后来，我们搬了新居，铺的是原木地板，父子俩在地板上乱滚。

每次打架之前，我都叹息道："伙计，你总是考第一名干什么嘛？你应该让你的同学也享受一下第一名的感觉，你应该尝一尝当倒数第一名的滋味。"

傻小子叫喊着将我扑倒在地："我就是不让他们享受，我就是不尝那种滋味！"

傻小子读小学四年级那一年，我三侄儿考上清华大学。打完架，傻小子趴在我身上，抚摸我满脸的胡子，郑重地道："爸爸，我要考清华大学的少年班！"

我认真地道："考什么少年班喽，一级一级地读上去快活得很。你二哥考少年班，是因为他在五中读书，嫌五中不好耍。你不要惦记考什么大学，觉得读书好玩，有味道就够了，考什么大学都可以，考不上大学也可以。"

我是真心不希望儿子考第一名，他能考第十名左右我就心满意足了。倘若他有一两次考试名列倒数第一名，我也不在乎。我讲不希望儿子考第一名，人家说我得了便宜还卖乖。事实上，傻小子每一学期都考第一名，我才脑壳疼。

我头疼的不是担心他一帆风顺，将来经受不起挫折；也不是担心他只盯住考试成绩，将来成为书呆子；更不是相信"考试排名第十名左右的学生最有出息"的论说。而是认为考第一名除了让他所读的学校长长脸，除了让父母吹吹牛，除了让他本人虚荣心得到满足，除了考大学，没有什么实际用处，反而对孩子有不少危害：禁锢创新思维；影响综合能力发展；损害心理健康；影响身体成长。

学校考试严格按照标准答案评分，不可越雷池半步。弯弯的月亮只能像小船，像镰刀就是错的。姑且不论"标准答案"是否标准，就算放之四海而皆准，也是"别人嚼过的馍"。你的考试分数越高，吞下去"别人嚼过的馍"越多，哪有一点你自己的东西？

教育不是考学生背下了多少标准答案，而是让学生"不信"标准答案。学生"不信谁"了，教育便成功了。背下爱因斯坦的原著，成不了物理学家。天才不仅是百分之九十九的汗水加百分之一的灵感，而是百分之一的灵感比百分之九十九的汗水更为重要。灵感不会来自"标准答案"，而是在"不信谁"的推动下，不断独立思考所激发的思想火花。要是傻小子敢于用自己独立思考得来的答案答题，哪怕考零分，我也会比他考了 100 分还高兴。

学生要达到"不信谁"的水平，不仅要求老师循循善诱，准许学生独立思考，还要求学生在吃透标准答案的基础上，敢于独立思考，这样才能结出硕果。应试教育却只逼学生背标准答案，不让学生独立思考。所以，儿子考第一名，我虽然没有意见，但不鼓励。原因一是不想让他为了虚名把宝贵的时间和精力浪费在死记硬背上，丧失独立思考能力；二是不能要虚假的第一名，助长他的虚荣心。

　　在德智体美劳全面发展的要求下，为保持总是考第一名的"尖子生"的名声，让全校学生学有榜样，学校不惜弄假。只要你主课成绩好，学校就让你"全面发展"，品德、体育、音乐等"杂课"都给高分，让你总分保持第一名。

　　傻小子像我，五音不全，既没有音乐天赋，对音乐又不感兴趣，音乐考试，他却总是获得高分。这样的第一名又有何实际意义？这不是在害孩子吗？

　　我曾委婉地向他的班主任抗议："我从来没听见我儿子唱歌，音乐也能考 95 分？"

　　班主任满面惊诧地盯住我，可能心里在说，没见过这么不识好歹的！随即，她笑盈盈道："你工作忙，他唱的时候，你没听到。"

　　怕儿子穿小鞋，我不敢争辩，而且，她也真是为了我儿子好。

　　道理大家都懂，但在威力无比的应试教育面前，谁都束手无策，明知不可为而为之。我也不可能有创新思维，跟所有的家长一样，徒叹奈何，在应试教育的夹缝中为培育儿子殚精竭虑，焦头烂额。

希望儿子考零分

小学四年级上学期期末考试，傻小子忘记带文具盒。我母亲将文具盒送到我办公室，说傻小子刚走，叫我赶紧追上去送给他。

我一是想让儿子记住教训，以后不丢三落四；二是真心希望儿子因为没有笔考不成，打零分，就不想追上去。可是，我不追上去，我母亲必定会追上去。我装作着急的样子，从母亲手上接过文具盒就往楼下跑。

跑出单位大门，回头望一望，见母亲没跟上来，我转身往相反的方向走，到代销店买了一包烟，然后不紧不慢地往回走。我知道母亲会坐在单位传达室，落实我有没有将文具盒送到我儿子手上。我将文具盒藏进衣襟里，装作大功告成的神情跨进单位大门。

果然，我一只脚一迈过门槛，我母亲就从传达室钻了出来，极其担心地问："你这么快就送到了？"

我说："我跑得快，没追到精神病医院就追上他了。"

我母亲长吁一口气："这我就放心了，今天还是考试哩。"

我白费心思了，我儿子的老师借笔给他。

考试回来，傻小子既有我没给他送文具盒的委屈和愤懑，又有老师借笔给他的荣耀和骄傲。一进家门，就跑进书房，将书包扔进我怀里，鼻子哼哼："哼，你想难住我！莫说考试，就是平时，老师也会借笔给我。"

我嗅到了他身上散发出来的骄骚味，将书包丢在一边，不看他一

眼，偏过头不理睬。他马上就偃旗息鼓了，自我解嘲地吹一声口哨，去餐厅里喝水。回到书房，为我端来一杯水，见我仍然不理睬，他推一推我的胳膊："这么小气，生气了？"

我说："老师的得意门生，我哪敢生他的气。"

他一愣，问道："伙计，是不是认为我有骄傲情绪？"

我说："你自己说呢？"

"有那么一点点。"他嬉皮笑脸，不停地推我的胳膊。"伙计，别生气了，我保证以后不'骂'你了。来来来，笑一个，笑一个。"

这么傻的儿子，拿他真没有办法。我绷不住笑了。

他伸手在我脑袋上拍一下："笑得真好看。"接着，满面正经地道："我知道你不想我考第一名，我也没想过考第一名，但是，我总不可能故意答错题吧？"

我说："我不是不想让你考第一名，更不是让你故意答错题，是想让你不要为了第一名死记硬背，是想让你对课本知识多加思考，想一想还有没有比老师讲的答案更好的答案。"

我想举个例子，但数学我不在行，因为不喜欢学校教育那套语文教学方法，我又很少关注他的语文课本。我认为语文教学主要有两大功能，一是教孩子将口头语与书面语进行完美的融合，引导孩子把自己真实的思想用文字表达出来。二是启蒙孩子各方面的思想，陶冶孩子的情操，让孩子学会生活。而情操属于个人感知认识的不断提高，老师应该以自己的感受引导孩子去感悟，而不是什么段落大意、主题思想、时代意义，这是进步的、那是有时代局限性的，如此那般地讲个一清二楚，还给出一个硬性判断，规定一个任何人不可违背的标准答案，而这个标准答案往往又是不标准的，甚至是让人莫名其妙的，将原本春风化雨般的审美情趣硬生生地折腾成为钢铁一样冰冷生硬的公式。

因而，我一时记不起儿子学过的语文课本上有哪些课文，信口问道："《农夫与蛇》，你读过吗？"

他点头："读过，课本上的还没学过，是我自己从《伊索寓言》上看的。"

尽管我有以上明智的认识，却几乎不由自主地问道："它的寓意是什么？"可见学校那套教育方法已经在人们心中根深蒂固。

他望着天花板，思考了一会，准确地点中了标准答案："不要被坏人的假象所蒙蔽，不要同情和怜悯坏人。"

我哭笑不得，说："伙计，我认为这则寓言是讽刺农夫愚昧无知的。农夫的错误不在于他同情和怜悯蛇，而在于他无知无畏。作为农夫，经常跟蛇打交道，竟然不懂蛇的习性，还把它放进怀里，死得一点也不冤。这种讽刺够辛辣的吧？"

傻小子叫起来："你乱讲！幼儿园蒋老师讲这个故事的时候，讲的跟我讲的一样！我是从蒋老师那里学来的，绝对不会错！蒋老师还叫我们警惕坏人。"

我笑起来："这则寓言可能选进了五年级的课本，你会学到的，你们陈老师讲的肯定也跟蒋老师讲的一样，也会叫你们警惕坏人。伙计，你再去看一遍这则寓言，想一想我讲的有没有道理。"

傻小子认真地道："就算你讲得有道理也没有用，只要陈老师讲的跟蒋老师讲的一样，我就信陈老师的；信你的，考试打零分。"

望一眼儿子，我禁不住心里倒抽一口气，庆幸傻小子没有受我的影响，怀疑标准答案不标准。我之所以从来不给儿子讲书上的故事，更不讲课本上的故事，就是因为担心我的理解跟学校教学的标准答案不一致，让他对标准答案产生怀疑。要是他对标准答案产生了疑惑，不相信课本，进而不相信老师，不相信学校教育，不相信社会，跟老师、课本、学校和社会对着干，那就悲催了。虽然我不鼓励傻小子考第一名，但还指望他考上大学。虽然没打算培育梳大背头的政治家或者科学家，但也不想培养出一个留鸡冠发型的嬉皮士。

　　只要孩子具有较强的自我教育能力，学校教给了孩子错误答案没有多大关系，并不像那些专挑应试教育的刺的专家所想象的那样可怕，到孩子有了自我判断能力，他自己会找到正确答案。记得我在小学五年级也学过《农夫与蛇》。听了老师的分析，老师叫我们写一篇读后感，我还不是人云亦云，痛骂那条蛇，顺势把阶级敌人痛骂了一遍吗？孩子自己寻找和判断正确答案的过程，虽然走了弯路，浪费了时间，却是在当前应试教育环境中必定要经历的成长痛苦，是必定要付出的代价，也是最有成效的思考和学习过程，这样学到的知识才是自己真正的知识，会一辈子受用无穷。

四项指示

　　为了不让傻小子盯住考试成绩，不把时间和精力浪费在死记硬背上，逐步形成独立思考能力，我给他下达了四项指示：

　　一、做完家庭作业，预习了明天要学的主课以后，不准再

碰课本；

二、星期天，除了玩，只能看课外书；

三、不准购买课外辅导资料；

四、不准超前学习课本知识。

除了上学之前，我跟父母、夫人和儿子制订"三不"守则和"三要"法则，我们家不作古正经地制定什么大的规矩，以上的所谓四项指示，不是以"文件"形式集中下发，而是我跟儿子在日常交谈之中，今天一点、明天一条透露出来的那么一点意思。

一二项指示执行起来没有问题。预习功课从傻小子上学的第一天就开始了，已经形成了良好的学习习惯。看课外书是他的兴趣爱好，一年级，他翻看从二哥那里拿来的连环画。学会查字典之后，他阅读《格林童话》、《安徒生童话》、《365 夜科幻故事》等故事性强的书籍。四年级，开始阅读《十万个为什么》。我发表的小说，他都读过。读我的小说时，傻小子全神贯注。他可能在想，老小子怎么会写小说呢？写得这么有味道呢？

第三项指示执行起来也没有困难。我从来不给儿子买课外辅导资料，他自己对教辅资料也不屑一顾，说是"骗钱的"，他没尝到过"甜头"，也没吃过苦头。他学习课本知识举重若轻，从来不向我们问课本上的问题，似乎从来没遇到过难题。我想，难题肯定是遇到的，只是他自己解决了。这令我十分欣慰，认为儿子具有了较强的自我教育能力。

执行第四项指示，遇到了阻力，来自三个方面：

一是我父母和夫人，受当时社会上力捧少年班热潮的影响，何况我二侄儿考上了中国科技大学少年班，他们意欲让我儿子在二年级期间自学三年级的课程，从二年级跳级到四年级，为考少年班做准备。

二是学校的领导和老师，虽然小学跟大学之间隔着中学，但他们想本校培养出一名少年班大学生，以提升本校知名度，脸上有光，写学校简介时，能多写几个字。

三是我儿子，每次考试第一名冲昏了他年幼的头脑，立志跟二哥并肩而立。大言不惭地道："我也要在中国科技大学少年班的厕所里撒尿！"傻小子说这句话的时候，如同阿基米德在宣称："给我一个支点，我就能把地球撬起来！"

为了打消他们的念头，我费了不少口舌。我说："少年班除了名声好听一点，除了早两年进大学，没有任何好处，很可能因为年龄小不适应大学生活，不仅学不好，有的甚至还会毁了一生。"

这番话难以说服我父母、夫人和儿子，他们以我二侄儿为例子反驳我，说我二侄儿适应得好好的，还获得了奖学金。

　　不久之后放暑假，二侄儿回来了。他说，他们班上有两位同学因年龄太小，生活无法自理，自我约束能力又太差，几门功课考试不及格，被学校劝退了。这才打消了我父母和夫人的念头。我儿子却反而劲鼓鼓了，大咧咧地嚷："我保证每门功课都考100分！"

　　我只好吓唬他："单是打100分是不够的，还要自己洗衣服、洗被子。"

　　当时，傻小子只会洗自己的袜子，就这样把他"吓唬"住了。

　　至于我儿子所读学校的领导和老师，他们不过是因势利导，火上浇油，想捡个现行而已，见我们自己没有了兴趣，他们也不再提起。何况，万一我儿子因跳级跟不上课，保持不了尖子生的名声，对他们也是损失。多得不如现得，领导和老师都是知识分子，这种文盲都懂的粗浅道理，他们是懂的。

 理性鼓励孩子

现金奖赏

1991 年 2 月，我父亲去世。

去世两年前，他因肝癌切除了三分之一的肝脏，人瘦得能让风刮跑。他要顽强地活着，几乎天天跟我母亲说，他要能看见我儿子上大学就好了。

我儿子懂事，爷爷病重之后，他进门走路轻轻地，时不时依偎在爷爷怀里，让爷爷搂一搂。一天，父亲搂住我儿子，动情地道："你伯伯上了大学，你爸爸上了大学，你大哥上了北京大学，你二哥上了中国科技大学少年班，我们家里已经出了四个大学生。今年，你三哥要上大学。你要等八年才上大学，爷爷能看见你上大学就好啦！"

这算是我父亲留给他最小的孙子的遗言。没几天，他老人家去世了。

我儿子像大人一样恪守孝道，始终不离灵堂一步。亲友吊唁，他跟随我们跪拜迎送；送走客人，他泪流满面地跪在爷爷灵前焚化纸钱，连他最喜爱的武打片录像也不看一眼。前来吊唁的亲友见了，无不动容，赞叹道："这孩子怎么这么懂礼！"

葬礼过后，一家人坐在一起安慰我母亲。母亲表扬我们尽孝了，说她的两个孙子最懂事，叫我哥哥奖赏他们兄弟俩。

我父亲在农历正月二十日去世，大侄儿和二侄儿刚去上学，那年代，火车票很难买，他们兄弟俩没有回家奔丧。母亲要奖赏的是我三侄儿和我儿子。

对我儿子在爷爷葬礼上的表现，我哥哥极为满意。奉了母亲的懿旨，哥哥立即给我三侄儿和我儿子一人 20 元钱。小兄弟俩将双手藏在身后，都说是应该做的，不能要钱。我母亲一定要他们收下，他们只好收下。

从哥哥家回家的路上，儿子拉住我，轻声道："伯伯奖给我的钱，我放在伯伯的书桌抽屉里了，我担心伯伯不会看到。"

我没想到目不识丁的母亲会讲出"奖赏"二字，没想到她要奖赏孙子。这是她第一次奖赏后辈，也是我们家唯一一次用金钱奖励孩子。

我们家不用金钱或者物质奖励孩子。我父母从来没有用金钱或者物质奖励过我。如果说我自小调皮捣蛋，无可奖之处，那么，我的三个侄儿那么优秀，在中小学，他们不仅考试成绩几乎都是第一名，参加全国、全省各种竞赛名列前茅。我二侄儿曾获得过全国奥林匹克数学竞赛一等奖，三侄儿获得过全省奥林匹克物理竞赛一等奖，他们兄弟三人的可奖之处几乎月月都有，我却从来没见过我哥哥、嫂子用金钱或者物质奖励我的侄儿们。

我儿子从小学到高中，几乎每一学期考试都是第一名，几乎每一学年都是三好学生，参加全国、全省各种竞赛也名列前茅，获得过全省优秀少先队员称号、全省作文比赛一等奖、奥林匹克地理知识竞赛一等奖等等，小学阶段担任少先队大队长，初中阶段担任学生会宣传部长，高中期间担任学生会主席。

说实话，我不看重这些，学习成绩好是做学生应尽的职责，担任学生干部可以锻炼各方面的能力，但是，对"三好学生"这样的称号，我有比较强烈的反感。每一个孩子的天赋潜能是不一样的，这个学生有这个长处，那个学生有那个长处，怎么就只有一个学生或者几个学生什么都比别人好？这不符合人的发展规律，违背了教育的本质。

要是按有的父母制定的标准，用金钱或者物质奖励孩子，我和我哥哥可能会破产。我用一本集邮册奖励儿子可以算是开了我们家物质奖励之先河。那是我在儿子认识到自己犯下大错之后，给他的"特别奖"。奖励的目的是表示父母一如既往地爱他，让他尽快从沮丧的心理阴影中走出来，不是奖励他取得了什么成绩。并且，这件事只有我和儿子知道，连我夫人都不知道。

用糖果引诱，猴子都会骑单车。用金钱或者物质奖励孩子会有短期的显性效应，但隐藏许多危害和弊端：损伤孩子的学习兴趣；转移孩子的学习目的；影响孩子道德品质发展；不能产生持之以恒的动力；让孩子对学习产生对立情绪。

一支拐棍

1993 年，我母亲不慎摔了一跤，落下残疾，要拄拐棍走路。

我去那位放猪的婆婆家里寻来一根干树枝，打算为母亲制作一支拐棍。回到单位大门前，正碰见儿子放学回来，我突发奇想，让傻小子为奶奶制作拐棍。

　　我高举树枝对着傻小子，孙悟空一样地大喝一声："哪里逃！"

　　傻小子拉开架势迎战，比画了几下，他将书包挂在树枝上，叫我跟他抬着走。我故作神秘地道："伙计，猜一猜，老爸用这根树枝做什么？"

　　那是一根油茶树的病枝，枝上竹节似的有几个疙瘩，排列有序；长约四尺，制作拐棍很适合，但枝干略有弯曲。

　　儿子跟我调换位置，他走后面，盯住树枝思索，猜了半天，没猜出用场。我告诉他给奶奶制作拐棍，他叫起来："你蠢哟，拐棍应该是直的。"

　　我故作神秘地道："有人能将它弄直。"

　　傻小子隐约感觉到我指的是谁，信心不足地问道："谁？"

　　我说："我妈妈的小孙子。"

　　傻小子嚷起来："我弄不直，你去找一根直的来，我为奶奶做一支最漂亮的拐棍。"

　　我摆弄油茶树枝，说："直的找不到，找到了也没有这一根好看。你仔细看看，这根的节疤跟竹节一样，好漂亮。在上端装上龙头，你奶奶拄上，跟佘太君一样威风啦！"

　　傻小子心动了，叫我替他背上书包，他拄着树枝，一边走，一边打量，似乎在想用什么方法将树枝弄直。踏上宿舍楼梯，他问道："爸爸，压上重东西，能把它压直吧？"

我回答道："不知道，我从来没试过。"

他又问："用火烤，一边烤，一边用力扳，能不能扳直？"

我回答道："不知道，我从来没试过。"

他再问："你是考验我吧？"

我回答道："不知道，我从来没试过。"

傻小子嘟哝道："破留声机，懒得跟你讲！"随即，信心十足地叫道："反正我一定要把它弄直，一定要为奶奶做出一支最漂亮的拐棍！"

回到家，傻小子直奔阳台，将树枝摆放在地上。在他指挥下，我帮助他压上木工凳和工具箱。这种方法不会见效，为了让傻小子自己领悟，我不点破。

第二天早上，他起床就去验证树枝是否被压直，移开木工凳和工具箱，沮丧地大叫，叫我赶快为他想办法。

我躺在床上应道："你不是还有一个办法吗？"

他叫起来："真的用火烤啊，烧断了怎么办？"

我说："先用水浸透嘛。"

弄直干树枝的正确方法就是先用水浸泡，再用微火加热，一边加热，一边扳，扳直之后，加以固定，水分干透之后，树枝就直了。

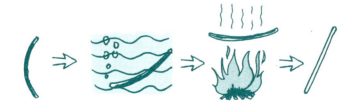

家中没有浸泡四尺长树枝的水池子，宿舍楼西侧有一口小池塘，四面塘坡用片石砌成，高约两米，直上直下，人无法下去。我叫傻小子把树枝丢进池塘里浸泡，却不教他方法。

他抓着树枝冲我哼鼻子："哼，你能难住我？我想的办法，你想10年也想不出来！"

手锯上的细绳索有十几米长，他拆下来，一端绑住树枝，抓着树枝就向门外跑。我站在阳台上盯住他。跑到池塘边，他将树枝扔进水里，将绳索的另一端系在一棵樟树树干上，站起身，得意地问我："师傅，浸泡几天？"

浸泡树枝的两天里，儿子琢磨如何雕刻龙头。龙头图案定稿之后，他从我丢在纸箱里的下脚料中找出一节木枋，认真描线。

我问他："真的要雕刻龙头？"

他说："你讲要做龙头拐棍。"

我笑起来："傻哟，佘太君的龙头拐杖比她人还高，她是抓着拐杖杆的，是摆威仪的。你奶奶是要抓紧拐棍，用来帮助走路的，龙头四处是尖角，你奶奶不是要戴铁皮手套？"

傻小子意识到上当了，大叫："那你为什么讲做龙头拐棍？"

我在他头上敲一下："咱是考验考验你用不用脑子想事。"

他将画好的图纸揉成一团，砸在我身上："我就是不用脑子想事！"

我哈哈大笑，赶紧跑开："想一想做一个什么样的拐棍头，握着舒适，样子又漂亮。"

他故作气恼地叫："想好了也不告诉你，做好了也不给你看！"

傻小子跟我做过几件木工活，基本工序已经掌握。帮助他弄直树枝之后，我不再过问拐棍的事。叮叮当当，弄了两天，他将拐棍送到奶奶手上，兴高采烈地催促道："奶奶，拄着走一走，看看长短合适不合适，看看握着舒服不舒服？"

我母亲高兴地道："合适，合适，舒服，舒服。宝崽，是你做出来的？"

傻小子笑着道："你儿子太懒，不给你做。"随即叫我："师傅，快来验收。"

我跑过去，母亲将拐棍递给我，不停地夸奖我儿子。傻小子真不傻，活儿做得不赖，长短适宜，棍头是一只小鸟，略施刀凿，谈不上栩栩如生，但也有模有样，打磨光滑，握在手上很舒适。我夸奖道："伙计，做得真好！辛苦了，谢谢！"

傻小子收起嬉皮笑脸，正经道："不用谢，应该的。"马上又嬉笑道："等你老了，我给你做一支龙头拐棍，龙头上插一根针，扎疼你。"

除了考第一名我跟他打架，儿子每取得一项成绩，每做好一件事情，我都跟他说一声"伙计，你很努力！"或者"伙计，做得真好，辛苦了，谢谢！"

我从来不夸奖儿子"你真聪明！"夸奖孩子聪明，他会把取得成绩的原因与先天聪明画等号，一旦受到挫折，就会把账算在父母头上，认为自己天生不聪明，就会心安理得，就会对自己丧失信心，甚至会滋生破罐破摔的情绪，"反正我天生不聪明，还学个屁！"夸奖孩子努力是激励他继续努力，暗示他成绩是努力得来的，只要努力，就会取得好的成绩。一旦受挫，他会认为是自己不够努力，会刻苦用功去争取好成绩。

聪明不是夸奖出来的，是引导出来的。

一幅画

我儿子喜欢画画，每次画了画都请我鉴赏，意欲获得鼓励。我总是满足他的愿望，总是赞扬道："伙计，你很认真，画得真好！"接着，跟评论伟大画家的杰作一样，我推敲言辞，再三斟酌，发自肺腑，一一指点。你不具体指点，他会觉得你是敷衍塞责，忽悠他，不把你当作死党和导师，听过几次口头表扬，就没有兴趣了。

事实上，我根本不懂画，却又不是瞎指点，而是从激发儿子的想象力这一方面去指点。孩子画画就是伸展想象力，又不是培养梵高、毕加索，画什么都应该是好的，何况画作没有评价的量化标准，"情人眼里出西施"。

儿子9岁，看过电视上介绍梵高的节目，凭记忆临摹了那幅插在花瓶里的《向日葵》，用彩笔画的。当然不会"闪烁着的熊熊的火焰，是那样艳丽，华美，同时又是和谐，优雅甚至细腻，带有原始冲动和热情的生命体。"实际上，是一幅蹩脚的临摹。

我却跟见了梵高的《向日葵》一样，惊喜地大叫："伙计，画得太好啦！"

傻小子吊我的胃口，故作正经地道："当然嘛，我构思了半个月，怎么样？"

我装作认真欣赏，故作赞叹："好！比梵高的《向日葵》稍微差一点，他的是油画，你的是彩笔画，但构图、色彩和向日葵的朵数是……"

不让我说完，傻小子抓住我的胳膊摇晃："你怎么知道梵高的？怎么知道我是照梵高的画画的？你又没看电视。"

傻小子哪里知道，梵高、毕加索等人的大作已泛滥成灾，报纸杂志上随处可见。

傻小子不懂临摹，小心问道："爸爸，照人家的画画可以吧？"那惊惶的神情像是剽窃了人家的版权。

"当然可以。"我告诉他什么叫临摹，什么叫版权。傻小子似懂非懂，信心十足地嚷道："我要画一幅画去出版！"

当时，新修建的法院审判大厅一楼出租给人家开饮食店。从法院门前经过，我好气又好笑，很想画一幅漫画讽刺一下，可惜我不会画。于是，我拉着儿子就走，带他到法院对面，叫他仔细观察，向他讲解我的构思，叫他画一幅漫画。

从儿子6岁起，我为他订阅《漫画》月刊，一直没间断，他早知道什么是漫画。顿时，他劲鼓鼓，回到家就画。一连画了7幅，选出一幅满意的，叫我寄给《漫画》月刊。结果石沉大海，给他打击不小。

除了及时鼓励，我还想出了预期精神鼓励的方法。从儿子4岁开始，我就用这一方法。

这一方法我是从书本上学来的。一位心理学家做过这样的试验：挑选20名喜欢绘画的孩子，将他们分为AB两组。A组的孩子得到许诺："画得好，给奖品。"B 组的孩子们则只是被告知："我想看看你们的画。"三个星期之后，心理学家发现，A 组的孩子大多不主动去画，他们绘画的兴趣明显降低。而 B 组的孩子则和以前一样愉快地画，比以前更认真，画得更好。可见，对于孩子来说，预期精神鼓励更有成效，比炒期货收益大。

学会这一招之后，每次出差之前，我都跟儿子说："伙计，出差回来，老爸要好好地欣赏欣赏你的画。"

几天后，我一回到家，儿子就抱着他几天的"大作"过来了。几乎每一次，我都发现他比平时画得更认真，数量也比平时多，质量也比平时高。

一次，我下县两天，回到家，傻小子捧来了四幅画。按他的生产能力，这一次的产量翻了一番，质量也有所提高。四幅画中，他最得意那一幅画马的，一再叫我仔细看看那一幅。马有三匹，在奔跑。太写实，却没有马的真实神态，最搞笑的是每一匹马的头上支着两只长角。我笑着说："好，画得真好！但是，马怎么长角呢？"

他神气十足地回答道："少见多怪，这是角马。角马，你懂不懂？"

黄金一小时

事实上，我们也用物质奖励儿子。他上学之日，我们废除了每年送四次礼物的规矩，新制定的规矩是：每年生日，送一次书，册数不限定，只要他喜欢的都可以买。只有一条建议，建议他不买教辅资料。学校里教给孩子的知识已经呈饱和状态了，没有必要再去学那些课本知识，应该把目光放在课本以外的知识海洋。

平常的需求演绎成固定形式的馈赠，赋予喜庆意义，鼓励价值和力量大大增强。在儿子的心目中，考试成绩第一名，我跟他打架，是至高无上的荣誉奖赏；生日之日，让他买自己喜欢的书，是高贵而实惠的物质奖励。

在儿子生日那天，我们做两件事：

一是中午带他去书店，让他尽情选购。从小学一年级开始，到高中毕业，我们坚持了 11 年，他的藏书初具规模，共有 200 多册，都是学习工具书、文学作品和科普知识图书，没有一本教辅资料。当然，平常日子，只要他要买什么书，我们也毫不吝啬。我到长沙等地开会或者出差，见了他可能会喜欢的书，也会为他买回来。说好听一点，我有世界眼光人类情怀，说难听一点，我崇洋媚外。自从大学毕业之后，我基本上不读中国当代小说了，喜欢的作家是海明威、福克纳和陀思妥耶夫斯基。我想让儿子也有世界眼光人类情怀，为他买的书有《尼尔斯骑鹅旅行记》、《神秘岛》、《格兰特船长的儿女》和《海底两万里》等等文学作品，以及《十万个为什么》、《生物百科》和《科技百科》。

二是当晚做一桌丰盛的家宴，请来伯伯一家，热烈庆贺。家宴开始之前，我跟儿子待在他的房间里，讨论他当日买回的书。家宴开始时，我代表全家简短地总结儿子在过去的一年中所取得的成绩，激励他在新的一年中取得更好的成绩。

我喜欢跟儿子讨论他买回来的书，引导他如何读书，鼓励他多阅读课外书籍。阅读可以提升文学修养，启蒙基本的科学思想，感悟人生，体验社会生活，形成高尚的价值观和世界观。阅读改变人生，人生就是阅读。一本书、一个人物形象可以影响一个人的人生。我只受过五年农村小学教育，参加高考的 22 天之前没有笔，一年难写几个字，能考上大学，就得益于阅读。务农的 12 年期间，我阅读了 30 多部长篇小说，《毛泽东选集》通读四遍。在毫无希望和风险丛生的环境中，我能有毅力坚持 12 年，就是因为《钢铁是怎样炼成的》一书中的保尔·柯察金这一人物激励了我。

我问儿子："你看过那么多书，喜欢书中哪个人物？"

傻小子嘿嘿笑，不告诉我。

我曾想要求儿子每读完一本书，写一篇读后感，却担心他当作写学校作文，喊口号，无感而发，不仅破坏他的真实感受，还损伤他的阅读兴趣。想当年，假若我父亲要求我写读后感，我可能会不再看书。这样的事情在傻小子身上已经发生过，我要求他看完电视写感想，于是，不是特别喜爱的节目，他就不看。或者说是陪奶奶看，千方百计逃避写感想。事实上，我要求写感想的真正目的是节制他看电视，不是一定要求他写什么感想。

傻小子不贪心，每次跟我去书店，一般买三四本书。12 岁生日那天，他却一口气挑选了 7 本。往日，挑选书的时候，他会一本一本地征求我的意见，付款时，将书塞进我怀里，让我去收银处数票子，他则在书架前继续浏览。这一次，他躲躲闪闪地挑选好书，趁我在书架前游览，他自己抱着书向收银处跑，神态慌张，目光躲闪，满面羞怯。我心里一笑，猜测他挑选了他认为我不允许他读的书，想跟去收银处察看，又担心打扰了人家的雅兴，就故意站在离收银处较远的地方，假装看我自己选下的一本书，用眼角余光监视傻小子。

"阿姨，这本，这本。"傻小子将书放在柜台上，用身子遮掩我的目光，抓着书向收银员手上送，一边送，一边催促。

书店是文化局的下属单位，店里的营业员都认识我，收银员还认识我儿子。她笑眯眯地快速计价，接过一本书的时候，有意向我晃一晃，满面惊讶，随即神秘地一笑。从她的笑容中，我读出的意思是：你儿子怎么买这种书？

计完价，傻小子抱着书就向门外跑，回头冲收银员叫道："阿姨，我爸爸数钱。"

傻小子跑出门外，我才走到收银处。收银员对我说："郑科长，你儿子买了一套《红楼梦》，他这么小就看那种书？"

我明白她的意思，笑着道："他想给我添孙子了。"

收银员的年纪跟我差不多，女儿比我儿子大两岁。见我还有心思开玩笑，她如临大敌，惊惶地瞟我一眼，叹息一声，教导我："你最好不要让儿子现在就看那种书。"

我说："不会让他看，回家就叫他交出来。"

回到家，我没去收缴《红楼梦》，带儿子去菜市场买菜。实际上，我已经发现他在偷读我的那一套《红楼梦》。他已满 12 岁，我觉得没有什么不好。你不让他读《红楼梦》，他就不盯住美女看了？何况《红楼梦》并没有露骨的色情描写，要是 12 岁的孩子能从《红楼梦》中看出色情来，他倒有较高的阅读和鉴赏能力了，是非常值得庆贺的大好事。

一路上，我不提《红楼梦》，傻小子却如同做过贼似的，总想跟我拉开距离，加快步伐，抢先回家。我故意成全他，慢腾腾地走。估计他将《红楼梦》珍藏妥当了，我才推开他的门，跟他例行讨论他买回的书。我希望傻小子先捧出《红楼梦》，他拿来的第一本书却是《智勇双全泰勒》。这是东方出版社当年出版的《战后五虎将》丛书中的一本，是美国四星上将马克斯韦尔·泰勒的传记。泰勒是二战英雄，战后美军由全面战争转向有限战争的核心人物，曾就任美军参谋长联席会议主席。他提出的灵活反应战略，对世界各国的军事战略产生了很大影响。这样的书很适合 12 岁男子汉的身份和口味，让父母无可指责。

　　傻小子早有预谋，在书店翻阅过这本书，书还没递到我手上，就滔滔不绝地讲述泰勒如何英勇，接着跟我讨论第二次世界大战。我们一起看过不少第二次世界大战题材的电影，一扯上这个话题，就有说不完的话。

　　我们一般讨论一个小时左右。《智勇双全泰勒》还没讨论完，我夫人叫我们去餐厅吃饭。我为傻小子的计谋得逞而高兴，起身出门时，特地叮嘱他，把买回来的每一本书都认真读一遍。将语气重点放在"每一本"上，希望傻小子明白我的意思。

我们是伞兵！

每年的这一个小时是我们父子最惬意的时刻，我一直想为这一个小时命一个名，想过"父子一小时"、"论道一小时"、"阅读一小时"等等，都觉得没有表达出我的向往之情，没有体现出应有的内涵。那天，走出房门时，电视在播放《经济半小时》的预告，我心中一亮，决定命名为"黄金一小时"，虽然有点铜臭的嫌疑，但黄金的高贵、纯洁是人人向往的。

半抽屉钱

不少父母将给孩子零花钱也当作鼓励，跟孩子的学习成绩和日常表现挂钩，这次多，下次少，跟驯猴子一样，吊足孩子的胃口。

我们家定期、定量给孩子发放零花钱，从来不与孩子的学习成绩和日常表现挂钩，让孩子感觉是他应有的权利、我们应尽的职责和义务。

每月领回工资的当天晚上，我和夫人郑重其事地给儿子发放零花钱。夫人替儿子开了银行账户，给他一本64开的账本，教他如何记账。做过这番工夫，我们不过问儿子的"经济状况"，也没看过他的账本，让他自我管理，自我进行理财教育。虽然没想过让他的名字出现在福布斯个人财富榜上，但也指望他弄个千万富豪干干。

大概算一算，从小学一年级至高中毕业，我们给儿子发放零花钱4 000元左右。

儿子上大学之后，我改造书桌，拉开他的抽屉一看，就傻眼了，半个抽屉里丢满了钱。查看他的账本，仅在小学二年级的时候记了三项支出账：一是买冰棒1支，1角钱；二是买气球1只，1角钱；三是买电影票1张，5分钱，备注：学校组织看电影。除此三项，整本账本一干二净，只有封二画了一条狗在追一匹马。再翻看存折，只有两笔存入，发生在记账的同时。我和夫人数了数抽屉的钱，共有900多元，11年期间，他共计花去3 100元左右。

我和夫人哭笑不得，知道指望儿子当上千万富豪已成泡影，因为傻小子对钱没有兴趣，是"财盲"。

我百思不解，傻小子怎么不用自己的钱，悄悄买篮球、球衣、《红楼梦》和《性的知识》？

我夫人当会计，对数字比我敏感。她一边数钱，一边算账，说除了乘公共汽车，儿子几乎没用什么钱，应该还有钱放在另一只抽屉里。我立即抽开另外两只抽屉，没见到钱，一只抽屉里整齐地码放着六本集邮册，另一只抽屉里塞满他的获奖证书和奖状。

我将集邮册一一拿出来欣赏。放在底层的那一本最大，我翻开一看，大吃一惊，里面粘贴的不是邮票，全是崭新的钞票，面额从1分的到100元的，应有尽有，每一种面额的钞票至少有两张，多的有十几张。计算过后，共有600多元。

傻小子知道收藏人民币能升值，所以才将过手的、崭新的钞票都收藏起来。从这一点看，怎么可以说傻小子是"财盲"呢？他还指望一夜暴富哩！

艺术惩处孩子

打伤同学

孩子都会犯错误，有的错误是有意犯下的，有的错误是无意犯下的，不论有意无意都要惩处。没有惩处的教育是不完整的教育。

小学二年级上学期，我儿子把一位同学打伤了。

往日，儿子放学回家比我下班早十几分钟。那天，我下班回家没见到儿子，我父亲正准备去学校看看。我拦住他，自己也没向学校跑，心情笃定地到阳台上坐下，一面读自己刚发表的一篇小说，一面注意楼下路面上的动静，打算一见到儿子的身影，就站起来向他挥一挥手，喊一声："哈罗！"

上星期的一天，儿子也没按时回家。按傻小子的品行，不会被老师留校挨训或者被罚搞卫生。我以为儿子在放学路上出事了，急得小肚子发胀，赶紧向学校跑。

跑进学校，碰见陈老师，我问她，我儿子怎么没回家。陈老师思索了一会，笑眯眯地道："可能是彭老师让他帮忙改作业，你去二楼第三间办公室看一看。"

我飞快地爬上办公楼，还没跑到第三间办公室，就听见傻小子在跟彭老师亲切地聊天，不禁身子靠在走廊栏杆上，长吁一口气。喘息平定，我轻轻地走进办公室。傻小子跟彭老师并肩而坐，俩人手握钢笔，面前摊开学生的作业本，一边聊天，一边批改。那情那景，如同关系融洽的同事在办公，更像一对母子在学习功课，温馨亲切。

一见我，儿子向我扮个鬼脸，一脸自豪和得意。彭老师歉意地向我解释说，放学之前，她参加了学校的一个会议，晚上家中又有事，不得已才请我儿子帮忙。

我连声道："没关系，没关系，应该的，应该的。"我在儿子身边的椅子上坐下，看儿子批改作业。他们师生采用流水作业的形式批改，我儿子负责对写对的题打钩，每打完一本，就传给彭老师；彭老师负责改错和打分。俩人速度相当，配合默契。

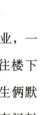

我回忆起自己帮老师批改作业的情景，再次体验到感觉自己顷刻之间长大了的那种美妙感觉。此时，儿子心里肯定也洋溢着我当时的那种感觉，我对彭老师满怀感激之情。

儿子打伤同学的那一天，我以为傻小子又帮彭老师批改作业，一直坐在阳台上读书。暮色四合，还不见儿子回来，我才慌忙往楼下跑。跑出单位大门不远，迎面撞上彭老师和我儿子走过来。师生俩默然不语，全然没有上星期批改作业时候的温馨气氛。我慌忙轻声问彭老师，是不是我儿子犯错了。

彭老师叫我儿子先回家，将我拉到路边，轻声说，放学前的自由活动时间，我儿子跟几位同学打乒乓球。一位同学叫我儿子把球拍给他，我儿子抓起球拍就扔过去，不偏不正，打在那位同学的额角上。

我一直以为自己在培养诸葛亮，没想到培育出了猛张飞。一听说

傻小子打伤了同学，我就急了，连忙问那位同学的伤势怎么样，人在哪里，我需要做什么。

彭老师叫我别急，说只是擦破了皮，虽然流了一点血，但没有缝针。事情发生之后，她带那名学生去学校隔壁的中医院包扎，我儿子跟了去。因为临近下班，找医生、护士耽搁了一点时间，所以才这么晚回家。她一再叮嘱我："他是无意的，已经认识到错误了，已经向受伤的同学道歉了。那位同学没什么大事，陈老师送他回家了，你不要打骂你儿子。"

没有手机的年代多好！倘若是今天我儿子打伤了同学，老师可能不会带受伤的学生去医院，而是打我的手机，气呼呼地给我下命令："赶快来学校！你儿子把同学打伤了，真不知道你是如何教育的！"

带儿子去道歉

付过彭老师垫付的医药费，谢过彭老师，我追上儿子，拉着他去那位同学家里道歉。傻小子既怕那位同学的父母责骂，又觉得无脸见那位同学的父母，又不敢跟我说不去，消极抵抗，站住不走，再三说他是无意的。

我拽着他就走，边走边说："我知道你是无意的，彭老师也讲你是无意的，尽管你是无意的，但已经伤害到了同学，就应该去向他爸爸妈妈解释清楚，向他爸爸妈妈道歉，求得他们的谅解。"

傻小子仍然在抵抗："彭老师已经叫我跟他说过'对不起'了。"

我抓住他不放："你们还没成年，还应该由我带你去向他爸爸妈妈道歉，去看望他。"

那位同学跟我儿子在幼儿园也是同班同学，他父母在县医院工作，我跟他父母的关系不错。为了表示诚意，我买了糖果和水果。走进县医院，天全黑了，打听了几次，才找到那位同学的家。见我带儿子登门道歉，我儿子还背着书包，那位同学的父母和爷爷奶奶非常感动，接过我手上的糖果和水果，齐声道："小孩子嘛，磕磕碰碰的事情哪能免得了。"

在路上，我已经教过傻小子如何向那位同学的父母道歉。待我向那位同学的父母和爷爷奶奶道歉之后，傻小子向他们一人一鞠躬："爷爷、奶奶、叔叔、阿姨，对不起！我做事鲁莽，请你们原谅我！"话没说完就哽咽了，泪流满面。

"原谅，原谅！"那位同学的父母和爷爷奶奶齐声道。他父亲刘医生伸手在我儿子头上抚摸一下，笑着道："男子汉，不掉泪。"

那位同学的母亲魏医生将我儿子拉到沙发上坐下，一手拉住我儿子的左手，一手拉着自己儿子的右手，将两个孩子的手拉过来，抓在一起，笑盈盈地说："两个好兄弟、好朋友、好同学，来，拉拉手。"

两个孩子的手拉在一起。

我儿子说："对不起！我不应该扔过去的，应该送过去的。还痛吧？"

那位同学说："不痛。我应该自己跑过去拿的。"

两个孩子的手放开之后，魏医生掰下一根香蕉塞进我儿子手上。一定要留我们吃晚饭，我们谢绝了。我提出来赔付营养费，他们说什

么也不要。告辞时，我儿子和那位同学手拉手，又说又笑。

回家的路上，傻小子拉紧我的手，说："爸爸，要不是你带我来道歉，我真想不出以后如何见刘叔叔和魏阿姨，如何跟刘思捷耍，我还以为他永远不会理我了。"

我说："人都是讲道理的，你诚心诚意上门认错道歉，请求原谅，他们当然会原谅你。就算有的人不讲理，你认错道歉也不原谅你，那也没有关系，公众会有合理的看法，你也可以心安了。以后，做什么事之前都要想一下。球拍怎么能扔呢？扔出去不是打到人，也会摔坏嘛。还好，不是手榴弹，要是手榴弹，你就把周围的同学们全报销了，他们成了革命烈士，你成罪犯了。"

傻小子憋不住笑出声来。

担心经历过这件事情，傻小子缩手缩脚，受人欺负的时候，让人家打了左脸再送上右脸，我接着对他说："以后，不论是无意，还是有意，你都不能去伤害别人，要是伤害了别人，就必须主动上门道歉。要是有人先动手打你，那你必须还手，决不能白挨揍。"

傻小子笑道："没有人会打我。"

我说："世界上什么人都有，什么事都有可能发生，伙计，牛皮不要吹早了。"

时过不久，学校大扫除，为争抢一把扫帚，邻班的一位同学打了我儿子两下，我儿子回敬了他一下，他就哭哭啼啼地去向老师告状。老师批评我儿子，其他同学为我儿子作证，都说是那位同学先动手。也许是证词的作用，也许是我儿子平日的表现，批评了两句，老师没有再过问。放学回家，儿子把这件事情告诉我。

我赞扬道："伙计，打得好！人不犯我，我不犯人；人若犯我，我必犯人！"

儿子偷钱

儿子失手打伤同学的下半年，我被派去江华县农村指导社会主义教育活动。

年终期满，单位派车去接我。司机老郭一下车，就望着我怪怪地笑。我跟他住对门，平时，俩人经常开玩笑。

老郭卖关子："今天回去后，有好戏让你唱了。"

我以为单位要为难我什么，追问有什么好戏让我唱。老郭笑而不答，吊我的胃口。车过双牌县五里牌镇，距离零陵城只有二十几公里了，他才告诉我，我儿子偷了我家里的 90 块钱，跟他儿子和院子里另外一个孩子买电子游戏机。

顿时，我感觉车子翻转了过来，有一种不可名状的失败感。老郭的儿子和那个孩子比我儿子大几岁，我就自欺欺人地想，肯定是他们引诱我儿子干了坏事。我想冲老郭发火，却明白无济于事，只能把两家的关系搞僵。我担心我父亲打我儿子。我大侄儿 6 岁时，跟村里的孩子去塘里洗澡。我父亲将他揪回来，用竹枝打。打过后，叫他头顶一碗水，跪了大半天。

我生怕我父亲这样惩罚我儿子，慌忙问老郭："我爸爸打我儿子没有？"

"没有。你爸爸说等你回去处理，由你打。"

我夫人是个温和的人，但儿子犯下这样的大错，很难保证她不动手。我连忙又问："我老婆打我儿子没有？"

老郭说："你老婆只是急得哭，也没打，也说等你回去打。伙计，你回去就有瘾过了，给我狠狠打吧。娘的，那一天，我把我儿子打了个半死。"

听说儿子没挨打，我放心了，禁不住嘟哝起来："没打就好，没打就好。"我一边嘟哝，一边思考如何惩处儿子，老郭后面的话我没听清楚。

儿子犯下如此大错，一定要惩处。可是，一想到惩处，我心里就哆嗦，本能地联想到打骂、关禁闭、不准吃饭等等恐怖手段，就毫不犹豫地决定不采用这些恐怖手段惩处儿子。可是，还能用什么别的手段实施惩处呢？我一时想不到，跟着感觉走。

一般父母使用打骂手段惩处孩子。比如老郭，他儿子有点调皮，有点厌学，经常遭受惩处。老郭揍儿子毫不留情。他从竹扫帚上抽取两根竹枝编扎了一条类似鞭子的专用工具，挂在他家的客厅，随时发挥警示作用。打儿子的时候，他挥舞鞭子，一边抽打，一边责问："你还敢不敢？"常常抽打到儿子哭不出声、自己精疲力竭才罢手。

老郭算好的，单独执法，"单打"。我见过"双打"的，父母同仇敌忾，一齐上，父亲打一下，母亲打一下，轮流来，两个人的儿子，谁也不吃亏。或者父亲负责打，母亲负责骂。如同拳击场上，拳击手在台上挥拳猛击，铁杆粉丝在台下呐喊助威。

用打骂手段惩处的效果如何呢？三个字：没效果。生活在指责、紧张、鄙夷当中，孩子会自甘平庸，心理变态，仇视社会。只有饱含爱心的引导，才能引导孩子走向人生正途。

我没见过打骂孩子的父母与孩子双方有哪一方捧得"奖杯"的，基本上是双输。父母伤心劳力，打到手抽筋，骂到口出白沫，没见过孩子日后有父母所期待的表现。挨打挨骂的时候，孩子表面上痛哭流涕，声声哀号："我改，我改，我再也不敢了！"内心却无悔改之意，要么在想："好，今天你打'老子'，等你老了，看'老子'怎么收拾你这老小子！"要么暗自叮嘱自己："伙计，以后，你要多加小心，不让'老东西'发现了。"因而，身上的红肿未消，孩子依然故我。在他有意识犯下一次错误的时候会更加小心，更有技巧，想出更巧妙的方法掩盖犯下的错误。

我父亲打我的时候，我就有过上述两种想法，只恨年幼力薄，没有力气跟父亲对打。

有的孩子"精通"孙子兵法，三十六计，走为上计。此处不留爷，自有留爷处。离家出走，到深圳打工去。他们不知道深圳不收童工，也不知道收童工的是黑砖窑。忍气吞声，养好伤痛，从父母口袋里摸出几张钞票，暗中拉上几个同命中人，"四处流浪，嘿，四处流浪"，哥儿们一路高歌下广东，或者云游四海去啦！

所以，对"三天一顿打，孩子进北大"这种观点和方法，我持怀疑态度，不说能不能把孩子"打进"北大，不说被"打进"北大的孩子的心理感受和影响，单说打孩子的理由，你就找不出那么多可以动武的借口。总不可能跟疯子一样，无缘无故对孩子拳打脚踢吧？美国进军阿富汗，还有一个反恐的借口。孩子挨打的原因无非是厌学、偷懒、小偷小摸、忤逆父母，还有说不清道不明的"不听话"。倘若犯下了杀人放火、拦路打劫等勾当，那就触犯法律了，该由警察叔叔实施惩罚了。

我敢断言，能考上北大的孩子绝对不会每隔三天犯下一次挨老拳的错误。如果每隔三天就犯下一次大错，那么，他的智商和情商都有大问题，就是"一日三顿打"，也不能把他"打进"北大，就是"打进"了北大，心理创伤也难以愈合。

如果真正是把孩子"打进"北大的，那么，孩子挨打的缘由只有两个：要么孩子有受虐待癖，三天不挨打就浑身不舒服，故意弄出岔子找打；要么父母是虐待狂，三天不打人就拳头发痒，没法打别人，只能打自己的孩子过瘾。所以，要是相信"三天一顿打，孩子进北大"，那么，痛苦的是你和你的孩子，偷着乐的是人家。

艺术惩处

从江华县老县城水口到永州两百多公里，途中要翻越两座大山。盘山公路，极其险要，单位的车是南京产的大桥牌吉普车，车速慢，没空调。回到单位，天黑了。天空黑压压，北风呼啸，毛毛细雨，冷飕飕。我感觉从头到脚冷透了，双脚几乎没有了知觉。想着回到家就要惩处儿子，我不想踏进家门，不进家门又不行。我长叹一声，怒气冲冲地向楼上爬，给自己鼓劲，伙计，考验你的时刻到啦！

踏入家门，一股久违的温馨气息迎面扑来，我冷静了。双脚冷得难受，我先倒热水烫脚。一是缓解寒冷，二是缓解心情，思索如何惩处儿子。

我一进家门，我母亲就跟随在我身后，寻找机会劝导我。我烫脚的时候，她老人家站立在我身边，轻声讲述我儿子偷钱的缘由和经过。讲述过后，她叮嘱道："他知道错了，知道你今天下午回来，他在阳台上站一下午了。你吓一吓他就行了，不要打他。"

我故意说："怎么能不打呢？我要打断他的手！"

吓得我母亲直抹眼泪，我才明白不该开玩笑，赶紧冲母亲笑一笑。我父亲把我母亲拉过一边，耳语什么。大概是叫我母亲不要插手，任由我处置。

洗过脚，我若无其事地冲阳台上叫喊儿子："伙计，老爸回来啦，你还不快来欢迎。"

傻小子哭着跑过来，"扑通"一声，直挺挺地跪在我面前，脑袋低垂在胸口上。

我装作不知缘由，拉他起来，跟他开玩笑："才三个月没见面，你也不要行这般大礼嘛。"

傻小子哭喊着不起来："爸爸，我犯了大错误，偷家里的钱！"

听他自己说了出来，我更加镇定了，一把拉起他，严肃地道："起来，就算你犯了大错误，也不要跪着讲话。谁叫你跪的？"

我估计是为了平息我的愤怒，我母亲嘱咐我儿子主动向我下跪认

错。果然，傻小子迟疑了一下，小声道："奶奶。"

傻小子向我跪下时，我母亲隐身在房内，从门边探出半个头，密切关注事态，大有该出手时就出手的态势，只要我一动手，她就会跑过来，断然大喝："给我住手！"

我心里叹息，却没有责怪母亲的意思。她老人家生性善良，没受过教育，不可能想到下跪会损害孩子的人格，会损伤孩子的自尊和自信。她所能想到的是孙子不受皮肉之苦，儿子尽快平息怒火，不气坏身子骨。担心母亲干预，让我对儿子的惩处不仅不起作用，反而闹得家庭不和睦，我假咳一声，意思是向母亲通告，我不会打你孙子。

母亲叹息一声，缩回头。我心平气和地问儿子："你拿了多少钱？"

他说："90 块。"

我故作一笑："你拿那么多钱买什么？"

他说："他们叫我买游戏机。"

我问道："谁叫你买的？把事情经过全部告诉我。"

他哽咽着讲述事情经过，讲述过后，分辩道："真的是他们叫我买的，真的是……"

我打断他的话："不要把责任全部推到别人身上，仔细想一想，你有没有责任？"

他说："有。"

我及时表扬："伙计，这么说就对了。你有哪些责任？"他低垂脑袋不出声。我接着问："想不到，还是不好意思讲？"

他嗫嚅道："他们叫我拿，我可以不拿。我，我……"他不往下说了。

我问道："他们威胁你，说不拿就打你？"

他连连摇头，犹豫了半天才说："我自己也想买游戏机。"

我长吁一口气，伸手擦去他脸上的泪水，再次表扬："讲得好！再仔细想一想，你还有哪些错误？"

想了片刻，他说："还有，就是，就是不可以玩游戏机。"

我笑一下，认真地道："玩游戏机不是错误，只要不耽误功课，玩一玩是可以的。再想一想，还有没有别的错误？"

想了半天，他摇头："想不到了。"

我说："你能认识到自己有这些错误已经很不错了。你买游戏机没有错，玩游戏机也没有错，你错在不经妈妈、爷爷和奶奶同意，偷偷地拿家里的钱去买游戏机，错在你用偷偷拿的钱为他们俩买游戏机。有些父母是不允许孩子玩游戏机的，你拿钱为他们买，不仅不会让他们快活，反而让他们遭打。是不是他们都遭他们爸爸打了？同时，也不能增进你跟他们的友谊，一是他们本来没把你当好朋友，要是把你当好朋友，还会叫你偷拿家里的钱吗？二是他们遭了打，可能还恼恨你。明白了吗？"

他点头说："明白了。"

我跟踪追击："真的明白了？"

他说："真的明白了。"

我说："那你把爸爸刚才说的话复述一次。"

他复述了我刚才那番话的意思。我松下一口气，问道："游戏机还在不在？"

他说:"在我书桌的抽屉里。这几天,我没玩,真的没玩!"

我叫他把游戏机拿过来,再叫他把铁锤拿过来。他将游戏机和铁锤摆在我面前,又要跪下去。我赶紧拉住他,问道:"不经爸爸妈妈和爷爷奶奶同意,拿了家里的钱买回来的东西如何处理?"

他低下头:"我不知道。"

我命令道:"把游戏机拿到阳台上去捶碎,捶到我满意为止!"

傻小子捧着游戏机和铁锤去阳台上捶打。听着"叮叮当当"的声响,我的泪水夺眶而出。捶打了好一阵,我叫他把捶打过的碎片捧来给我看。游戏机已经捶成了指甲大小的碎片,我故意叫他再捶打。又捶打了一阵之后,他捧来给我看。

我认为这样惩处已经到位了,已经很"艺术"了。拉过儿子,一只手将他搂进怀里,另一只手擦去他脸上的泪水,平静地说:"好啦,记住以后不拿家里的钱就行啦。去把阳台上的碎片打扫干净,洗了手,我们吃饭。"

我父母和夫人不相信事情就这样处理完了,傻小子更不敢相信,生怕我突然发飙,低垂脑袋,身子缩紧,蹑手蹑脚。

宽容他人

吃过晚饭,见我没有对傻小子再惩处的举动,我父母和夫人不觉松下一口气。

我母亲叫我去找老郭和另一个孩子的父母，叫他们赔钱。就是老郭的儿子跟那个孩子想买游戏机没有钱，才怂恿我儿子从家里拿钱。他们用我儿子拿的钱买了三个游戏机，一人一个。找他们赔钱合情合理，但必须将我儿子拉出来作证。

虽然那笔钱相当于我两口子一个月的工资，但是，为了不让儿子还在渗血的心灵再度受伤，我就告诫父母和夫人，从今以后，家里谁也不准再提这件事，那点钱不要追究了。再说，那两个孩子也不懂事，何况他们已经知错了，已经受到了他们父母的惩罚，不应该再去揭他们的伤疤，不应该因孩子不懂事，影响孩子之间的交往，影响我跟同事之间的关系。如果那两个孩子因赔钱又遭父母毒打，那么，他们有可能迁怒我儿子。小孩子不知轻重，说不准还会干出不可补救的事情。最主要的目的是想让儿子从我的举动中学会宽容他人。

见畏缩在一边的儿子望着我，若有所思，我认为自己的目的达到了，不觉有一丝欣慰。

坐车太累，说服我父母和夫人之后，我就上床睡觉。睡在床上，我辗转反侧，毫无睡意。先是深深自责，责备自己没有跟儿子明确讲解做人的规范准则，而是融合在我跟他一起讲的故事当中，寓教于乐，他可能只享受了"乐"，没理解"教"。虽然在讲故事的时候，他对小花猪的偷摸习性很厌恶，还在他编的故事当中让小花猪因偷摸遭受惩罚，可是，在现实生活中，他自己却犯下自己所厌恶的错误。

看来，寓教于乐是不够的，还得跟孩子一起制定行为规范。我又想，儿子为什么偷钱？经受不起诱惑？受他人的怂恿？有偷盗的天性？想到"天性"，我五脏俱寒，不敢往这方面想下去。虽然找不出科学依据，但我认为偷盗、赌博等恶习是有基因遗传的。虽然我的家族没出过盗贼，但有可能是后天教育抑制了那种冲动。我有一位熟人，任职检察院，明知赌博违法，却喜欢打牌赌博，输掉公款几十万，被"双开"。别人说，他的家族嗜赌成性。他爷爷输光了家产，他父亲也"输"掉了公职。

我不敢想象儿子有偷盗"天性"的后果，转而想我对儿子实施的惩处有没有效果，惩处是不是太轻率？是不是太温柔？是不是太严厉？该不该叫他捶打第二遍？该不该不跟他讲清道理就自顾上床睡觉？有没有伤害到他的自尊和自信？这次惩处会不会在他心理上留下阴影？这件事是否影响他成长？如何让他尽快忘记这件事？如何预防和消除他心理上的阴影？……想得我泪流满面，辗转到凌晨三点还没有睡意。

夫人陪着我没睡，我将这些问题问她，她长叹一声："没想到你会这么处理。"这让我对自己采取的惩处方法更加没了信心，叹息一声，不敢再想下去。

第二天早上，儿子去上学的时候，我迷迷糊糊地躺在床上。在我母亲的授意下，他走到床边，轻声道："爸爸，我去上学了。"

我努力用亲切的口吻应道："好好，注意看车，莫横马路。"我这样亲切委婉是想向他表示我已经原谅了他，已经把他偷钱的事忘记了。望着儿子的背影消失在门外，我心里空落落，感觉一件极其宝贵的东西丢失了。

另类奖励

那一天，我度日如年，担心儿子心理上留有阴影，打算买一台电子游戏机送给儿子，却又担心触痛他心灵上的伤口。想来想去，我去邮局买了一本集邮册。

中午放学之前，我将集邮册掩藏在宽大的皮夹克衫的前襟里，去接儿子。走到精神病医院门前，见儿子耷拉着脑袋走过来，我的心揪紧了，深深自责，急忙叫他。他抬头一见我，眼圈就红了。

我跑上去拉住他的手，笑着问："伙计，记不记得你小时候，我抱你到精神病医院来耍？"他点点头，我拽住他就走。"走，我们去看看怀素同志的《千字文》碑。"

我拉儿子走进精神病医院。《千字文》碑已经竖立起来了，盖了八角小亭保护，免受风雨侵蚀。走进小亭，我绘声绘色地讲述第一次抱他来看碑的情景，说他在碑上撒了一泡尿，让我看清了《千字文》碑。儿子不好意思地笑起来。

我抓住时机，说："这有什么不好意思的？那时候，你才八个月大，穿的是开裆裤，就是让你随时随地撒尿的，现在叫你拿出家伙来冲碑上来一泡当然不行啦，不仅你不好意思，我也不好意思。你拿家里的钱，就跟穿开裆裤撒尿一样的，是因为你年幼，考虑事情不周全，只想到电子游戏机好玩，只想到跟人家讲义气，没想到偷偷地拿家里的钱是不对的。你说，我讲的对不对？"

傻小子点点头，脸上有了一丝开朗之色。

我接着道："你犯了错，爸爸心里也难过。爸爸也有责任，没有向你明确讲解做人的规范准则。昨天晚上，爸爸还有两件事情没做好，一是不该叫你捶打第二遍，二是不该不跟你讲清道理就上床睡觉。实际上，爸爸几乎一夜没睡，想了一夜，想是不是对你太严厉？该不该叫你捶打第二遍？昨天晚上，我没想清楚，今天早上，你去床边跟我告别之后，我才想清楚，我那么严厉是对的，叫你捶打第二遍是不对的，因为你已经认识到了自己的错误，并用行动改正错误，我不该让你再受心灵折磨。没跟你讲清道理我就上床睡觉也是不对的，事实上并不是我太累，而是不敢面对你。所以，爸爸专门来接你，就是要向你道歉。"我拉起儿子的手紧紧握住，郑重地道："对不起！请你原谅爸爸！"

"哗"的一下，儿子泪流满面，抱住我哭喊："爸爸，爸爸！"

我抱住他坐在亭柱之间的廊枋上，不停地抚摸他的头，让他尽情地哭。

待他平静之后，我说："世界上没有十全十美的人，每个人都会犯错误，'金无足赤，人无完人'，讲的就是这个道理。爸爸相信你以后绝对不会再犯这种错误，你不要把这件事记在心上。以后需要什么，跟我和你妈妈讲清楚，我们会把钱给你。"

儿子点点头。我拉他站起身，从皮夹克的前襟里掏出集邮册，郑重地递给他，说："因为你已经认识到了错误，并且决心以后做事之前考虑周全，不犯类似的错误，爸爸应该奖励你。你喜欢电子游戏机，我本来打算买一台电子游戏机奖给你，却担心你一看到电子游戏机就想起不愉快的事情，并且，我认为玩电子游戏机跟集邮比较，集邮好，可以陶冶……"

我只顾唠唠叨叨，儿子双手捧住集邮册按在胸前，早已再次哭得稀里哗啦。我赶紧住口，拉他站在《千字文》碑前，故意考他认碑上的字。说他小时候的事，说去看猪时，他一定要坐在猪身上，害得我鞋子上踩的尽是猪屎。说着说着，他眉飞色舞地跟着我说起来。

惩处的效果

没有触及儿子的皮肉，触及了他的灵魂，那件事在他心中留下了刻骨铭心的印记。

我家放钱的抽屉不上锁。那件事发生之后，我母亲叫我们锁上抽屉，夫人也有此意，我坚决不同意。

一年后的一天，夫人将装了一个月工资的信封忘了从背包里拿出来，以为像往日那样丢在抽屉里。拉开抽屉拿钱时，不见信封，一时着急，她就叫儿子："是不是你拿了钱？"

儿子放声痛哭，说没拿。我相信儿子没拿，叫夫人找。见儿子一哭，夫人慌了，赶紧寻找。她从背包里找出来的时候，我气得不行，责令她向儿子道歉。夫人也意识到自己无意之中戳痛了儿子的伤疤，赶忙向儿子认错道歉。

儿子抹掉泪水，笑着说："没关系。"

儿子上大学之后，我将我俩的两张书桌连接成一张长桌，摆放在窗前，便于采光和放置电脑。收拾儿子的书桌抽屉时，我无意发现了两个笔记本，翻开一看，是他从小学二年级至高中毕业期间的日记，记得断断续续。我忍不住找他妈妈冤枉了他以后那一段时间的日记看，看他有什么感受。他写道：

　　妈妈一讲我拿了钱，我就感觉天塌下来了，真想把心掏出来，让妈妈看一看，她的儿子没有拿钱，今天不会拿，以后也不会拿，一生一世、永远永远，不会偷偷拿家里的钱，更不会拿别人的钱！当时，我非常害怕，忍不住地放声大哭。我害怕爸爸、爷爷、奶奶也不相信我。在我哭的时候，爷爷在叹息，奶奶惊呆了，只有爸爸相信我，爸爸不仅不盘问我，还叫妈妈找。妈妈找到后，爸爸严厉批评妈妈，叫妈妈向我道歉。妈妈真诚地向我道歉。从那一刻起，我知道爸爸永远是我的知心朋友，坚强后盾，会永远支持我。我也知道妈妈也非常爱我，她说我拿钱，是因为她着急，是因为我曾经拿过家里的钱。如果我没拿过家里的钱，那多好啊！好在爸爸相信我，我一定要用自己的实际行动告诉爸爸、妈妈，你们的儿子是正直的，让爸爸、妈妈永远相信我！

　　字迹在我的眼前渐渐模糊，没看完，泪珠跌落在本子上，慢慢泅染开来，将我的心溶化了，感觉是那么自豪。那时那刻，我才相信自己的惩处艺术是高超的。

　　从儿子出生到他赴美留学，我对儿子只惩罚了这一次，他也只犯过这一次大错。我不知道我处置的方法是否正确，有没有艺术性，但是，从唯一一次对儿子的惩罚中，我感悟到父母惩罚孩子，不可动用拳脚和鞭子，还要把握好原则：不可损伤孩子的人格；让孩子自己陈述所犯的错误；告诉孩子你的感受；告诉孩子错在哪里；让孩子知道你跟从前一样信任他，一样爱他。孩子认识了错误，要及时给予抚慰。

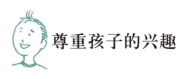

尊重孩子的兴趣

小提琴

　　这一章所讲的兴趣是指孩子的课余爱好。说小一点，是弹弹琴、唱唱歌、跳跳舞、下下棋、写写字、绘绘画、打打球什么的小事情；讲大一点，是让孩子快乐健康成长、尊重孩子的自我意志、培育孩子独立人格和个性、关乎孩子人生发展方向的大问题。

　　尊重孩子的兴趣，是引导孩子自主学习、自我教育、自我发展的有效方法之一。

　　尊重孩子的兴趣，首先是引导孩子的兴趣；其次是发现孩子的兴趣；第三是尊重孩子的兴趣；第四是屈尊自己的兴趣，参与孩子感兴趣的活动；第五是父母切不可把自己的兴趣当作孩子的兴趣。看看那些手执鸡毛掸子、脸上带笑、监守孩子练琴的母亲；看看那些扬起大巴掌、喝令孩子跟他去学书法的父亲，就知道这样的父母是在培养谁的兴趣。用理论术语来讲，这叫忽略主体意识培养。

　　父母之所以犯下这样的错误，是因为认为幼儿教育的唯一目的是让孩子为未来的成人生活做准备。他们不是给孩子一个健康、快乐的童年，不是把孩子当作一个人来培养，而是当作一种职业来培养，盲目地将幼小的孩子驱赶到功利场上去拼搏，巴望自己的孩子比别人的孩子早一天学到谋生手段，早一天出人头地。至于孩子感不感兴趣、有没有乐趣，他们全然不顾，甚至视而不见。在他们眼里，孩子一生的价值就是有一口饭吃，有一只任何力量都打不破的"金饭碗"，除此之外，一切一钱不值。这种观念极其错误，由来已久，流传极广。从"三岁看大，七岁看老"、"长大成人"、"尽早成才"、"天才教育"等等一些所谓的"经验之谈"就可以看出，这种错误观念已经深入人心，在一些父母的意识中根深蒂固，被奉为教育孩子成才的不二法门。有的家庭还当作传家之宝，立誓一代一代传承下去。在这种错误观念指导下，在一些父母意识中，在"长大成人"之前，孩子不是人。

人生的各个阶段有其自身不可取代的价值，没有一个阶段仅仅是另一个阶段的准备。哈佛大学一位校长说，童年不是为成年做准备的。如果孩子的童年是跟服刑一样熬过来的，那么，他的四分之一人生就白活了。

我局下属单位一位姓周的同事，毕业于湖南师范学院音乐系，擅长小提琴。他比我年长，离婚之后长期鳏居，无琐事羁绊。他喜欢我儿子，经常叫我儿子表演霍元甲的迷踪拳。

一天傍晚，我去院子里叫儿子回家吃饭，老周正在欣赏我儿子的迷踪拳。我儿子表演完毕，老周拉起我儿子的手看了看，捏了捏，对我说："我教你儿子拉小提琴。"

正合"朕"意，我赶紧向老周敬烟。我家被人称为教育世家，我却不好意思领受。教育世家的人员——至少是"掌门人"应该琴棋书画，样样皆能。我家除了二侄儿会下围棋，一家人无一人通音律、会书画。二侄儿和我儿子爱画画，那是孩童爱画的天性，信手涂鸦。我打算让儿子学一门乐器，不是弥补教育世家的短板，也不是培育音乐家，而是让他感受音乐的熏陶，会一门技能，将来在朋友聚会时露一手，凑个热闹；找对象时多一个砝码，增添几分浪漫。不要跟我一样，不会拉琴，不会跳舞，唱卡拉 OK 五音不全。出差或者陪客，走进歌舞厅，坐在角落里抽烟，喝茶，呆看别人潇洒。

老周吸上烟，兴致勃勃地道："我不收钱，每天教他两个小时。这小子是一块好料！"

当时，我儿子刚满 4 岁，以为小提琴是一种比迷踪拳还有味道的拳法，一听就两眼放光，却又不相信，冲老周大叫："你也会武功？"

老周莫名其妙，顷刻就明白了，挥动胳膊比画几下，"呀呀呀"叫唤，转身就往家里跑，边跑边说："你们等一等，我去拿兵器。"

傻小子以为老周真的是回家拿兵器，拉住我的手，问道："伙计，我用什么兵器？"

我说："跟他的一样，吃过饭，爸爸带你去买。"

不一会儿，老周提着琴盒跑来了，吊我儿子的胃口，拍一拍琴盒，摆出武林高手的架势，冲我儿子叫道："看刀！"

"嗨！"我儿子大叫一声，扎起马步，竖起双拳，准备迎战。

老周用武术动作打开琴盒，拿出小提琴，向我儿子一亮，架在脖子上拉起来。几声拨弦声，二长二短，随即绵绵长长，幽幽远远，《梁祝》优雅的旋律响起，仿佛祝英台在身旁悠悠诉说昔日的故事。

老周夸张地晃动身子，以期激起我儿子的兴趣。对牛弹琴，我儿子收起架势，瞟老周一眼，拉着我就走，边走边嘟哝："我以为他真的会武功，真的有大刀哩。"

我转身向老周挥手，对儿子讲解小提琴，讲解《梁祝》，数说学会拉琴的好处。没让我说完，他不屑地道："我不拉琴，周伯伯拉琴的样子跟痞子一样。"

我想不明白傻小子怎么将拉琴跟痞子联系在一起，想一想似乎又有一点明白，我小姐夫会拉二胡，我当时也觉得是好逸恶劳的行径。我后悔没让小花狗学几门技艺，老是让它天南海北地游玩。我决心说服儿子，让他欢天喜地地跟老周拉小提琴。

吃饭时，我将话题扯到小提琴上，希望父母和夫人一起来做傻小子的工作。没想到，我一讲让儿子学小提琴，我父亲就说："学那东西有什么用？"

我母亲笑嘻嘻地道："你想让儿子去戏班子？"

我夫人问道："一把小提琴要多少钱？"

我儿子气恼地嚷："我不学，不学，不学，就不学！"

我不甘心，第二天是星期天，我谎称带儿子上街玩，他屁颠屁颠地跟我走。我们转了当时的两家大百货公司，没找到小孩子用的小提琴。

老周说长沙有卖。告诉了商店地址，还写了一张纸条给我：4－6岁用1／8型琴；7－9岁用1／4型琴；9－11岁用2／4型琴；11－13岁用3／4型琴。

半个月后，我去长沙开会，特地向局里多预支了50元差旅费，加上私房钱，以为够买一把 1/8 型琴。不知道是老周记不清价格，还是涨价了，我身上的钱只够买半把琴。本想向同去的同事借，却又担心夫人责怪、儿子不学，就请营业员把拿上柜台的琴收了回去。

我仍然不死心，同时也觉得对不起老周，他跑回家拿琴时的背影，以及提着琴盒跑过来时满头大汗的情景，一直萦绕在我心头。在跟儿子一起讲故事时，我让小花狗学小提琴。

一讲起小提琴，傻小子就嚷："不对，小花狗不学小提琴，我也不学小提琴！"

我想了许多办法，都没激发起儿子对小提琴的兴趣，辜负了老周的满头大汗。

连环画

每个孩子都喜欢画画。受我二侄儿的影响，我儿子不是一般地喜爱画画。

自小学二年级暑假开始，到小学毕业，三年时间（当时，永州市小学采用五年制教材），我儿子将《罗大里童话》和长篇小说《一个人在美国的遭遇》改编成了连环画。

詹尼·罗大里是意大利著名儿童文学作家，1970年获得国际安徒生奖。我儿子买的版本是湖南少年儿童出版社出版，任溶溶翻译。书中收录了《洋葱头历险记》、《电视迷历险记》、《蓝箭号列车历险记》和《假话国历险记》等四个童话故事。他从改编《洋葱头历险记》开始，苦战一个暑假，画了46页。

画连环画要画方框，要求方框大小一致。见儿子画方框，尺子移过来倒过去，费时费劲，我琢磨为他打造一把方框专用尺，可是，找不到合适的材料。

我有一位老乡在无线电厂工作，他儿子跟我儿子同学。一天，在路上偶遇，我请他为我找一块四寸见方的薄塑料板，并告诉他用来做什么。他叫我弄清尺寸，帮我做一把方尺。

我赶紧跑回家，拿上一本连环画去找他。工厂里设备、材料齐全，他量过连环画方框的尺寸，几分钟时间，就制作出一把连环画专用方尺。为便于从纸上拿起方尺，他还在尺子当中钻了三个手指头大的圆孔，非常精美。

我把方尺交给儿子的时候，他高兴得蹦跳，冷不防一拳打在我胳膊上，大叫："伙计，你怎么这么能干！"

我故作严肃地道："就是生的儿子蠢。"

"打一架，今天要打死你。"他一个扫蹚腿，我赶紧倒地，父子俩好好地打了一架。

从此，傻小子画连环画的劲头更足了，效率也提高了。他每画完一本，我就用线装书的装订方法，跟他一起装订成册；将木工刨刀磨得锋利，用木条当压床，用刨刀当车刀，将书边切得齐齐整整，叮嘱他好好保存。

如今，六本连环画保存在他的抽屉里，跟他获得的所有奖状和证书摆放在一起。

见儿子画的连环画有模有样，小学四年级暑假，我动员他拜师学画。

他若有所思地想了想，决心十足地应道："好！"

我一直在文化部门工作，认识不少画家，决定请德高望重、艺术造诣高的张老师教我儿子画画。去拜见张老师的时候，我叫儿子带上一本他认为画得最好的连环画。

张老师跟我夫人的叔叔是同学，听说过我儿子读书厉害。见了我儿子无师自通画的连环画，他赞叹一声，毫不犹豫地收下我儿子，一再声明不要任何酬劳。当即送我儿子一本《芥子园画传》，当即铺开宣纸，一笔一笔地画给我儿子看，边画边讲解。我和儿子是第一次观赏画家作画，屏住气欣赏。几分钟时间，几条金鱼跃然纸上。儿子情不自禁地抓紧我的手，用力点头。送我们出门时，张老师跟我儿子约定，每周星期天，我儿子上他家里学画。

学了没有一个月，我儿子不去了。

我问他是什么原因，他坚定地道："我长大当科学家，不当画家！"

我说："学画画不是为了当画家，而是学一门技能，懂一门艺术，提高自己的艺术欣赏眼光和审美能力。也就是说，能看懂别人的画，能从别人的画中感受到快乐。"

他坚持不去："不是为了当画家，还去麻烦人家干什么？我能出黑板报和墙报就可以了。我只想自己画连环画，只想多打打篮球。"

劝导了半天，见没有学画的积极性，做爹的叹息一声，只有由他了。做娘的不依不饶了，苦劝儿子继续学画。当时，社会上流传"造原子弹的不如卖茶叶蛋的"。夫人对儿子说，当画家比当科学家好。当画家轻松，画一幅画只要几天时间，甚至一天能画几幅画，只要出了名，社会地位、经济收入都很高。当科学家辛苦，有些工作还有危险性，收入比不上卖茶叶蛋的。还说她已经问过张老师，张老师说，按傻小子的天分，很有可能成为大画家。

可是，任凭做娘的磨破嘴皮，儿子就一句话："我不学画，我当科学家。"

夫人跟我在被窝里又一次开展辩论，要我动用老子的权威，威逼儿子乖乖学画。这一次，她一反常态，蛮不讲理，硬说是我怂恿儿子不学画的，责令我一定要叫儿子去学画。我依然还是那三招，她讲的时候，我傻笑。该我讲的时候，满天花雨纷纷下，接着使出第三招："不是我不让他学画，是他自己没有兴趣，不想学画，难道让我用绳子绑他去？"

张老师对傻小子的评价让我夫人有了十足的底气，她有点走火入魔了，说："绑他去就绑他去！儿子年龄小，还不懂得考虑自己的人生前途，难道我们也跟他一样？难道你就没有一点做老子的责任感？小孩子的兴趣是朝三暮四的，难道我们就依他的兴趣让他想怎么样就怎么样？你想想，有几个大家是凭他自己小时候的兴趣学出来的？"她举出几个在老爹的棍棒之下成才的事例，非要我威逼儿子去学画。

不可否认，不少的孩子在父母的棍棒之下、在父母强加给他的兴趣上取得了成功，有的还成了名家大师。可是，倘若让具有这样智商潜力的孩子凭自己的兴趣从事别的职业，难道他不会成功吗？在父母的威逼之下，孩子忍痛违背自己的兴趣，虽然成功了，但他享受过成长过程中的快乐吗？感受过成功之后的愉悦吗？有与其智商相应的情商吗？

一个人的发展受社会环境影响很大，人生格局形成是一个复杂而漫长的过程。这一年龄段的孩子处于初级阶段，过早由父母强制定型肯定有害无益，孩子现在表现出来的只是潜质，未来发展很难预定，与其定向培养，不如顺其自然。对待孩子的天赋，取长补短比扬长避短更重要。父母要做的是激发他对多种事物的兴趣，培养他健康、积极、乐观的性格和情感，引导他逐步完善人格。如果他确有某一方面的天赋和才能，是不会被扼杀或埋没的。

所以，要我威逼儿子去做他没有兴趣的事情，我坚决不干，哪怕这件事关系到儿子一生的前程。见我态度坚决，夫人长叹一声，在我身上拧一把，偃旗息鼓了。

说一句题外话，这本书的插图是我儿子画的。一个没受过正规训练的人能画出这个水平，可见是有绘画天赋的，倘若让他学画，是有可能成为大画家的。可是，我和儿子至今没有为当初的决定后悔过。

皮球当篮球

我儿子酷爱篮球跟他的三位哥哥热爱足球有关，也跟场地条件有关。我们单位位于山顶，占地面积狭小，没有运动场地。隔壁的气象局有一篮球场，碰巧我儿子的一位同学家住气象局。足球、篮球都是球，傻小子选择了篮球。

上小学四年级，傻小子跟同学自发地组织了一支篮球队。

当时，NBA 在中国闹翻了天，电视上几乎天天有 NBA 比赛转播。我儿子经常叫上几名同学，来我家里观看 NBA 比赛转播。什么马刺、热火、公牛，"飞人"乔丹、"邮差"马龙、"魔术师"约翰逊、"天钩"贾巴尔、"大虫"罗德曼……他们如数家珍。

借鉴 NBA 的形式，傻小子球队的每一名球员都有绰号。傻小子点评 NBA 比赛的时候，口若悬河，慷慨激昂，脑袋左右摆晃。农民浇菜，手上的尿罩也是不停地摇晃的。于是，不知是傻小子的哪位同学就送他一个绰号：尿罩。他们的球队也因此而得名：尿罩队，我儿子当队长。尿罩队其他球员的绰号是：阿斗、阿扁、嘎嘣、火夹等等，绰号的由来我不知道。每一名球员有各自崇拜的 NBA 偶像，我儿子崇拜迈克尔·乔丹。

尿罩队成立之初，处于半地下状况，也没找到赞助商，白手起家。我儿子秘密地在他的一件白色背心上用圆珠笔画上"23"，作为征战球衣。没有球，他们就到球场上跑来跑去练动作，过干瘾。每次出去过干瘾，傻小子都悄悄地将他心爱的球衣塞进衣袋里，神秘兮兮地闪出家门。

我母亲以为他出去干什么坏事，满面惊恐地拉住我，轻声道："你儿子在衣袋里藏了什么东西，是不是出去跟人……"她不忍心讲孙子干什么坏事，不往下说了。

虽然儿子偷偷拿过家里的钱，但我绝对相信他不会干坏事。可是，奶奶也绝对不会乱猜疑孙子，我不能不重视，同时也要安慰老娘，赶紧去找儿子。

按传达室的指点，我走进气象局。听见从篮球场传来儿子的呼叫声，我贴近墙根走过去，探头一望，哭笑不得。傻小子和他的球员们在球场上跑来跑去，打的是一只拳头大的皮球。

我生长在农村，只上过五年农村小学。囿于场地和师资，农村小学上体育课，最有体育含量的是赛跑和做广播体操。除此两项，要么不上体育课，要么放羊——让学生自由玩耍。莫说足球、篮球，小学期间，我连皮球都没见到过。上了大学，我才摸到篮球。由于既不懂规则，又不知打法，况且人已"老态龙钟"，因而，我从来没上过球场。体育考试，立定投篮，投过三个球，投进了一个。

注视空中飞来飞去的皮球，我觉得这些孩子跟我小时候差不多可怜，决定给他们买一只篮球。主意打定，我觉得有颜面见他们了，呼喊一声，快步跑上场，跟他们一起打皮球。傻小子正在劲头上，见我上阵，觉得自己在部下面前有面子，毫不客气地叫我参加他的对手队，一是向部下们显示自己不假老爸的虎威；二是让部下们瞧瞧他有本事打败自己的老爸。

我从来没打过篮球，脚上穿的是皮鞋，皮球又小，尿箅队的球员又灵活，又故意不传球给我。我左奔右跑，笨拙之极，出尽洋相。气得傻小子抓

哈哈，胯下过人！

着皮球向我身上掷来，喝令我下场。

下了场，我还没注意到儿子身上穿的"球衣"。他来了个三步上篮，将皮球投进篮筐，我才看清他背心上画上去的"23"。天将黑，比赛结束，球员们去场边的草地上拿脱下的衣服。这时候，傻小子才省悟到自己画坏了一件背心。愣了片刻，脱下汗湿的背心揉成一团，向我扔来，故作大咧咧地道："我自己画的，跟乔丹的同一个号码。"

我故意说："屁，乔丹的是 32 号。"尿筚队的球员们哈哈大笑，笑我无知。

当天晚上，我跟夫人商量，给儿子买一只篮球和两套球衣、两双球鞋。同时告诫她，不可抱怨儿子画坏了一件背心。夫人担心儿子打球受伤，支支吾吾，不想答应。我赶紧说，孩子跑跑跳跳长得高，长得快。女同志一般都担心孩子长不高，我夫人也一样。她最担心儿子长不高，就答应了。

第二天中午，我和夫人带儿子去文体用品店买篮球。走在路上，夫人悄悄跟我说，儿子没用过我们什么钱，给他买一个好的。有了"财政大臣"支持，我的底气更足了。走进店门，我潇洒地冲儿子叫喊："伙计，随你选个最好的！"

店老板惊喜得眼睛光芒四射，忙不迭地拉住我儿子介绍。我儿子懂礼貌，耐心地听老板讲完之后，指着标价 98 元的那个球："我要那个。"

跟被踩了一脚一样，老板大叫起来："最好的是这种 358 元的！"

老板将"358"拿下来，塞进我儿子怀里。我儿子马上塞回她手上，坚持要"98"。老板叹息一声，尊重"上帝"。买下篮球，我们又为儿子买下两套印有"23"的球衣和两双球鞋，另加一副护膝。

傻小子欢天喜地，抱着篮球和球衣走出店门，对我和夫人说："这回让你们吃大亏啦！"

夫人说："这算什么吃亏，只要你把书读好。"

我说："你吃了那么多饭，我还没跟你算伙食账哩。"

有了篮球和行头，傻小子这位尿箄队队长更有范儿了，更有权威了。每个星期天，他都召集球员们在我家里集合，率领球员们去打球。并把他的卧室布置成尿箄队的办公室，书架顶上摆放他制作的队徽，墙上挂上尿箄队的队旗，队旗下面贴上一溜他画的每位球员的漫画像。不知他们从哪里学来的，漫画像上的签名一律用拼音，字体模仿潦草的英文。

傻小子要我帮他找做队徽的硬纸板和金色蜡光纸，以及做队旗的红布的时候，我还以为他会把队徽设计成一只尿箄，心里忍不住笑。将材料交给他，我想看看他如何制作队徽。他不容分说将我推出门，将门反锁上。那天晚上，他房里的灯11点才熄。第二天早上，他拉我去欣赏他的杰作，并请我帮他将队旗挂在墙上。

傻小子真不傻，将尿箄二字的拼音字母变形组合成一顶皇冠状，令我大吃一惊。

警晌裁判

见儿子热爱篮球，我决定跟着热爱，去书店买回一本《篮球》，在办公室偷偷钻研裁判规则，打算给尿窜队当裁判。儿子半夜里爬起来看 NBA 比赛转播，我起床跟他一起观看。观看到精彩之处，父子俩肩并肩，手扣手，跟坐在电影院里的热恋情人一样。看到乔丹飞身上篮，父子俩没大没小，忘情地欢呼，相拥着倒在地板上打滚。

半年之后，我自认为"自学成才"、有担任裁判的资质了。置办了全套行头，寻找时机，一显身手。放暑假的第一天是星期天，尿窜队早已决定在这一天举行友谊赛。机不可失，儿子换上行头，拍着篮球出门时，我赶紧换上行头，追出门外。儿子一边拍球，一边快步走。追到距离他几米的时候，我吹响哨子。他收住球，转身望着我。我再吹一声哨子，右手高举，随即向前平伸，大叫："计时开始！"

傻小子愣住了，上下打量我，忽然，将球向我掷来。猝不及防，球打在我身上，跳弹开去，跳进了路边的女贞树丛。女贞树丛是绿化带，半人高，没人修剪，密密麻麻，枝繁叶茂，球跳进去就不见了。我和儿子穿着短衣短裤，去树丛中找球有明显的危险性。我奋不顾身挤进树丛中找球，傻小子大叫："等我来！"

他跑过来的时候，我抱着球钻出树丛了。他弯腰抚摸我被树枝划出红印的双腿，埋怨道："叫你等我来，你偏要逞能。"接着，他拍打我的屁股，笑嘻嘻地道："没扎伤屁屁吧？"说着，他抓过球，边拍边走边问："你想给我们当裁判？伙计，你懂不懂啊？"

我神气地道："老爸修炼了大半年，国家级水平啦。"

"今天晚上有牛肉吃了。"傻小子大笑，将球塞进我手上，从我脖子上取下哨子，叫我站住不动，他快速后退十几步，打裁判手势考我。

他右手伸出一指，向下屈腕。问我："表示什么？"

我信心十足："投中一分。"

"对！"他右手伸出二指，向下屈腕，问："这个？"

我大声应道："投中二分。"

"对！"他伸展三指，手臂高举。

我有十分把握，笑嘻嘻地应道："投中三分。"

"错！"傻小子跑上来，将哨子塞进我的短裤口袋里，拍拍我的胳膊，像首长一样鼓励我："不错，继续努力。"他伸手勾走我怀里的球，一边拍打，一边劝导我："伙计，你不要急着当裁判，去看我们打球，一边看，一边暗中裁判，看能不能当裁判。其实，我们是乱打的，打着好玩的，有了裁判，大家都不晓得怎么打。"傻小子又将球投进我怀里，向我扮个鬼脸。"国家级裁判，没打击你的积极性吧？"

"屁小子！"我将球砸向他的屁股，心里头倒还真有那么一股失落感。

虽然夫人支持儿子打篮球，但总有那么一丝担忧。见我置办了行头，开始以为我要跑步锻炼身体，后来见儿子一出门打球，我就跟在身后，她才明白是怎么一回事。叹息道："你想

两队争球，开始！

让你儿子当'乔丹'？"

看看跟我同姓的那位篮坛著名"女巨人"，就明白篮球运动员是天生的。我身高 1.68 米，夫人身高 1.58 米，儿子根本不可能成为"乔丹"，连省级队的板凳队员都不够身高。我支持儿子打篮球，是因为他爱打篮球，觉得打篮球快乐。

我对儿子最大的期望是他拥有健康的身体和幸福快乐的人生，让他在做自己感兴趣的事情当中增强自信，不指望他成为"乔丹"。

主择校

我儿子小学毕业那年，零陵县已撤销，一个县一分为二，分设永州市和冷水滩市（均为县级市）。当时，小学升初中进行入学考试，我儿子的考试成绩全市第一名。我真不想跟他打架，当他扑上来的时候，却又好好地跟他打了一架。

小学升初中本来是到开学之时背上书包就去上学的事情，竟然折腾出了全市第一名，竟然还有人称赞为"状元"，让人匪夷所思。

让人更不可思议的是，成绩公布之后，当天晚上，就有老师来到我家里，劝说我们把儿子送到他们学校，开出优厚条件：

　　一、让我儿子上最好的实验班——实验班都是尖子生；

　　二、初中三年学费全免；

　　三、让我儿子当班长；

　　四、我儿子想坐哪个座位就坐哪个座位。

第二天早上，另一所学校的老师来了，开出大致相同的优惠条件。这两位老师走后不久，又一所中学的老师来。一天之内，我们接待了城里最好的三所中学的老师。

接待过后，我和夫人认真分析，权衡利弊。分析权衡了半天，我和夫人达成了共识，却禁不住长叹一声。从放弃学画画的举动中，我们深切感悟到儿子已经具有独立人格和自我意识。由我们越俎代庖，很可能"庖"不成。

跟所有的父母一样，我和夫人希望儿子尽早掌握人生智慧，不走弯路。可是，我们明白孩子有一个成长过程，我们不可能陪伴他一辈子，必须让他在不断的自主选择中理解并掌握人生智慧，就是选择错了，他也能得到教训。

我们把儿子叫到跟前，郑重其事地跟他讲了我们分析后的利弊，由他选择。

全市第一名的成绩给了傻小子很大的错觉，以为学校根本不重要，重要的是好玩。他大大咧咧地道："哪所学校好耍，我就去哪所学校。"

我笑着说："那你就先去耍一趟吧。"

傻小子真的抬腿就跑。

他上午10点左右出门，傍晚回家，在外面玩耍了差不多一整天。上午下班之前，他用同学父亲单位的电话打到我的单位，问我可不可以留在同学家里吃饭。他的那位同学经常在我家里吃饭，我准许了，傻小子高兴地对着话筒学了一声猫叫。

傍晚回到家，吃过晚饭，我和夫人问傻小子选择好没有。傻小子抓耳挠腮，眯眯笑。半晌，干脆利落地道："三中。"

我和夫人想让他上一中，教学质量好，名校，但上学不方便，必须跟我夫人骑单车到她单位，再换乘公共汽车。三中教学质量居中，上学方便。

　　我故作严肃地问道："为什么选三中？讲讲理由。"

　　傻小子伸出四根手指头，神气十足地道："理由有四：一、 上学方便，不让妈妈天天陪我早起，跟我晚回，妈妈好辛苦哟；二、 三哥是三中毕业的，三哥能考上清华，我也能考上；三、 三中把我跟大家一样对待，没给优惠条件；四、 我们尿窜队的人差不多都在三中，好打球，好耍。我就喜欢打篮球，喜欢带尿窜队打篮球！"

　　第三条理由出乎我意外，让我感觉傻小子完全可以跟报刊上那些革命家的后代相媲美，备感欣慰和自豪。

　　夫人一脸甜美的笑容。

　　傻小子赢了。

青春时期

引导自我管理

　　儿童时期的孩子是一团泥，根据泥性，父母还可以按自己的意志捏塑。青春期的孩子像是送进了窑中的瓷器坯胎，需要十分精确地把握火候，火大了会烧裂，火小了是半成品，火熄了是废品。恰到好处的火候，才能点石成金、化泥为宝。

　　由于父母把握不准火候，多少孩子毁在了青春期。谈起孩子青春期，多少父母叹息连连，犹如谈虎色变。

　　父母把握火候的最好方法是细心观察，查漏补缺，尊重孩子，发扬民主，简政放权，言传身教，耐心引导，引导孩子自我管理。

性的话题

"狼" 来了

　　我儿子 14 岁生日那天，我照例带他去书店买书。去书店的路上，父子俩并肩而行，我不时打量傻小子。他个头跟我差不多高了，上唇的汗毛开始变粗，脸颊上有几颗青春痘，身上散发出热烘烘的、类似洋葱的气味。我心里略微一震，傻小子长大了！

　　跟两年前买《红楼梦》一样，傻小子挑选好书之后，没让我过目，快速向收银台走。收银员仍然是那位熟人，她抓起一本粉红色封面的小册子，向我亮一亮，见我无反应，盯住我儿子大声问："你真的要这一本书？"

　　"要！"傻小子故意大声应道。

　　收银员无奈地计价。傻小子抱着书跑出店门之后，我去收银台付钱。收银员一声长叹，讥讽道："你真的近视？"

　　我笑嘻嘻地说："380 度。"

　　她气恼地道："你儿子买了一本《性的知识》！"

　　我依然笑嘻嘻："学校不开这门课。"我为儿子庆幸，他能买到《性的知识》，我在他这个年龄，只能从冯梦龙的《喻世明言》和蒲松龄的《聊斋志异》之类的小说中探索。

鸡鸭不同笼。收银员再次长叹，飞快地找给我零钱，冲我身后的人叫道："快点！"

我冲收银员一笑，真诚地道谢。她也是真诚的，出于一位母亲的责任和良知，她担心我儿子陷入早恋的泥沼，真诚希望我儿子健康成长，顺利度过青春期，早日成才。

我夫人也有这种担心，并且她感情含蓄，我们夫妻单独在一起的时刻，她只做不说。我一提起性的话题，她就骂我："你就晓得那点事！"见儿子一天天长大，见儿子各方面优秀，她不时在我耳边唠叨："你儿子会不会早恋啊？"说过之后，她倒抽凉气。我安慰她："我们的儿子绝对不会早恋，你看看，他从来没带女同学到家里来，从来没听到他提起过哪位女同学。"夫人的表情有所缓解，却又倒抽凉气："女同学会缠上他啊！"我故作轻视地说："你儿子是块宝了。"她却更认真了，说："我儿子就是一块宝！还是要注意一点，看看有没有女同学给他递纸条子。"我生怕她翻儿子的书包，清查儿子的抽屉，赶紧严肃地说："不准翻看他的书包，不准清查他的抽屉！"可能她也意识到自己是杞人忧天，故作气恼地道："我什么时候讲过翻看他的书包？什么时候讲过清查他的抽屉？"

这样的情景短剧，在我们两口子之间经常上演，我预计会演出到儿子上大学的那一天。

要命的是，傻小子买回《性的知识》那一天，不知怎么的，让我夫人发现了。妈呀，这可是天塌下来的大灾难。等儿子上学一走，夫人就将我拽进儿子的房里，从书柜底层找出那本《性的知识》，

"啪"的一声摔在我面前，手指颤抖地指着我的鼻子，带哭腔地愤恨道："你，你，你带儿子就买这种书？你，你，你还像一个做老子的吗？！"

这可不是以往在被窝里辩论时使出的鸳鸯腿，而是核攻击啦。怕书被撕了，我赶忙抓在手上，依然以传统的迷踪拳应对现代化的核攻击，依然是战无不胜的那三招。先是傻乎乎地笑，到夫人的火气呈现消散状态时，赶忙使出满天花雨。我说，性是天性，跟天要下雨一样，跟鸟儿要唱歌一样，荷尔蒙来了谁也阻拦不住。要想早恋，不看《性的知识》照样恋，恋得还早些，恋得更加迷恋。要想干坏事，没看过《性的知识》的人下手还狠一些。在那一类罪犯当中，有几个人读过《性的知识》？倒是读过《性的知识》的人，少有犯罪的。美国公布了一项调查结果：性教育可以让学生推迟发生性行为的年龄，跟未受性教育的学生比较，受过性教育的学生，性伙伴更少，意外怀孕的更少，染上性病的更少。不相信，你去调查调查，去公安局咨询咨询。

我一提到美国，夫人的火气又蹿上来了，再次指着我的鼻子，恨道："美国，美国，性开放就是美国佬搞出来的！"

我后悔自作聪明，赶紧使出第三招：一夫当关。我跟美国人一样地耸一耸肩，说："这本书不是我给他买的，是他自己买的，不相信，你去书店问收款的小唐，问我们儿子。如果他们说是我买的，我把这本书吃下去！"

我拿准了夫人不会去问小唐，更不会问儿子，生怕问了之后，反而激发儿子的叛逆情绪，偏偏早恋。不出所料，夫人气哼哼转身就走。我赶忙拉住她，安慰道："别担心，请相信我们儿子，他绝对不会早恋，绝对不会干坏事，他只是想知道这方面的知识。看这种书有益无害，学校里不是也在开生理课，也在进行性教育嘛。"

她依然气呼呼地道："你看到哪所学校对学生进行了性教育？"

我说："教育部的《教学大纲》是规定了学校要对初中生进行性教育，我们是小地方，老师不好意思教，北京、上海那些大城市都专门开了这门课。"

事实上，我既没看过《教学大纲》，又不知道北京、上海的学校开什么课，完全是瞎掰，目的是让夫人不要追究儿子买了《性的知识》。夫人懒得跟我争论，挣脱我的手上班去了。我担心在儿子放学回家时，她直接找儿子。还好，除了生闷气，除了整日提心吊胆，她没有再提起过这件事。

笑评《红楼梦》

当晚，黄金一小时，我例行跟儿子讨论他当日买回来的书。

我希望傻小子拿来《性的知识》，他却捧来《红楼梦》，试探我对他买下《性的知识》的态度，我佯装不知，出其不意地问道："你看到第几回了？"

傻小子脱口而出："看完了。"

我说："请发表读后感。"

傻小子一脸不屑："啰里啰嗦，吃一餐饭也要写上好几页。"

我笑道："那叫细致描写。喜欢哪一个人物？"

他说："没有一个。"

我问："贾宝玉，不喜欢？"

他满脸厌恶，说："贪色公子，一个废物。"

我问："林黛玉？"

他说："叽叽歪歪，尖酸刻薄，人倒可怜。"

我说："将来找个林黛玉那样的老婆。"

他豪壮地道："送给我，我也不要！"

我故作正经地道："薛宝钗，你要不要？"

他更为不屑："更加不要！你想要，你要！我才不要，她像我们副班长。"这种评价倒新鲜，气量也大度。

从小学一年级起，傻小子一直当班长。我不认识他们的副班长，想着跟一位"更加不要"的副手共事，傻小子够伤脑筋的。好在班干部是班主任手上的提线木偶，傻小子也没有什么可伤脑筋的。我禁不住哈哈大笑，将《红楼梦》塞进他怀里，说："高中毕业之后，认真再读一遍。我读这本书的时候，想的是我们家是贾府就好啦，不是想过贾宝玉的那种生活，是想如果是贾府那样的皇亲国戚家庭，你爷爷就能当政协委员，我就会吃上国家粮，就不会被踢出学校，12岁就当农民；就不会躲在帐子里读书，家中的书任我看，不会四处找书看。我也不喜欢贾宝玉、林黛玉和薛宝钗，我喜欢焦大。"

他笑起来："你怎么喜欢他？"

我故作一本正经："跟我一样是劳动人民吧。"

傻小子依然笑："金陵十二钗当中你喜欢哪一个？"

我第一次读《红楼梦》那一年，比傻小子大6岁，是借人家的

《石头记》，为了赶着还书给人家，囫囵吞枣，连什么是金陵十二钗也没弄明白。上大学之后，自己买了一套《红楼梦》，又看过不少红学文章，才知道金陵十二钗。看来，傻小子不仅读过全书，还看过红学文章。我不禁对傻小子刮目相看，认真起来，实话实说："我喜欢探春。"

傻小子颇为惊讶，嘟哝道："探春？你怎么喜欢探春？"

我扳手指数探春的可爱之处：一、性格开朗，有才情、有抱负、有政治家风范；二、举止大方，胸襟阔朗，具有男子风度和性格，没有迎春的懦弱，没有惜春的孤僻，也不像史湘云那样大大咧咧不修边幅；三、长相漂亮，"削肩细腰，长挑身材，鹅蛋脸儿，俊眼修眉，顾盼神飞"。数过这三点，我故作私塾先生派头，摇头晃脑，拖长声音吟诵："'才自精明志自高，生于末世运偏消。'探春同志也不过是整个悲剧中的一个小角色罢了。"

傻小子抱怨道："我最不喜欢书里的诗词，书里的诗词太多了。嗨，伙计，我们来猜一猜，曹雪芹喜欢谁。"

我故作沉思状，片刻后，说："我猜他也喜欢探春。"

薛宝钗，要不要？

傻小子叫起来："我讲的是整本书中的人物，不是单独讲女的。"

我故意说："那他会喜欢薛蟠。"

"狗屁！"傻小子放肆地抬脚踢我一下，认真地道："如果是读者，我猜他会喜欢甄士隐。"经傻小子提起，我有一种甄士隐是曹雪芹的化身的感觉。傻小子接着说："伙计，你也写一部《红楼梦》这样的小说嘛，一出版，我们家就发财啦！"

我很想就此打住，叫傻小子把《性的知识》拿过来，却又认为那是男人之间的悄悄话，必须找一个无拘无束的环境，在极其亲密的氛围之中，父子俩才能无所顾忌地谈论。

必须跟傻小子谈论性的话题，可是，我不懂性的知识，更不懂如何教育，却又不想过早当上爷爷。

竹筒饭

我打算带儿子去野营，不带吃喝，就地解决。傻小子两眼放光，当作穿越亚马孙热带雨林，特种兵生存训练，问我要不要在脸上涂上泥巴。担心我母亲和夫人阻拦，我们将准备的东西存放在我的办公室，跟我母亲和夫人说，我们回老家玩两天。她们欣然允许，我母亲一再叮嘱我，多买几包糖果，看望村里的老人。

实施我们的计划，必须回老家。解决吃的，不得不违背道德准则。在陌生之地，人家会把我们当贼；在自己家乡，只会当笑话，笑我们神仙不做，做叫化子。

我老家离永州城 15 公里，13 公里公路，2 公里山路。上大学之前，每次进城，我都是步行，常常一天往返。沿途哪口井的水好喝，我一清二楚。

那年代，星期六下午不上课。星期六，吃过中饭，出发。傻小子从来没有走过那么长的路，激昂的心情让他嫌路途太短。一上路，他

迈开大步一路狂奔，说个不停，还不时放眼如画的山色水光，吼上一嗓子。深秋的阳光温暖舒适，我们的笑语欢声在微风中飘荡。

爬上村子对面的山头，我气喘吁吁，一屁股坐在草地上。傻小子的脚力比我强劲，爬上一块高大的石头，指点村庄，开玩笑："伙计，偷一条狗吃怎么样？"

我一本正经地道："要偷，就偷一条牛。"

傻小子大笑，一本正经地问："我们真的吃什么呢？我有点饿了。"

改革开放之后，农村也烧煤球了。经过几年养息，昔日光秃的山岭上竹木茂盛，生机勃然，红艳艳的冷饭果在绿叶丛中闪亮。冷饭果结在带刺的灌木上，黄豆般大小，成束成串，味道甜中带涩，跟冷饭毫无相似之处。我母亲告诉我，它能当饭充饥，所以叫冷饭果。1960 年，冷饭果救下村里不少的人，我母亲是其中幸运者之一。

我带领儿子偏离山道，将背包藏进石缝，采食冷饭果。我在村里生活了 24 年，吃下的冷饭果少算也有 100 斤。在我的示范下，儿子放手采食冷饭果。冷饭果吃多了便秘，我叮嘱他吃几把就放手，留下肚子吃丰盛的晚餐。

吃过冷饭果，太阳西斜。儿子拾捡枯枝当柴，我砍下一根当年的嫩楠竹，带来了钢锯，锯竹筒。傻小子抓过我手上的钢锯，边锯边问："爸爸，要是没有钢锯呢？"

"你说呢？"我用没竹节的竹筒削筷子和调匙。

傻小子若有所思，欣喜地叫道："兰博的匕首背就是锯子。"他真当成特种兵训练了。

暮色四合，我挥舞手电，老大一般地下令："小的们，下山！"

傻小子更加兴奋，抓起事先准备的两只布口袋，跟我来到田野上。晚稻收割已近尾声，田野上一股稻禾的清香。我们跳进一块没收割的稻田里，抓住禾穗向口袋里捋谷粒，几把就够了。我提着装稻谷的口袋，一边走，一边用力揉搓，带领儿子来到一口山塘。

天黑之后，塘中的田螺到塘边觅食，送菜上门。田螺的这一习性，我是无意中发现的。在家务农，我经常夜晚去田野上捉蛤蟆。一天晚上，塘边的一只田鸡在我下手之前跳进了塘水里，我追进水里摸它，双手一伸进水里，水底到处是田螺。

这口塘，我养过三年鱼。塘尾有一块光溜溜的石头。我们坐在石头上，我一边在石头上揉搓稻谷，一边讲我捉蛤蟆、摸田螺等等趣事。傻小子不停地赞叹："爽死你啦！"

揉搓到布袋里是软溜溜的感觉时，我将布袋里的稻谷倾倒在石头上，吹去稻壳，拣掉谷粒，留下亮晶晶的稻米。傻小子视我为海豹突击队的教官，五体投地。我心里叹息，这些勾当是你老爸当年消磨苦难时光的雕虫小技，何足道哉。想当年，我在稻田里捉泥鳅，看准浑水处，下手就捉上一条。感到饿意时，一仰头，手上的泥鳅就滑进嘴里，钻进胃里，不停地拱动，那才叫爽。

估计田螺集中到塘边了，我叫儿子跟我下塘摸田螺。摸了不足两丈远，摸上半口袋。儿子喜欢吃喝螺，兴致八丈高，嚷着吃喝螺。

田螺一分为二，一份捶碎外壳，剥出螺肉，另一份用刀切掉螺尖，准备做喝螺。螺肉和稻米装进布袋，在水中漂洗干净，让水浸透稻米。然后，去我堂侄的菜地里"偷"来紫苏、辣椒和葱蒜，顺手摘下十几只橘子。回到山里。背上背包、枯柴和竹筒，爬进岩洞。将东西塞进洞口，我和儿子去田边背来两大捆干稻草。

我们村子四周是石头山，几乎每座山都有岩洞，我们要过夜的这个岩洞最大。躲日本鬼子时，周边村庄的人们就躲藏在这个岩洞里。我赖掉了人家的一本书的那一天，就在这个岩洞里躲藏了一天一夜。

我母亲多次给我儿子讲"躲日本鬼子"的故事，傻小子对这个岩洞早有向往之情。钻进岩洞，他兴奋地大喊大叫："小日本，你来呀，来一个，消灭一个，你来呀！"

点燃篝火，准备晚宴。我用小刀在竹筒一端的竹节上凿开一个洞，灌进加了盐、紫苏、辣椒、葱蒜的稻米和螺肉，用橘子皮塞住凿开的洞口，丢进火里烧烤。儿子用柴棍翻滚火中的竹筒，我着手用竹筒做喝螺，方法跟做竹筒饭一样。做饭和做喝螺用去了四节竹筒，剩下的一节剖开当碗。

当年的嫩竹水分多，在火中被烧得"吱吱"响。烧烤到竹筒即将炭化，我叫儿子从火中扒出竹筒，用刀尖轻轻剖开。哇，清香满洞！喝螺的味道也不错，可惜没有汤，喝螺汤鲜啊！

"伙计，准备胃液吧！"我用削好的调匙，将饭舀进竹碗里。

傻小子一边大口地吃，一边高兴地嚷："好吃，好吃，太好吃啦！"吃饱后，他抬手向嘴巴上一抹，兴犹未尽："你和奶奶还讲农村苦，我觉得比城里有味道多了。伙计，下个星期六，我们再来！"

这才是饱人不知饿人饥。

岩洞夜话

深秋季节，岩洞里的温度比外面高二至三度，加上篝火，我们和衣躺在稻草上，额头上冒汗。傻小子从来没在野外过夜，异常兴奋，讲个不停，问个不停，所问的问题基本上是我在农村时的生活和感受。对农村生活，我绘声绘色地描述。对我的感受，我一般不直接描述，讲一点道理，点到即止，见好就收，给他打开探索通道，让他设身处地去思考，由他自己领悟人生。

他问道："爸爸，当年，你躲在帐子里看书的时候，知道会有高考吗？"

我说："不知道。"

他问："那你为什么要冒着被批斗甚至坐牢的风险看书呢？"

我说："看书能让我看到我没见过的世界，觉得自己跟身边的人不一样。"

他颇为惊奇："就这么简单？"

我轻描淡写："就这么简单。要是讲复杂一点，我喜欢看书。"

他又问："除了出工、抓蛤蟆、捉泥鳅和看书，你还做过哪些事？"

我说："胡思乱想。"

他追问："想什么？"

我说："不同的时期有不同的想法，几岁大的时候，天天在想吃饱饭。上学之后，想既好耍又能考出好成绩。当上农民之后，天天在想能有什么办法请老天爷下冰雹，让我成天躲在帐子里看书。只有下冰雹，生产队长才不叫我们出工。总的想法是如何从郑家村走出去，过上比在郑家村好的生活。从上小学到考上大学，我一直有这种想法。"

他问："在我这么大的时期，除了想躲在帐子里看书，除了想走出去，你还想什么？"

我笑起来："伙计，你在审犯人哪？"

傻小子央求："爸爸，我好想知道，讲吧，我保证给你保密。"

我问："当真？"

傻小子信誓旦旦："说到做到！"

我故作回忆状，半刻之后，一本正经地道："想没人管制我，我想干什么就干什么。想姑娘，隔壁村子有一位漂亮的姑娘，我老是在想，找到她做老婆多幸福。可是，她不会理睬我，她家是贫农，我们家是富农，是阶级敌人。我就想我该做一点与众不同的事情，让她注意我。做什么事情呢？出工时努力？不行，生产队出工只管人头到没到，不管出工出不出力。吹口哨？不行，口哨不能当饭吃，不能改变我们家里的阶级成分。看书？更不行，那年代只准许看《毛泽东选集》，何况，她不识字，会认为看书是游手好闲，不务正业。想来想去，我想到只能做一件事。"

傻小子急切地问道："什么事？你做没做？"

傻小子上钩啦，我心中暗喜："当山大王，我把她抢到这个岩洞里来。"

傻小子有点泄气："那是当土匪。"

我说："那时候，我就是想当土匪。"

傻小子惊诧地叫道："你当了？"

我笑起来："傻哟，当了还会有你？早被枪毙了，我只是想一想。想跟做是两码事，我想过飞起来，能飞起来吗？科学家想用半天时间上火星，用半天时间能上火星吗？想归想，做归做，想什么不受约束，天马行空，做什么要受制约，遵守法纪和道德规范。"

傻小子道："那怎么还有人干坏事？"

我说："干坏事的人都要受到惩罚。"

他说："有的坏人没受到惩罚。"

我说："那他受到了谴责。"

他说："谁谴责他？"

我说："你。"

他放连珠炮："我什么时候谴责了他？我有什么权力谴责他？谴责了他有什么用？"

我说："你刚才说他没受到惩罚，就是谴责。你不仅谴责了做坏事的人，还谴责了负责惩罚坏人的人。对坏人坏事，谁都有权利谴责，这是每一个人的基本权利，只要人人都谴责坏人坏事，社会秩序就正常了，公共道德就弘扬了。伙计，要是每一个人怎么样想就怎么样做，坏人坏事不惩罚、不谴责，你想想，世界会是什么样子？"

他说："一片混乱。"

我语重心长地道："所以，你可以胡思乱想，不可以胡言乱语，更不可胡作非为。伙计，我老实招供了，该你了，你想一些什么？"

他说："我只想努力读书。"

我笑嘻嘻地说："狡猾狡猾的，你没想过女同学？"

傻小子发誓般地道："没想过，真的没想过。我们班上没有我喜欢的，也没有喜欢我的。"

我依然笑嘻嘻："这就是说如果有你喜欢的，或者喜欢你的，那你想了，是不是这样？"

傻小子小声道："有可能吧。"

我说："这才是讲了大实话。不过，就是有可能，也没有好结果。比如，我刚才讲的那位姑娘，如果她喜欢上了我，我会跟她结婚，那么，我就不可能考大学，不考上大学，我和你妈妈就不可能结婚，就不会生下你这个傻小子。"

傻小子大叫："你才傻，假如是我，我就跟她结婚。"

我知道傻小子已经将我的话听进了心里，是跟我斗嘴好玩。我起身向篝火上加一把柴，顺手抓一只橘子扔到他手边，转入正题："伙计，《性的知识》看完了吧？"担心他害羞，并有抵触情绪，我紧接着道："你们这一代人真幸福，我在你这么大的时候，也很想知道男人与女人有什么不同，亲密的男女在一起做什么，人为什么有性冲动。可是，根本没有办法知道，你爷爷不教我，又没有这方面的书看。那年代，不仅没有《性的知识》，连描写爱情的小说都是大毒草，造反派见了就烧掉，谁看了就批斗谁。"

像是终于遇上了知音，傻小子赶紧问道："那你们是如何知道那些知识的？"

我认真地道："别人我不知道，我想是凭人的本能吧，动物繁殖后代，就是凭本能。在性爱方面，人跟动物有很大的区别，人是知耻不知足，动物是知足不知耻。所以，人以道德和法律规范自己的性本能，不能见了喜欢的就上，只有两情相悦，才能有实际行动，决不能凭本能，决不能怎么想就怎么做，做的事情必须合乎法纪和道德规范。关于性的知识，我是从小说中寻找的。为什么讲寻找呢？是因为当时我看过的小说当中没有性的知识，只有男女之事描写，有的还有露骨的描述。从小说当中寻找，不仅没学到性的知识，反而害人想入非非，我想当土匪的念头，就是看过《喻世明言》之后才冒出来的。"

傻小子终于明白了野营的真正主题，说："爸爸，我只是好奇，你不要担心。"

我说："我才不担心，担心也管不住，你要给某某女同学递纸条，我能管得住？"

傻小子叫起来："我才不递纸条！"

我认真地说："纸条是必须要递的，但应该是在大学时代，或者在大学毕业以后。"

傻小子说："我要 30 岁以后才结婚。"

我说："20 岁以后可以谈恋爱，一个人一生必须好好地谈一场恋爱，不然，人生就不完美，老了后，连一点甜蜜的回忆都没有。爱要用三个 liàn 字去 liàn，一是练习的'练'，不练习，不懂如何跟女孩子交往，不了解对方；二是恋恋不舍的'恋'，不到恋恋不舍，爱不起来，爱不长久；三是熬炼的'炼'，两个人过一辈子，没有爱走不到老死；结婚之后，生儿育女，奉养老人，油盐酱醋，锅碗瓢盆，难免不磕磕碰碰，没有'熬炼'的劲头，熬不出真爱，炼不出真情，熬炼不出完美的人生。"

傻小子又抢嘴："我一个 liàn 字都不要，看到喜欢的，当天就结婚，一见钟情。"

我说："一见钟情多半是写在小说当中的，是让你享受爱情的温馨和美感的。卓文君和司马相如的故事是在男女授受不亲的环境中发生的，就是卓文君和司马相如也没有好结果。他们结婚后不久，司马相如迷上了别的女人，给妻子一封信，13 个字：一二三四五六七八九十百千万。少了一个'亿'字，暗示我司马相如对你卓文君已经没有记忆了，你卓文君也不要记忆我司马相如了，亲爱的夫人，好自为之，各奔东西吧。卓文君一看，哭都没有眼泪，回了司马相如一首《怨郎诗》，发发牢骚，'万般无奈把郎怨，千言万语说不完'。卓文君算是幸运的，会写诗，千百年之后，人们还能记住她。要是一个不识字的……"

我从稻草上坐起来，刚要学怨妇骂人状，傻小子跟着坐起来，推我的胳膊："伙计，伙计，讲这个故事，讲这个故事。"

讲过卓文君和司马相如的故事，我说："伙计，《性的知识》你应该认真看一看，有看不懂的，请教老爸，不收咨询费。看懂了，你就是三个'半个家'了。"

傻小子好奇地问："什么是三个'半个家'？"

我说："懂得了男性和女性的身体区别，你就成了半个医学家；明白了男女要因爱情才结合，你就成了半个社会学家和半个心理学家。"

傻小子又犟嘴："我才不看懂，我了解一下就可以了。"

我说："伙计，不要不好意思，看这种书并不说明你是在想什么，你是要做什么，而是每一个人都应该要掌握的知识。医生对男女的每一个器官了如指掌，难道他们都干坏事？好多妇产科医生是男的，要是他们干坏事，病人还敢让他们看病？"我笑嘻嘻地道："伙计，想不想当妇产科男医生？当医生好，有人送红包。"

跟受了侮辱一样，傻小子大叫："我不当医生，更不当妇产科男医生！"

枯柴烧完了，我向篝火上投上一把稻草，"扑"的一声，火焰蹿起来老高，映照得岩壁和钟乳石红红亮亮。

误入迷途

邓板板

邓板板是邓老师，但是，板板不是邓老师的名字。

我儿子小学升初中，三中派来两位老师到我家当说客，其中一位就是邓老师。当时，三中没有给出什么优惠条件，只承诺有一位好班主任一直带我儿子他们班到高中毕业。

这位好班主任就是邓老师，教143班的语文。

上学没几天，我儿子就给邓老师取了一个绰号：邓板板。第一次听到傻小子叫的时候，我以为他嫌邓老师古板或者呆板，心想，这下完了。

我问傻小子："你为什么管邓老师叫邓板板？"

他说："他是我们143班的老板，叫老板不好听，没味道，才叫板板。"

原来是昵称，害得我虚惊一场。

上了初中，傻小子依然我行我素，依然放学回来一进门就开电视，依然锁定频道之后才放下书包；依然一边写作业，一边看电视，一边讲解电视内容给奶奶听，一边报告学校里的见闻。渐渐地，说到

学校的新闻时，基本上是赞扬他的邓板板了。

傻小子五音不全，又不喜欢贾宝玉，在陪奶奶看过电视上播放的越剧《红楼梦》之后，他却时不时怪腔怪调地哼上两句："天上掉下个邓板板，似一朵轻云刚出岫，只道他腹内草莽人轻浮，却原来骨骼清奇非俗流……"

见儿子对邓板板的崇敬之情溢于言表，我认为邓板板悟出了教书育人的真谛，决心去会一会邓板板。可是，不是忘了，就是抽不出时间。

1992 年，公司热蔓延全国，满街乱窜的是夹着皮包的公司总经理。永州也未幸免，政府下文要求各个部门和事业单位成立公司，发展经济。我们单位不敢例外，成立了文化发展公司。看我从前做过木工，局长做我的思想工作，叫我出任公司经理。也许是在"左倾"思潮环境中长大，也许是性格使然，我不屑于做买卖，热衷于生产。制作电热器失败后，我跟朋友合作加工劳防手套。他说是对外加工项目，手套是为中东国家定做的，给石油工人戴，我们赚的是外汇。结果外汇让别人赚了，"内汇"我们赔了不少。

一当上公司总经理，我的生活就无可挽回地改变了。每天跟游魂野鬼一样在外面闯荡，常常是儿子睡着了我才回家。

所幸的是我夫人稳住了阵脚，她已经认可了引导教育理念，跟我一样激发儿子内心的动力，引导儿子自我教育、自我管理。

我夫人有洁癖，家里摆设整整齐齐、干干净净，连厨房地面的瓷砖拼缝都无一丝污迹。可是，为了引导儿子自我管理，她任由儿子收拾自己的房间。傻小子自小有收整东西的习惯，他的小天地收拾得整洁。虽然不符合老妈的标准要求，但以他的年龄和性格，已经够得上公开展示的水准了。

令人更加欣慰的是，傻小子自小在春风化雨般的引导教育的家庭环境中成长，已经具有较强的自我教育、自我管理能力。除了自己收拾房间，内衣、袜子也自己手洗，有时候还帮助妈妈照顾奶奶。读书、作业从来不用催促，依然是一边看电视，一边写作业；依然是每个星期天带领尿箄队打篮球；依然天天阅读小说等"杂书"。唯一让大人担心的是有时候他晚上看"杂书"看到 11 点过后，需要催促他睡觉。

见傻小子又有了让他佩服得五体投地的班主任，我暗中松下一口气。几乎忘记了每天给儿子一小时的职责，所幸的是我没忘记黄金一小时，有了空闲还是跟儿子在一起。

当傻小子神采飞扬地歌唱他的邓板板之时，我正后悔自己当了老板，每天走路走得两条腿发软。我想等到双腿不发软的时候再去看望邓老师。

在我的双腿越来越软的时候，儿子说："爸爸，明天开家长会，邓老师叫你一定要去。"

我大吃一惊："怎么这么快就开家长会了？"

儿子有点气恼："还快？期中考试都过了一个星期了！"

期中考试已经过了一个星期，我竟然不知道！我的双腿哆嗦了，破天荒地问儿子："你考得怎么样？"

傻小子无所谓地道："还不是全年级第一名。"

通告完毕，傻小子转身就走。望见儿子的背影，我忽然想起我们的约定，心头酸楚，深感愧疚，慌忙叫住儿子："伙计，那我们要打一架。"

"打就打吧。"他懒洋洋地转身回来。扑到我身上的时候，他的激情就上来，拼力将我向地板上推，大声叫喊："打死你，打死你，我要打死你！"打过架，他躺在我怀里，望着我的眼睛央求："爸爸，明天的家长会，你一定要去啊！"

我鼻子发酸，用力点头，大声应道："去，我一定去！"

儿子上学之后，每一次的家长会都是我参加，儿子也指名叫我参加。我读过师范专科，认真阅读过苏霍姆林斯基的著作，对引导教育有深切认识，发言时常有惊人之语，能引起老师和家长讨论。也许因为如此，傻小子认为他老爸厉害，他的小脸儿有光吧。

埋下隐患

家长会很隆重，先是全校开，再是班上开。在全校大会上，我儿子是受表扬最多的学生。会场转到143班教室，邓老师主持会议。他不到10分钟的讲话，约有五分之一的话语是表扬我儿子。我当然受用，暂时忘记了双腿发软，挺直了腰杆。

邓老师比我小几岁，个子不高，微胖，宽脸，说话前先笑，衣着随便，一副邻家大叔的模样，讲话很有亲和力。他注视我，请家长们提建议和意见。家长们一齐望着我。

我提了四条建议：一、砍掉一半家庭作业，引导学生进行有思考的课外阅读；二、取消期中考试，一个学期搞两次考试，学生忙于备考，老师忙于阅卷，划不来；三、 开办兴趣爱好小组，让每一名学生的特长爱好都能得到发挥和展现，让每一名学生都能抬头走路；四、 建立班主任跟家长相互交流机制，成立班级家长委员会。

"太好啦！"我的话音一落，邓老师就叫起来。看得出来，他是由衷赞赏。也许是他意识到不该开成表扬我们父子的表彰会，连忙说："见仁见智，请大家都提建议和意见。"

家长中约有三分之一和我一起参加过二小的家长会，可是，不论熟悉的还是初次见面的，他们都神情怪怪地望着我，似乎我讲了什么触犯众怒的话。

没容我想到自己的过错，一位自称是卫校老师的冲我说："小郑，你的四条建议第四条可以，前面三条拿去登报也可以。从教育本质来讲，确实对孩子成长有好处，可是，在现实中根本行不通。你儿子学习成绩好，学习自觉，你当然可以讲砍掉一半家庭作业，可以讲取消期中考试，可以讲什么兴趣小组。我们跟你玩不起，我相信没有哪一位家长愿意跟你这么玩，我们送孩子读书的目的就是为了让孩子考上大学。要是按你前面的那三条搞，除了你儿子，143 班还有几名学生能考上大学？"

这位老师年过花甲，红光满面，满头白发。看他不慌不忙的神态，听他略带讥讽的话锋，就知道他教了一辈子书。他的外孙女在143 班，他是替代女儿、女婿参加家长会。他的话没讲完，全体家长都赞扬他讲得对。一时间，我成了众矢之的。

有一位家长冷笑着责问我："你是想让我们的孩子陪你儿子玩吧？"

我赶紧说:"我绝对没有那个意思,我只是提建议罢了。我提了,学校也不会采纳。"

家长们笑起来,异口同声地道:"你晓得不采纳,那还提什么?"

我无言以对,自讨没趣,连忙向众家长认错。我认错是真心实意的,因为认错的时候我已经意识到自己完全是多此一举。虽然我的建议体现了教育的本质,但学校和家长绝对不会同意实施。邓老师也只能口头上赞赏,行动上必须随波逐流。

学校要想有优越的生存条件,必须获得社会的认可和赞誉。而社会评判学校的唯一标准是升学率,家长送孩子进学校的目的是让孩子考大学,学校教学的目标也是考大学。这不能怪他们,考不上大学,孩子一辈子的饭碗就不知道在哪里。

天大地大饭碗最大。要端上金饭碗、铁饭碗、好饭碗,必须考上名牌大学。要考上名牌大学,必须勤奋学习,一般人认为勤奋学习的唯一途径是一门心思扑在课本上。也有人明白这样不好,但是,为了孩子的饭碗,明知不可为而为之。这已经成为跟木桶效应、蝴蝶效应、破窗效应等等效应一样的效应,这种效应应该命名为"饭碗效应"。

这是当今父母的悲哀,也是全社会的悲哀。

虽然讨了个没趣,但发现了一种效应,我不禁沾沾自喜,没把家长们的指责放在心上。

邓老师及时为我解围:"其实,郑科长讲的恰恰体现了教育的本质,只是超前了一点。既然大家认为他提的成立家长委员会的建议好，那我们就讨论这个问题。"

大家赞成。

卫校那位老师说："我也认为小郑提的建议体现了教育的本质，切中了时弊，但是，现实逼迫我们还得'弊'下去。我举双手赞成成立家长委员会。"

邓老师说："我提三点建议：一、 建议由郑科长担任家长委员会主任；二、 每一个月搞一次活动；三、 每一位家长每一学期出 10 块钱，作为班主任，我也出 10 块。这笔钱既是家长委员会的活动费，搞活动时买点茶叶什么的，也是 143 班的班费。这笔钱由我保管，每个学期最后一次家长委员会活动日，我向大家公布钱的使用情况，请大家审查。"

卫校那位老师说："每人 10 块钱做不了大事，交 20。"

邓老师急忙摇手："多了，多了，交 15 吧。"

大家赞成，有人摸出了钱包。

谁也料想不到，这笔小钱埋下了一个重大隐患。

交过钱，卫校那位老师问我："小郑，我早就想向你请教一件事。听说你儿子从小学到现在都是考第一名，我想请教你，你奖不奖他钱？我是搞了奖励的，我跟我外孙女约定了，她考第一名，我奖她100 元；考第二名，奖 80；第三名，奖 50；第四名，没奖了。"

家长们兴趣盎然，大多数人说自己有奖励机制，争相问我奖多少。我怕他们又误会我故意误导他们，不敢说实话。不说实话，又觉得对不起他们，只好说："我不奖钱。"

"那你奖什么？"大家望着我，急切地齐声问道。

"我儿子要我跟他打一架。"我鼓足了勇气才讲出这句话。

果然不出我所料，大家全怔住了，睁大眼睛瞪我一眼，随即叹息一声，不再看我一眼。我又一次明显感觉到他们认为我是有意卖弄，欺骗他们。

迷途知返

也许是怀疑我的诚实，我这个家长委员会主任没有号召力，搞了两次活动之后，没有多少人来参加了，我也无暇组织活动。我盼望政府下文制止行政部门办公司，盼望天天跟儿子在一起，切实履行每天给儿子一小时的职责。可是，为了公司经营，我每天像狗一样四处乱跑。我几乎放弃了过去那种重过程轻结果的教育方法，眼睛盯在儿子所取得的成绩上。而儿子成绩又是那么棒，依然每一次考试成绩都是全年级第一名，依然每一学期都是三好学生，依然当班长。初中二年级，还担任了学校学生会的宣传部长，生物知识竞赛获省级一等奖，英语比赛全市一等奖。

邓老师成为我儿子新的精神支柱，一讲到敬爱的邓板板，儿子的眼睛就放光，比跟我打过架之后还要亮。

一天，我走进儿子的房间，发现书架上摆放着一盒《四大古典小说》，岳麓书社出版，礼品盒包装，内装《红楼梦》、《三国演义》、《水浒全传》和《西游记》。我以为是哪位文友送给我的礼物，喜不自胜，赶紧捧在手上。揭开盒盖一看，一张红纸上赫然写着：奖给，成绩非常优异，各种比赛多次夺取佳绩的……

这是邓老师以 143 班的名义奖给我儿子的。我惊呆了，手上的纸片飘落在地上，我浑然不知，不知不觉，泪流满面。迷途知返，我该回来了。

恰逢行署下文解散各单位组建的公司，我如愿以偿地回到单位。

从初一到初二两个学年，我知道邓老师奖赠给我儿子不少书，却不知道奖赠了多少本、是一些什么书。

写到这里，我情不自禁地打开儿子的书橱。清点之后才知道，邓老师一共奖赠给我儿子 13 本书，全是中外名著。其中 6 本是以 143 班的名义奖励的，7 本是邓老师个人赠送。每一本书的扉页上，都有题词。

在祝贺我儿子 13 岁生日赠送的《聊斋志异》的扉页上，邓老师写道：**有志者，事竟成，百二城关终属楚；苦心人，天不负，三千越甲可吞吴！**

邓老师对我儿子的爱溢于言表，胜于子侄。我再次泪流满面。

这些书，我儿子都看过，150 万字的《福尔摩斯探案全集》，翻得精装封面发白了。

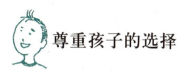

尊重孩子的选择

上不上奥数班

尊重孩子的选择，是引导孩子自我管理最有成效的方法之一。初中三年，我儿子做出了四次重大选择，其中两次老调重弹，弹出了令人啼笑皆非的新旋律。

当时，奥数班方兴未艾。老师和家长都有一种强烈的意识，认为只要挤进了奥数班，一只脚就踏进了清华大学的校门。

一天，傻小子放学回来，扔下书包，向我扑来。我以为他又搞到了一个什么第一名，伸开胳膊准备迎战。他欢喜地嚷："伙计，我要上奥数班！"

虽然我不知道奥数的"奥妙"，但是，从哥哥不让我三侄儿学奥数来看，感觉"奥妙"无穷，故作赞赏道："好，星期天，我带你去问伯伯。"

傻小子知道伯伯是地区数学学会理事长，我的弦外之音是，不经伯伯点头，奥数班你是上不成的。他泄气地道："老师要求我们明天就带钱去报名啊。"

我给他两种选择：A、吃过晚饭就去伯伯家里，今天的家庭作业不做；B、明天老师要求报名时，说还没想好，等想好后再报名。以我儿子的性格，他选择A，并且，熬到半夜，也要完成当天的作业。我们以最快的速度吃过晚饭，赶到我哥哥家里。

一听奥数，我哥哥就笑了。笑嘻嘻地说，奥数不等于数学，奥数是"凑数"。好的数学题用各种条件引导解题者开阔思路、解决问题。奥数题则恰恰相反，故意设置障碍，利用数学做游戏，用算术方法解决代数问题，用初级方法解决高级问题。

我哥哥拿过纸笔，写下一道题，对傻小子说："这一道题我用两种方法解，第一种是奥数方法，第二种是数学方法，你看看哪一种方法既简单又快。"

傻小子半信半疑地看伯伯解题。我哥哥口中念念有词，一边念叨，一边飞快地演算。用两种方法解完那道题，又写下一道题，将笔塞进我儿子手里，叫我儿子按照他用过的两种方法解题。他将手表摘下来，放在桌上，对我儿子说："你看看用哪种方法既快又简单。"

傻小子看一眼手表，在纸角上记下时间，低头解题。用两种方法解完之后，他服了，问道："伯伯，二哥为什么还要学奥数呢？"

"你二哥没上奥数班，是我跟他玩游戏一样玩的。你不要去上奥数班，要是你喜欢奥数，就自己玩，来跟我玩，不喜欢，就不要玩。"

傻小子当即决定不上奥数班，却大惑不解，问我："为什么学校要求我们成绩好的同学都上奥数班呢？"

我知道是为什么，担心傻小子对学校和老师失去敬畏，不敢说破，却又不能不回答，想了片刻，我笑着说："是想组织你们参加奥林匹克运动会，到国外去逛一逛吧。不参加奥运会，为什么叫奥林匹克数学？"

"你乱讲，奥运会项目中，根本没有数学比赛。"说着傻小子为难地嘟哝："老师讲，必须参加一种，不参加奥数，参加什么呢？"

问过有哪些项目之后，我建议他参加奥林匹克地理培训，认为既可以"走遍"全球，又不要费多大脑筋。也许傻小子也是这样想的，立即采纳了我的建议。

转不转学

这是一次极其痛苦、极其无奈的选择。

初三开学报到那天，傻小子老早就召集同学，兴高采烈地去学校报到。和同学们出门时，他们高声欢呼："去看看邓板板，看他暑假搞了些什么名堂。"

大约一个小时之后，儿子气呼呼地跑回来，将拿去交学费的钱砸在桌子上，眼睛红红地叫喊："我不读书了！我不在三中读书了！"

吓我一大跳。平静之后，他告诉我，学校决定不让邓老师当143班的班主任，不让他教143班的语文。我感到这事非同小可，赶紧给夫人打电话，叫她赶快去找她大嫂了解真实情况。她大嫂在三中管体

249

育器材。打过电话，我即刻和儿子向三中跑。

我们跑到三中时，邓老师宿舍门口站满了143班的学生和家长。学生们垂头丧气，眼睛发红。家长们义愤填膺，满脸无奈。

邓老师的眼睛发红，满面愧疚，强笑着向家长们解释："一样的，一样的，那个老师当班主任跟我一样的，肯定比我当得好。"

一名学生叫喊起来："他当得再好，我们也不要！邓老师，我们就要你当我们的班主任啊！邓老师！"

"邓老师，你当我们的班主任吧！邓老师！"学生们齐声叫喊，有学生哭出声来，随之哭声一片。

我儿子一只手拉住我的手，另一只手不停地抹眼泪，哽咽着悄悄对我说："爸爸，我们不要逼邓老师，又不是他不愿意当我们的班主任。"

我向邓老师点点头，招呼起家长们，去找校长。这时，我夫人气喘吁吁地赶来了，悄悄告诉我，新换的班主任不怎么样，两年前还不让他上课。我更加气愤了，痛恨三中的校长承诺了不算数，不让邓老师带143班到高中毕业。同时，我想不明白，为什么要换掉邓老师？难道害怕学生爱老师、老师爱学生？难道不想让三中出几名清华、北大的大学生？倘若让邓老师一直带143班到高中毕业，143班至少能有四至五名学生考上清华或者北大，这已经是全校老师的共识。你校长是瞎子，是聋子？不想前程？就算你不想自己的前程，也该想想学生的前程！就算你跟邓老师有血海深仇，也不该拿学生出气！

我气得全身发抖，催促家长们快走找校长去。家长们脸色发青，责骂校长言而无信，一起拥往校长办公室。

一位年轻的副校长接待我们。从神情上看，这位副校长不赞同撤换143班的班主任，十分尴尬地解释说："不是学校不讲信用，是邓老师自己犯了错误，教委明确要求不准许他再担任143班的班主任。"

我们问副校长："邓老师犯了什么十恶不赦的错误，连班主任也不让他当？"

副校长说："你们143班有家长向教委举报，说邓老师乱收费，每个学期向每名学生收取15元班费。这是违规的，而且是顶风违规。"

家长们的情绪缓和了不少，转而打起了内仗，责骂内奸，对我和卫校那位老师怒目相向，指责我提出成立什么家长委员会，指责卫校那位老师提出交20块钱。有几位家长交头接耳，说那些班费不知道用到哪里去了，可能都用来买书奖给我儿子了。

家长们内讧时，副校长高兴了，笑容可掬地大声道："其实，我们学校领导也承受了很大的压力，我们也想让邓老师继续当143班的班主任，可是，我们顶不住。所以，我们只好换上一位更好、更负责的好老师。"

我说："换上的老师好不好、负不负责，这要得到学生的认可之后才能这样讲。我只想问一句，学校是不是要开除邓老师？"

副校长觉得我不懂政策，轻蔑地瞟我一眼，笑着道："就这么一点小事，怎么谈得上开除呢？学校按照教委的决定，责令邓老师写出检讨，安排他到其他班上课。"

我理直气壮地质问："既然还让邓老师上课，为什么不让他上

143 班的课？"

家长们纷纷附和。

副校长这才意识到上了当，摊开双手说："我没有办法，学校没有办法，教委决定的。"

"那我们去找教委！班费是我们家长自愿交的，在家长会上，全体家长一致同意的，要处理，让教委处理我们家长！"我招呼家长们一起去教委讨说法。

走出办公室，家长们却一个个溜了。走到校门口，只有我一家三口了。这时，我才意识到其他家长比我聪明。无论是为了乌纱帽，还是为了面子，教委绝对不会更改已经形成的决议。可是，我仍然决心以一己之力去争取，气呼呼地径直向前跑。

夫人追上来拉住我："去问问邓老师，听听他的意见。"她告诉我，她已经跟她大嫂讲了，请她大嫂去找校长施压，如果不让邓老师当 143 班的班主任，我儿子就转学。

邓老师神容憔悴，眼里噙满泪花，喉结滑动却讲不出话，装作搔头，抹去涌出来的泪水，假咳一声，郑重地对我儿子道："留在三中吧。我还在三中，以后，不管有什么事，你都可以随时来找我。"

我儿子默默地点头，抬起头时，已是泪流满面。我和夫人的泪水夺眶而出，向邓老师道过谢，拉着儿子走了。

我们刚走出校门口，夫人的大嫂追上来，悄悄跟我们说："校长说，'他想转学就转学！'你们自己看怎么办吧。"

我跟夫人商量了一下，最后决定还是由儿子自己拿主意。夫人跟儿子说："要是你想转学，那就转到一中去。转不转，随你自己。"

我儿子说："邓老师叫我留在三中，我就留下来吧。"

回到家，儿子一脚踢开他的房门，再重重关上。"呼、呼"，两声重响，震得窗户玻璃颤抖。随即，我们听见他抑制不住的哭泣声。

我母亲以为是我们让儿子受了委屈，慌忙问我。我将情况向她报告。

她老人家长叹一声："让他哭，哭一哭就不憋在心里了。这个教委怎么不想想学生呢？教委不就是让老师跟学生友爱的吗？"

上不上少年班

在儿子上小学二年级的时候，我费了好大的劲才打消了他想上少年班的念头。没想到，初三上学期，这个问题又摆到了我们面前。而且，这一次是三中将我叫到学校，一名副校长和一位老师郑重其事地跟我们父子谈，让我们没有回旋的余地。

副校长和老师很客气，一个向我敬烟，另一个为我倒茶。老师是我儿子的数学老师，姓何，也教过我三侄儿，热情、忠厚。我儿子没参加奥数班，他不仅没生气，开家长会时，还悄然向我伸出大拇指，神秘兮兮地夸奖我："你懂！"我跟副校长是第一次见面。

副校长和何老师分工负责，我和儿子一坐下，他俩就发起进攻。副校长讲过请我们来的目的，何老师先是表扬我儿子，继而夸奖我三侄儿，惋惜我三侄儿没上少年班，但考上清华大学也非常不错了。接下来，他夸奖我二侄儿，顺理成章地罗列上少年班的种种好处。最后，言归正传，请我同意让学校对我儿子进行特别培养。

副校长接住话头说，学校已经进行了郑重研究，决定给我儿子开小灶。具体做法：不要求我儿子跳级，在正常学习的同时，功课往前赶，由学校抽调最好的语、数、外、物理、化学五位老师对我儿子单独辅导，每周面对面辅导一天半。老师的补助由学校出，不要我承担。为了利于辅导，学校准备了一间房间。高一让我儿子参加高考，考不上，高二接着考，考上了中国科大少年班，学校还会有适当奖励。

说过后，副校长满面笑容地问我："郑科长，对学校的这些措施，你满意不满意？还有什么要求和建议？只要在学校力所能及的范围之内，我们一定尽量满足。"

我的要求是不要让我儿子考少年班，建议是请学校不要这么厚待我儿子。可是，我不能把这些说出来。面对如此深情厚意，我一时又想不到拒绝的理由。用劝说我父母和夫人的那一套说辞？不行，不仅会让人家觉得你不识好歹，还认为你叛经离道，根本不懂人才教育。说我儿子商智不行？他的学习成绩有案可查，并且会让人家以为你在侮辱他的智商。说我儿子身体吃不消？也不行，初中升高中、高中考大学都要求学生身体健康，体育成绩合格，不能给人家留下挤对你儿子的借口。说我夫人不同意？他们可以立马请她来学校，倒有可能给他们增添了一位好帮手。说我儿子自己不愿意？我儿子就坐在我身边，而且傻小子两眼放光，捏紧拳头在攒劲，仿佛是在要求立即开始。

冥思苦想，我也想不到拒绝的理由，只有向他们敬烟，傻里傻气地笑。他们却以为我激动得讲不出话了，跟着我傻笑。

副校长起身站起来，做出优雅的恭请动作，笑眯眯地对我道："郑科长，请！我和何老师陪你们父子去看看那间房子。"

那间房子位于两间教室之间，先前可能住过老师，印染了竹枝的浅蓝色窗帘还挂在上面，一扇窗的玻璃破了一块，风吹窗帘飘动。副校长和何老师都没有钥匙，那年代的人们又没有手机，叫管钥匙的人不方便。副校长先自从破了玻璃的窗眼往房子里瞟一眼，然后请我看。

房间约有 15 平方米，里面空无一物，地上乱扔着几张旧报纸和纸片。副校长很满意，吩咐何老师叫学生搞一搞卫生，去总务处要两套桌椅。吩咐过后，问我："郑科长，可以吧？"

我只能点头："可以，可以。"

副校长高兴地一挥手："那就明天开始，具体安排，我已经请何老师负责。"

我赶紧道："校长，何老师，是不是让我跟我老婆商量一下？"

副校长和何老师愣住了，睁大眼睛看着我。那意思再明显不过了：这样的好事情人家打着灯笼都找不到，你们还商量什么？你是不是脑壳里进了水？不容他们多想，我赶忙跟他们握手告辞。

一出校门，儿子拉住我的手，问道："爸爸，你真的想让我考少年班？"

我说："随你自己。"

傻小子说："我不考少年班，要考，也不能让学校对我搞特殊。要是真的那么特殊，那我成大熊猫了，同学们会笑死我。"

我高兴得真想背上他跑，故意说："我还以为你小子心花怒放

了哩！"

儿子的神情黯淡下去，叹息道："我是在担心，担心我不答应，学校会如何对待我，会不会像整邓老师那样整我。"

我赶紧安慰他："别担心，学校绝对不会为难你。这件事由我来处理，假若何老师问你，你就讲我和你妈妈都不同意，讲是因为不想给学校添麻烦。"

当晚，我去何老师家里。何老师跟我哥哥有交情，我抬出我哥哥的牌子，说我哥哥和我老婆都不同意，都说不应该给学校增添那么大的麻烦，不该让我儿子搞特殊。见我讲得恳切，话中有话，何老师只能深表遗憾。

上不上名校

1997 年，我儿子初中毕业，升学考试考全区第一名（当时，县级永州市已改为芝山区）。区招生办一位熟人告诉我，说湖南师范大学附属中学招生办会给我来电话。两天之后，电话来了，问我愿不愿意让我儿子去他们学校读高中，去的话，可以减免学费。

湖南师范大学附属中学是全省数一数二的名牌中学。据说，大学升学率在百分之九十以上，每一年考上清华、北大的有几十人。按我儿子的成绩，上清华、北大应该没有问题。多少父母钻天打洞把子女挤进这所学校，我毫不费力地接到了天上掉下来的甜馅饼。

我按捺住高兴，答复道："请让我跟我孩子商量以后，再给您回话。"

我将这一天大的喜讯通告夫人，她高兴得立即决定买一只鸡，好好犒赏儿子。我和夫人决定用一种郑重而温馨的方式，将这一消息通告儿子。吃过晚饭，我们一家三口出门散步，特地走进怀素公园。

　　潇水路修通之后，我曾供职过的群众艺术馆及周围一片改建为怀素公园。那片梨园已不复存在，修复了醉僧楼、书禅精舍、种蕉亭、学书亭，以及登山石阶，空地上种植芭蕉。凉风习习，月光与灯光交相辉映，蕉叶的影子在石阶上和楼亭的门庭前摇曳。

　　向儿子通告了喜讯，我以为傻小子会扑到我身上，跟我滚在草地上打架，他却沉默不语。许久后，他问道："去那里读书有什么好处？"

　　当时，我不会上网，家中和办公室都没有电脑，又从来没去过湖南师大附属中学，只能凭所知的点滴加上想象，给儿子分析。师资优秀、教学经验丰富、管理规范、学风严谨、升学率高等等。既没有事例，又没有形象，干巴巴的一股向往之情，如同作动员报告。

　　现在想来，自己当年真是无知。如今，只要有孩子读中学的父母，绝大多数都能说出诸多好处。我常去的一家理发店，老板花重金将儿子送进长沙一所名牌中学。说起那所中学，她比手上的理发剪还熟悉。我故意问她有哪些好处。

　　诉说过一般人所知的好处，她得意洋洋地道："我儿子讲，就是考不上名牌大学也值得，他的高中同学基本上是大干部、大老板的子女，将来这笔资源就了不得！"

　　你看看，如今的孩子多懂事。莫说在我儿子升高中之时，就是现在我也想不到这一点，可能我儿子在今天也想不到这一点。

当时，听过我的"动员报告"，傻小子泼了我们一瓢冷水，不紧不慢地道："我们班主任给我看过湖南师大附中的介绍资料，这些我都知道。我想知道去那里读书有哪些困难，上这所学校的目的是什么？"

　　困难应该有两个：一是年幼的孩子远离家庭和亲人；二是一切生活都要自理。我没讲完，傻小子就说："这些我已经想到了，还有什么困难？"还有应该是以上困难给孩子带来的心理影响，可是，这不是一两句话能够讲清楚的，也不能说肯定会带来影响，而且，我不想讲出来，生怕儿子决定去之后，反而引发他的心理影响。我说："应该就是这两个困难。"

　　"我不去。"儿子轻声道。

　　夫人赶紧说："你是怕自己洗衣服、洗被子？别担心，我和你爸爸每个月去看你一次，我帮你洗。"

　　儿子笑了笑："这不是困难。可以说，到那里上学没有困难。"

　　我和夫人齐声问道："那你为什么不去？我们希望你去。"

　　"在哪一所学校读书的目的都是一样的，都是考大学，考好大学。我在三中，也能考上好大学，为什么还要去那里？"似乎担心我们没信心，傻小子在我肩头上拍一下。"伙计，我保证给你们考一所好大学，三哥从这所学校毕业考清华，我给你们考北大。"

　　望一眼从容淡定的儿子，我和夫人深感自豪和慰藉。虽然傻小子对读书的目的认识偏颇，但是，这样的认识已经成为全社会的共识，也根植在我们的深层意识之中。我们无力改变儿子的这种认识，就是能改变他的认识，也没有能力为他指明另一个方向，反而会使他陷入迷惘，不知目的和方向。同时，我们不能反问他，考不上北大你怎么样？也不可以跟他签订军令状或者岗位责任承包合同，这两种方法都会损伤他的自信心，并给他增加压力。我们能做的就是尊重他的选择，眼睁睁地看见到手的银子化成了水。

散步回来，瞅见儿子不在身边，夫人伸手勾住我的脖颈，嘴唇凑近我耳边，笑嘻嘻地说："一只鸡白给这小子吃了，早晓得是这一台戏，我就只买豆腐啦。"

天意难违

儿子决定在三中读高中的第二天，我专程去了邓老师家，听取他的意见，决心为儿子选一位跟邓老师一样的班主任。对我儿子考试成绩名列全区第一名，邓老师很欣慰，为我分析学校已经确定了的高一两位班主任的情况。那两位老师有一个共同点，都是工农兵大学生。

我对工农兵大学生有一点偏见，这种偏见来自邻村的一名工农兵大学生。那人自小是孤儿，吃百家饭长大，只读过小学。长大后，他抓一把菜刀走进大队支书家里，"请"支书让他去当兵。复员回来，他又抓着菜刀走进支书家里，"请"支书让他去读大学。

我儿子上高中时期，学校的校长和强势老师基本上是工农兵大学生。在一所中学，强势老师多半会担任高中部班主任。细究起来，80后一代真够可怜的，高中时期摊上这类班主任，进大学碰上大学扩招，大学毕业遭遇就业难。

我后悔没有早一刻想到这个问题，后悔不该在来邓老师家之前给

湖南师大附中打了电话，回绝了他们的好意。从邓老师家里出来，我想再打湖南师大附中的电话，却又担心为时已晚，还担心儿子不会改变主意，心中七上八下，抽一口烟都感觉是苦丁丁的。

那时，我已有手机。回家的路上，我给夫人打电话，叫她赶紧回家。我和夫人几乎同时到家，走进家门，只见儿子跟尿箄队的球员们在观看 NBA 比赛录像。七八条"大汉"横七竖八地趴在客厅地板上，双手托住下巴，看得津津有味。

我将夫人拽到阳台上，汇报过后，问她："怎么办？"

夫人说："问问儿子，若是他答应去师大附中，赶紧再打电话。"她去客厅叫来儿子。

我口气坚定地对儿子道："我建议你去湖南师大附中。"

傻小子粲然一笑："杞人忧天，哪里读书不是一样？我去三中，我们已经商量好了，尿箄队的人全部留在三中！你们不要东想西想了。"说罢，他转身就走了。

我和夫人打算动用权威。我再次给师大附中打电话，人家说指标已经给了别人。

开学的前一天，高中新生分班。我和夫人领着儿子守在三中，邓老师跑进跑出，为我们探听消息。

一会儿，邓老师报告说："学校领导跟高一的所有任课老师在开会。"十几分钟之后，再来报告："学校领导跟高一的班主任在研究。"临近中午，报告道："下午还要研究，已经决定晚上分班，你们吃过晚饭再来。"

吃过晚饭，我们来到学校。学校办公楼前聚满了人。邓老师在等候我们，跟一位女老师轻声交谈，一见我们，急忙走过来。我儿子指一指那位女老师，轻声告诉我，说她是他同学的母亲。我儿子没说完，邓老师已经来到我们面前，也指一指那位女老师，说她儿子到哪个班，就叫我儿子去哪个班。按我儿子的成绩，应该有自由选择权。

我和夫人松下一口气，跟着邓老师向那位女老师走去，我儿子则跑进了同学群里。那位女老师姓唐，她儿子是篮球队球员，多次来我家里玩过，她儿子的成绩也很不错。邓老师介绍过后，我和夫人跟唐老师一见如故。唐老师也宽慰我们，说我儿子完全有自主选择权，往年，学校都是由前三名自主选择班主任的。

夜色越来越浓，天上布满灰色的薄云，天地朦胧暗淡。学校节约用电，偌大的校园里只有几盏昏黄的路灯，办公楼前黑暗一片。一百多人聚集在浓重的夜色中，翘首盯住办公楼二楼两扇亮灯的窗户。此情此景，让我想起农村放电影前的情景。

九点半钟左右，二楼的灯光熄灭了，楼下的人们一声欢呼，随即都屏住了呼吸，一齐盯住黑洞一般的门洞。

邓老师和唐老师轻声跟我说："分好了。"

他俩的话音一落，几条黑影从办公楼里走了出来，人们一齐拥上去。微弱的光线中，一位个子不高、体型稍胖的老师挥舞双手，兴奋地大声嚷嚷："分好了，分好了。"

邓老师站过一边，请唐老师领我们上去打听。唐老师领我和我夫人挤到那位老师面前，恭敬地叫过周老师，第一个问我儿子，再问她自己的儿子。

一听我儿子的名字，周老师就兴奋异常地连声道："在我这个

班，在我这个班！"随即，他问唐老师，我儿子来了没有、唐老师的儿子来了没有。唐老师赶紧介绍我和我夫人，周老师拉住我的手，紧紧握住，抖了又抖，激奋地嚷："分在我班上，他们两个都分在我班上！"

周老师拉住我的手不放，挤开围在身边的人群，将我拉到一棵树影下。我夫人和唐老师跟在后面，十几位家长拥过来，大家屏声静气，听他讲述刚才分班的情况。

谁也想不到他们用抓阄的方法分班，并且，为了保证公平、公正，严防作弊，还采用了最严格的夹阄，怪不得花费了一整天的时间来研究。

人民公社时期，生产队死了老牛，我参加过抓阄分牛肉。我也听说过抓阄当村民小组组长，却从来没听说过抓阄分学生，更没听说过还要用夹阄。将来该校举办百年校庆，不知道这次用来夹阄的竹筒和竹筷是否会当作文物展出？

所谓夹阄，是将写好的小纸片搓成黄豆大小一颗，放进口径不超过一寸五、长度不少于五寸的竹筒里，由抓阄者轮流用筷子伸进竹筒里夹阄，只允许一人一次夹一颗。用这种方法抓阄，我只见过一次。1969 年，公社抽调我们生产队两位五类分子去修路。队上九名五类分子都不愿意去，生产队长又不想得罪某一家人，就用了夹阄。

周老师一讲夹阄，我眼前就浮现出分死牛肉的情景，就浮现出五类分子夹阄去服苦役的情景，禁不住长叹一声。

黑暗的夜色中，周老师看不清我的表情，以为我赞叹他们的公平，或者以为我儿子被他夹着了而欣慰，他再次握住我的手，大声嚷："夹到第三阄，我就夹到了你儿子，剥开阄一看，我激动得双手都发抖啦！"他抓紧我的手抖起来。"好好！我们共同培养他考上清华，考上北大！"

从树影中走出来，我看见邓老师站在另一棵树影下，赶紧跑过去。

邓老师已经知道了夹阄，知道我儿子被谁夹走了，仰天长叹："天意！"

巧解父子误会

渐行渐远

上了高中，儿子变了。没有一般人所说的青春期的异常表现：脾气暴躁、行为冲动不计后果、性子静不下来、关注异性等等，他反倒静了下来。

过去，他边看电视、边写作业，看电视多半是看体育比赛，看到惬意处，扔下手上的笔，大呼小叫，有时候拿起篮球拍一拍，向墙壁上投篮；现在，放学回来就钻进自己的房间里，趴在书桌上写作业，安安静静，却又有过去从来没有过的狂躁表现。过去，他几乎不看新闻节目，现在偶尔看一看，看到不合情理的事实，义愤填膺，开口就骂。过去，他喜欢家里来客，一有客人，他像大人似的跟人家聊天，天南海北、三教九流的内容都能答上；现在，除了自家的亲人，他讨厌其他客人，一见是外客，就在自己房间里不出来。

我明白他能静下来，有以上表现，一是因为高中时期的学习任务重，二是由于心智日趋成熟。我不仅不担心，反而高兴。令我担忧的是，我发现他的话语越来越少，对父母越来越疏远，我感觉他在渐渐地从我们身边游离而去，从家庭中游离而去。

过去，他跟我无话不谈，什么玩笑都敢开；现在，很少主动跟我讲话，我主动跟他套近乎，虽然外表上他对我尊敬有加，眼神中却有难以掩饰的不屑之情。渐渐地，他跟他妈妈和奶奶的话语也少了，用我母亲的话来讲，他变成了大姑娘。可是，将尿罩队的球员们召集到我家里的时候，数他话最多，数他嗓门大，似乎要带领球员们将房子掀上天。唱卡拉 OK，唱的是摇滚；看球赛录像，切磋球艺拍打得客厅的木地板"嘎嘎"响，为一个问题争得面红耳赤，累了就睡在客厅的地板上。到了吃饭的时刻，你叫他请球员们在家吃饭，他说一句"不用你们管！"带领球员们呼啸而去。回到家，你问他吃饭没有，他说吃了，却不告诉你在哪里吃的，更不会告诉你是谁请客。

这还不是令我最担忧的。

儿子上高中不久，我母亲因脑血栓瘫痪。从此，她再也没能站起来，一直躺在床上。

一天，傻小子望了我几眼，大声质问："难道脑血栓没有药治，就躺在床上？"

我心中战栗，明白他是在怀疑我道德缺欠，不给他奶奶治病。我一时怔住了，想不到该如何回答，呵斥？不仅不能让他信服，反而会加深我们父子之间的误会，而且我从来不呵斥儿子，自他一生下来，就打算一辈子不呵斥儿子。解释？我讲不清病理，就算我能讲清楚，他也未必相信。叫他问伯伯或者他所崇敬的三位哥哥？他也未必会问。并且，质问过我之后，他转身就走了。他的本意并非要得到解释，而是对我提出警告：你这老小子不给我奶奶治病，将来我就照你的做法对待你。

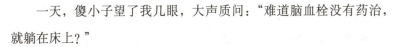

这件事情发生之后，我真正有了危机感，倒不是怕儿子将来怎么对待我，而是怕儿子不能安全、快乐地度过青春期，怕青春期留下的心理阴影影响儿子的人生。

我问夫人，儿子为什么对我产生误会。夫人瞪我一眼，抱怨道："还不是因为你自己！"夫人对我经营公司极为不满，认为是因为我经营公司影响了儿子。

我不敢争辩，明白指望夫人调停已不可能，解铃还须系铃人。我在心里分析儿子对我不信任、不理解的原因。认为夫人是对的，儿子的异常表现并非出自他的青春期心理变化，主要是由于我经营公司的两年中，跟他相处的日子较以前少了，父子俩心灵沟通的次数比以前少了，才使他对我的品德产生了怀疑。从这一点看，儿子不仅不是青春期的逆反心理的表现，而是正直、善良和孝道的表现。想清这一点，我为有一个好儿子而由衷高兴。可是，我必须打消他对我的怀疑，重塑他对我的信任和理解。决定主动跟他沟通，多跟他沟通。

以我对父亲的希冀，明白儿子最讨厌父亲道貌岸然、喋喋不休的说教，而是喜欢在父子俩共同做一些他喜欢做的事情当中，通过不可言传的感应和默契，在春风化雨般的温润之中建立相互信任。

鸡肉丸

我有一年多没带儿子下厨了。想起儿子跟我下厨时的温馨情景，想起他对我厨艺的欣赏和敬佩，我心里美滋滋，眼睛沉重了。我决心恢复传统，一星期带他下厨一次。在恢复下厨的第一次，父子俩做一道他根本想不到、又是他最爱吃的菜。

傻小子有一个怪癖，喜欢吃鸡胸脯肉。鸡胸脯肉最难做，爆炒、清蒸、黄焖，一切传统做法都不能改变那种木渣一样的口感，我见过的最有本事的厨师也不过切成细丝，将木渣感化整为零。我要自创高招，做出豆腐一样细嫩的滋味。

永州的 11 个县区都有各自的特色菜，东安鸡、零陵喝螺、宁远血鸭、道县鱼丸……一次，一位道县籍同事请我到他家里吃饭，吃到那种色泽洁白晶亮、食之滑润清脆、汤汁荤香不腻的鱼丸，我不知为何物，不知鱼丸是福州、闽南、广州和台湾的传统食品。问过是鱼丸时，我请教了做法。感觉做法过于繁琐，一直没有尝试做过。我打算用做鱼丸的方法做鸡胸肉丸，但不加进肥肉，因为鸡肉没有腥气，无须压味。

一天上午，我从办公室溜出来，去菜市场买回一只鸡，割下胸脯肉做实验。我母亲被困在床上，不能进厨房视察，保姆喜欢看电视，海阔天空，任由我捣鼓。

按照剁鱼蓉的方法，刀刃、刀背、刀面分步骤使用，将鸡胸脯肉弄出鹅蛋大的一团肉蓉，分作三份，先试第一份。加盐、加水，加生粉、加蛋清，搅成浆糊状，那种精细让我感觉是在制造精密仪器。鱼丸是用手挤出丸状，氽进沸水里固定成形。我不会用手挤，用小勺舀进沸水里。肉浆糊一入水，水面上就滚动一层细细的肉末。

第二次，肉浆糊搅得稠一点，丸子成形了，口感不佳，没达到豆腐一样滑嫩的目标，但征服儿子应该绰绰有余了。试验第三份肉蓉的时候，我放开了手脚，故意将肉浆糊搅得稀稀的，肉浆舀起来往下滴，滴落在盆中的冷水里。跟某位获得诺贝尔奖奖金的物理学家一样，歪打正着，滴落下去的肉浆糊竟然漂浮在水面上。

　　我欢快地吹一声口哨，赶紧改变方法，扯下一截保鲜袋，将肉浆糊倒进保鲜袋里，倒掉锅中的沸水，换上冷水，用小火加热。剪去保鲜袋的一角，形成一个小洞；寻出雀巢咖啡搭配来的长柄调匙，让肉浆糊从小洞流出，灌满调匙，将调匙浸在锅中刚升温的水里轻轻控出，一只半球形的、洁白的肉丸就漂浮在水面上。

　　三分之一的鸡胸脯肉做出了三只丸子，我吃了一只，口感有豆腐的滑嫩，又有鱼丸的韧劲，还有鸡肉的清香。我将剩下的两只送到母亲的床边，喂进她嘴里，问她是什么。她说："鸡汤煮的豆腐。"

　　下午上班之前，我跑到菜市场，买回一只五斤多重的洋鸡，洋鸡的胸脯肉多。当时，永州城没有超市，如今有了超市，超市里也不卖鸡胸脯肉，永州人不爱吃洋鸡。

　　我提前下班，夺下保姆的炒菜权，将割下的洋鸡胸脯肉放在砧板上，慢慢洗青菜，等待儿子放学回家。一听见儿子开门的声响，我就欢快地吹口哨。估计他放下了书包，我大声叫他，接连喊了几声，他才很不情愿地走进厨房。

　　"伙计，我们来做鸡肉丸，保你有豆腐那么滑嫩。"我指一指砧板上的鸡胸脯肉，故作跃跃欲试状。青春期孩子的心灵如同鸡肉丸那般滑嫩，不能用手去碰，必须小心伺候。

他朝砧板上瞥一眼，转身就走，头也没回地道："我要写作业。"可能觉得这个理由欠充分，停顿一会，他再补一句："今天作业太多。"

虽然没有达到引诱儿子跟我下厨的目的，但是，从他吃下鸡肉丸时对我的一瞥中，我看到了光明。

白花蛇

我母亲第二次住院，一位病友向她介绍了一位乡镇卫生院的中医，说那位中医治好无数因脑血栓而瘫痪的病人。为加强说服力，那位病友举出了几个有名有姓的实例，其中还有那位病友的亲老表。我母亲深信不疑，立即要求出院，改由那位中医治疗。

虽然我用常识推测这是道听途说的广告，但不能不顺从母亲的意愿。跟哥哥商量后，我借单位的车去请"神医"。驾车驶进那家破烂不堪的卫生院的大门，我更加相信自己的推测完全正确。如果这位中医真的能治愈因脑血栓而瘫痪的病人，那么，这家卫生院一定早已改为专科医院，门庭若市，哪能像眼前这样，一条大黄狗趴在大门前打瞌睡。

"神医"并非跟我推测的那样想发大财。我描述了我母亲的病状之后，他思索片刻，举笔开方，叮嘱剂量和服用方法，谢绝酬金，叫我去收费处交五毛钱挂号费。

我反复读过《家庭医生手册》和《中草药手册》，对中医知识略知一二。见方中有党参、茯苓、橘红、胆星、竹沥、远志、菖蒲、秦芄、防风、红花、甘草，知道是自创方，对治疗中风有一定疗效，却不知道用瓦片焙干研末、冲进汤药同服的白花蛇为何物，以为是白花蛇舌草。回到城里，我按医嘱先检五服试一试疗效。检好药之后，我才知道白花蛇是跟银环蛇相似的小蛇，盘缠成团，压成饼状，像是一小块蚊香。

城里的建筑早已是火柴盒形状的洋房子，焙白花蛇用的瓦片难以寻找。我开车去乡下找来两片，在宿舍墙外的排水沟中架上两块砖头，搁上瓦片焙白花蛇。

想起寻找瓦片的艰难，我计上心来，何不带儿子去寻瓦片？我将在用的瓦片藏进杂房，然后去叫儿子。听说为奶奶治病，他跟着我就跑。上午，我带领儿子在城中大街小巷乱窜，结果不言而喻。下午，我又叫上儿子，开车去附近农村。明知上一次那里还有瓦片，我却故意多走几个村子，太阳西沉，我们才找到瓦片。

在寻找瓦片的一整天里，我不提母亲的病症，跟儿子东拉西扯，"伙计、伙计"叫个不停。上午，在城里寻找的时间，我向儿子介绍零陵城的历史，1951 年的零陵大火、总督巷的来历、大西门昔日的繁华等等。下午，去乡村寻的时候，我杜撰了一个我跟我父亲的小故事。说我当时很想跑新疆，苦于没有路费。我父亲觉察到时，给了我两百块钱，跟我说："想走，你就走吧，不要顾虑我和你妈妈。"我想了两天，第三天把钱还给了我父亲。

我一讲完，傻小子就问："你怎么不走呢？"

傻小子的这一问，就是我杜撰这个故事的目的。我回答道："因为担心我走了之后，你爷爷奶奶会挨批斗。"回答过后，我赶紧转换话题。

寻回瓦片，夕阳西下，我们在另一段排水沟中另起炉灶，焙白花蛇。我在一边指导，让傻小子动手。此时此刻，我才提起脑血栓病症，却又不说我母亲，说死于脑血栓的斯大林和丘吉尔，半开玩笑半认真地说："要是苏联和英国有中医，有白花蛇，他们两个可能就不会早死了。"说到这里，我故意去弄炭火，不往下说了。

这种事情，不可明说，不可多说，不可不说，说到点上，点到即止，给傻小子自己琢磨的空间。弄炭火的时候，我偷偷地瞟他一眼，见他若有所思，我暗中松下一口气。

消极抵抗

我重新赢得了儿子的信任和理解，他有什么事又愿意跟我说了，我还要做的应该是为他排解忧虑和困难。可是，除了比儿时少一些话语，他没有明显的忧虑，也不曾向我提出过遇到的困难。高一、高二期间，他的学业成绩依然是那么棒。虽然他有"子建之才，潘安之貌"，班上女同学也不少，却没有哪一位女同学向他传送情书，他也没向哪一位女同学暗传纸条。他只给男同学递过纸条，却不是同性恋，而是遵照班主任的指令，在考试之时，向班主任指定的一位男同学递送考题答案。

对这件事，傻小子很苦恼。向我诉说时，满面愤懑和无奈。我也深感愤慨和无奈，却没有办法帮他。向班主任抗议？除非我儿子立即转学。举报？除非我儿子不在本地高考。

我只能教给儿子消极抗拒之法：要是再发生这种事，考试之前，假装答应，考试当中拒不执行，事后主动向班主任道歉，说考试当中太紧张，忘记了。要是参加正式高考，则连事先都不点头，坚决不能把自己赔进去。

　　傻小子按照我的消极抗拒之法行事，果然大见成效。

　　考试递纸条有对策，傻小子苦恼的排座位，我毫无办法。基于考试递纸条的动因，班主任将我儿子当成了"传帮带"的雷锋，高一上学期，安排他自己的儿子跟我儿子坐在一起，下学期安排教委领导的儿子跟我儿子坐在一起。高二、高三又如此反复。

　　傻小子向我讲起时，满脸无奈，我也无奈。可是，为了让儿子心情舒畅，我委婉地向他班主任提出过。

　　高二上学期召开家长会，我跟他班主任说："我儿子眼睛近视，坐的座位能不能看见黑板？"话一出口，我就恨不得抽自己的嘴巴，这话太没水平了，根本起不到警示作用，反而给班主任提供了邀功的机会。

　　果然，班主任握住我的手，抖了又抖："放心，放心，我安排他跟我儿子坐在一起，最好的位置。"他拉着我去现场验证，果然是全教室中最好的位置。

　　我还能讲什么？

无奈的哀鸣

高中不是人读的

　　傻小子是完美主义者，什么事都想做到十全十美，尽管我想尽方法不让他看重考试成绩，但他仍然将第一名看得很重。并且，他一直以三个哥哥为榜样，立志跟三个哥哥并肩而立，甚至超过三个哥哥。可是，三个哥哥太牛，继我二侄儿考上美国威斯康星大学全额奖学金博士研究生之后，我三侄儿获得清华大学硕博连读保送资格。在这样强势的榜样面前，要抬起头来都需要很大的勇气，付出很大的努力，就是尽了最大的努力也是不容易跟他们比肩的，更遑论超过他们啦。

　　进入高中，傻小子第一次没有拿到全年级第一名，屈居第二。

　　夫人很着急，傻小子更急。我倒不着急，觉得让儿子受一点挫折有好处，没有意识到从"老大"的位置上跌落下来的落差会给他造成心理问题。

　　稳居多年的阵地被撕开口子之后，尽管他竭力反击，却抵抗不住节节败退。进入高三之后，在频繁的模拟考试当中，他从来没有攻占第一名，有时候甚至败退至第三、第四名，最惨的一次竟然败退到第六名。有一次，物理成绩居然不及格。他将成绩单拿给我看，我担心夫人着急，叫他将成绩单收好，别让他妈妈看到，安慰他："没关系，打打篮球，松弛一下，不要成天绷紧神经。冷静思考一下，认真总结一下，看看哪些是薄弱环节。"

傻小子白了我一眼，没吱声。

我的心一下子悬在了半空，仍然安慰他："考试是受多种因素影响的，一次模拟考试考砸了没有什么关系，就是真正的高考也没有关系，二流大学的学生并不是全都是二流学生，就是考不上大学也没有关系，多少大家没上过大学，就是不成为大家也没有关系，能自食其力就是完美人生。你的基础好，只要你自己有自信，下次肯定能考好。"

傻小子仍然低头不理我。我的心更悬了。

在过去的日子里，只要有 NBA 比赛电视转播，哪怕时间是在半夜，他都会爬起来打开电视机。现在，晚上八点多钟，NBA 的哨声吹响，他无动于衷。

为缓解他紧张的心情，我故意将电视音量调大，冲他的房门大喊大叫："伙计，快来看，乔丹出场啦！"

他坐在房里依然无动于衷。我再次喊叫时，他面无表情地走到客厅里，无言地抓过遥控器将音量降低，然后不声不响地走回书房，将门重重关上。我的心跳比关门声似乎还要响，我长叹一声，心里呼喊："我的伙计到哪里去了？"

夫人跑上去"叭"地关掉电视，懒得跟我讲话，不声不响地抓过一个苹果慢慢地削，一边削，一边不时白我一眼。苹果削好后，她轻轻地推开儿子的房门，将苹果送去给儿子。

一连几天，我寝食不安，苦苦思索解决之道。

我分析傻小子失利的原因，认为主要有三个方面：一是我经营公司对他有一定的负面影响；二是他自己进入高中之后学习成绩没有争到第一名而造成的心理落差；三是他的班主任对他的影响，其中班主任的影响可能是主要的。依据是：傻小子从小学到高中，各科成绩齐头并进，没有偏科的现象。高三的模拟考试，每次拖后腿的都是物理。初中时期，他的物理成绩每次考试都是 95 分以上。高一，物理成绩还保持全年级第一名，高二，逐渐下降。高中物理老师是他的班主任，按常理，傻小子的物理成绩应该是好上加好，事实上却是节节败退。

平心而论，那位班主任没有恶意，不过按一般人的思维行事而已。他对我儿子不仅没有偏见，还很看重，让我儿子当了三年班长，还推荐我儿子担任学校学生会主席。

我想，也许是傻小子不喜欢班主任的讲课方式；也许是以邓老师为坐标要求这位班主任，觉得没得到想要的温情和鼓励。

人与人之间的情感十分微妙，常常因为一件微不足道的小事，甚至一句话的语气，或者对方一个不经意的眼神引发嫌隙。这种嫌隙一经生发，一般很难消除，生发时候的嫌隙越小越难消除。心怀嫌隙的一方就会用有色眼镜看对方，把对方的一切都看成灰暗的，对对方所讲的一切都心生反感。

一天，我走进儿子的房里，跟他一起分析原因。不能明说他跟班主任之间有嫌隙，而是问他："你是不是对物理不感兴趣？"

思索了半刻，他叹息道："我在上物理课的时候一直集中不起精神。"

　　我明白我的分析对了，拍拍他的肩，道："摒弃杂念，努力集中精神，实在难以集中就课前多预习一遍，课后再复习一遍。要是还有不懂的，请教老师。"

　　他点点头，可是，从他的神情看，他绝对不会请教老师。忽然，他抓起手边的笔，用力在书本上戳出一个洞，怒吼道："高中不是人读的！"

面对如此哀鸣，我的心在痛，束手无策，只能笑着说："所以，我不读高中，连初中也不读。"

从他房里出来，我走到宿舍外面。二侄儿在美国，我用手机给大侄儿和三侄儿打电话，请他们给傻小子打电话，一再叮嘱他们不可同一日打电话，不可说是我请他们打电话。

三天之内，两个侄儿分别来了电话，他们跟傻小子讲了什么，我不知道。只见他接过两个哥哥的电话，眼睛里闪烁着我切盼的光芒。

夫人的决策

我夫人的一位远房亲戚申老师是三中的物理老师，教高三，据说课讲得很不错。夫人决定请申老师指导傻小子。

申老师高兴地答应了，说："按道理，他的物理成绩应该很不错，很可能是哪里卡住了。以后，每天晚自习以后，我指点他一下，他顿悟过来就好了。"接着，他压低声音，一再叮嘱我们，一定不要让我儿子的班主任知道。

从申老师叮嘱时的神情中，我更加相信造成我儿子物理成绩节节败退不是我儿子一个人的原因。

为了便于申老师指导，我夫人又决定在学校附近租下一套住房，当天安下一个新家。经申老师指点了一个多月，傻小子脸上渐渐有了笑容，模拟考试成绩回到了第一名。

为了让儿子保持好的心情，我突发奇想，想让他动用学校学生会主席的职权，组织同学搞一次活动，让傻小子锻炼一下组织协调能力，享受一下组织和参与活动过程中的愉悦，让他的学生会主席当得名副其实。傻小子当上学生会主席之后，我几乎没听说过他们学生会搞过什么活动。

我问儿子："你们学生会搞不搞活动？"

儿子说："一般不搞，搞也是学校安排的。"

"你可不可以组织你们高三的同学排演一台文艺节目，作为告别演出，或者组织一场辩论会？"我会编剧，要是决定搞文艺演出，我可以为他们编一个小品。

思考了许久，他叹息一声："我想过这件事，文艺演出是不可能的，排练需要很多时间，同学们就是愿意参加，校长、老师和家长也不会允许他们参加。搞一场辩论会应该可行，但是，辩论题必须合乎学校老师的想法和要求。"他再次长叹："辩论什么呢？"

我说："辩论'我们为什么考大学'，怎么样？"

他想也没想就摇头："不行，我们想说的是学校老师和家长最不愿意听的，学校老师和家长愿意听的是我们最不愿意讲的。"

我和儿子讨论了三个辩论题：一、 幸福是自己给的，幸福是别人给的；二、 人生的意义在于自己对个人价值的肯定，人生的意义在于社会对个人价值的肯定；三、 顺境有利于人成长，逆境有利于人成长。

傻小子选定了第二个辩论题。选定之后，他高兴地道："我坚持人生的意义在于社会对个人价值的肯定。"

当天傍晚，放学回来，傻小子很兴奋，说已经跟学校团委商量好了，搞一场辩论比赛，高中部同学全部参加，辩论题定为： 顺境利于人成长，逆境利于人成长。

第二天傍晚，他垂头丧气地回到家，说校长和高二、高三的所有班主任都不同意。接着，他不无幽默地道："伙计，我们俩把辩论题搞错了，应该选如何考上大学，如何把一天 24 小时变成 48 小时。"

夫人嘲讽我们父子是异想天开，虎口拔牙，人家校长和高二、高三的班主任恨不得一天 24 小时将学生绑在课本上，还会让学生搞辩论比赛？

虽然辩论比赛没搞成，但是，让我跟儿子有了进一步的融洽，让儿子享受了短暂的愉悦。算上我跟儿子讨论的时间，算上儿子跟学校团委商量的时间，至少有一个小时。在这一个小时之内，儿子是在做自己想做的事情，享受了一个小时的愉悦，非常值得。

高考的前一天，我躺在床上看书。傻小子走进来，笑眯眯地望着我，忽然叫喊道："伙计，我们来打一架！"他一边叫喊，一边向我扑过来。

我扔掉手上的书，大喊大叫着迎战。父子俩喊叫着滚在一起，从床上滚到地板上，从卧室滚到客厅。一直滚打到两人大汗淋漓，喘不上气，并排躺在地板上。我幸福得热泪盈眶。

我早就打算在这一天将儿子从书本中解脱出来，带他玩一天，轻松轻松。趁大好时机，我笑眯眯地问道："伙计，还记得我们在岩洞里吃竹筒饭吧？"

傻小子故意说："没味道，不记得了。"

我试探着进一步挑逗："想不想今天再去潇洒一回？"

傻小子睁大眼睛盯住我，惊诧地道："不可能吧？明天就要上战

场了。"

我激他："你大哥在高考铃响的前一分钟，还在操场上打球。读了11年了，哪差这一天。"

傻小子心动了："又去吃竹筒饭？"

我暗自高兴："太没有创新意识了，今天，咱们来点新鲜的。"

"走！"傻小子扶我起来，拉着我就要行动。

听说高考的前一天带儿子去河滩上烧烤，还要玩一天，夫人连连摇头，说我有神经病。最终，她拗不过我和儿子，提上篮子，去菜市场买鱼和肉。

夏日的阳光灼热，潇水河边的风凉爽宜人，没经污染的河水清亮见底，水流不急不缓。我和儿子在水中游泳、嬉戏，夫人在树荫下烧烤鱼肉。累了，吃；饱了，睡。儿子少年时买过一张尼龙绳编结的吊床，男子汉将吊床让给女士，让我夫人躺在吊床上摇晃，我和儿子躺在树荫下的草地上，胡聊海吹。傻小子要跟我比赛唱歌，他唱摇滚，我唱民歌。我们的歌声吓得芦苇丛中的虫子不敢鸣叫，过往行人绕路而行，避之唯恐不及。

月亮升起，我们才回家。傻小子兴犹未尽，约好高考结束再来疯一天。整天的轻松，傻小子全没有参加高考的前夜焦虑，回到家收拾好考试工具，就说要睡。夫人担心儿子疯玩了一天，头脑"断电"，叫儿子把明天要考的科目的复习资料翻一翻。

傻小子一边打呵欠，一边大大咧咧地道："全记住了，保证给你们考一所好大学！"

高三时，我心里面很乱，成绩也不好，但是你们没有给我压

力，租下房子，又是陪读又是帮我找老师补习，我心里就慢慢地踏实了。高考的前一天，你们带我去潇水河边玩耍，让我放松心情，那段经历我刻骨铭心！

这是儿子去美国留学之后，发回来的第三封电子邮件中的一段话。

我不考了

傻小子不偏科，各科成绩难分伯仲，特别是数学和英语成绩一直很稳定。可是，考过数学，他垂头丧气，眼睛发红，沉默不语。我试图跟他开玩笑，他不看我一眼。

忽然，他叫喊起来："我不考了！"

犹如晴天霹雳，我愣了半天，慌忙问他为什么。他说数学没考好，题目太多，太难，最后一道大题做到三分之二就打铃收卷了。说着，他又叫喊起来："我不考了！"

"你真的打算不考了？"我严肃起来。

他眼里噙满泪水："真的，复读，明年再考。"

我十分严肃地道："照这种心态，你明年就是考满分，就是直接考上博士研究生，也没有用！你仔细想想，考上了有什么用？"自他出生以来，我从来没有这么严肃地跟他说过话。他怔住了，随即低下了头，泪珠滴落下来。我伸手搂住他的肩膀，接着说："伙计，你考得再差，至少能及格吧？就算是零分，也不该半途而退。这样重大的事情，碰到一点点挫折，就打退堂鼓，将来还能做成什么事？每一年的高考都有一门科目是最难的，说不定今年就是数学最难，你问过同学没有，他们是不是跟你一样没考好？"

他微微点头，轻声道："都没考好。"

我笑着说："伙计，那你还担心什么？水涨船高，大家没考好，分数线不就随着降低了？振作起来，争取把剩下的两科考好，已经考过的现在不要去想对错。我高考时，数学有把握的只作对了一道 8 分的题，我不仅坚持到底，还高高兴兴地对人说，数学我能打 8 分。这么一说，不仅不气馁，反而有了信心。"

说过后，我赶紧走开，让他思考。下午，我担心他真的不去，躺在床上，睁大眼睛盯住手表。该去考场的时刻，他走到门边来跟我说："爸爸，我走了。我争取把最后两科考好。"

"只要你尽了力，没考好也没有关系。"我爬起来，跟在他身后。他打开门时，我说："伙计，要不要老爸陪你去？"

他笑着说："你想去校门口罚站，那就请吧。"

说不清滋味的等待开始啦！

在高考之后到公布分数的那一段日子里，我们度日如年。要命的是当年是估分填报志愿，更要命的是儿子自己估了 590 分。

我说："你绝对估错了，你应该至少有 620 分，绝对不会低于 615 分！"

傻小子理直气壮地质问我："我自己考的还能估错？你凭什么说我估错了？"

我理直气壮地回答他："凭你平时的成绩。要是你数学做完最后那道题，我会估到 650 分以上。"

儿子坚持他估计的对。

填报志愿时，参照各大学前三年的录取分数线，我按照我估计的分数，建议他填报中国农业大学的本硕连读生物专业国家实验班。

他一时没了主张，时而想填报湖南大学，时而想填报华中科技大学，明确表示不上中国农业大学。难以决断之时，我们打电话问我三个侄儿。

大侄儿说，要是上了 620 分以上，填报北大。二侄儿说，填报中国科技大学也不错。三侄儿说，如果真的只有 590 分，填报湖南大学。如果分数接近 600 分，填报西安交通大学，这所学校学风好，本科教育位于全国前三名，综合排名当年是第七名。近年来，清华大学对外招收的研究生，有四分之一来自西安交通大学。

三侄儿的电话坚定我的决心，我建议儿子填报西安交通大学。

傻小子信心不足，勉强笑着说："要是录取不到，你不要怪我。"

"你又不是招生办主任，怎么会怪你？再说，还有第二志愿。退一万步讲，还可以复读，明年再考，就填报西安交通大学！西安交通大学跟上海交通大学是亲兄弟。"我跟他说。

"好，考研究生时，我再考清华大学！"傻小子的信心顿时高涨。

填报志愿之后没几天，分数公布。傻小子考了 623 分。

"伙计，你怎么比我估得还准确？"傻小子问道。

我神气十足地道："我们已经做了 18 年伙计，这么一点小事还估不准？"

成年之后

引导思考人生

　　你说活得很累，很压抑，我不知道是什么原因。我猜测，你已经在思考自己的人生，期望自己的人生完美，以致把人生看得过于复杂，所以才感觉活得累，活得压抑。"人有悲欢离合，月有阴晴圆缺，此事古难全。"自古至今，海内海外，没有一个人的一生是完美的。

　　人生不可能完美，也不需要完美。如果一个人感觉自己的人生完美了，就会失去上进的动力。完美是自我感觉，也是他人的评价，评判标准因人而异。

——摘自我给儿子的信

活得很累

一声叹息

我曾经认为，到傻小子上大学，我们父母的任务就完成了。没想到，大学并非保险箱，傻小子上了大学，我们还得继续"革命"，继续陪伴他一起成长。

儿子顺利地被西安交通大学录取。我和夫人送他去上学，顺便旅游。除了去过一次庐山，儿子是第二次出远门。上车后，他沉思默想，不时叹息一声。

列车进入河南境内，跟湘鄂丘陵大不相同的平原让傻小子有所兴奋，坐在硬卧车铺位旁的翻板凳上，睁大眼睛望着车窗外，目光中流露出一丝快乐的神色。

我赶忙坐到他对面，跟他一起瞭望车窗外的田地和村庄，想跟他讲一点什么。那一年，北京大学在湖南的录取分数线是 620 分，我知道他对上西安交通大学于心不甘。上北大或者清华，跟三个哥哥并肩而立，跟二哥一样去美国留学，是他的志向和心愿。这种志向和心愿将会成为他终身的遗憾，要是他自己处理不好，将会是心中解不开的结，影响他的人生。

踌躇再三，我跟他讲，无论北大、清华、西安交大、麻省理工学院，还是其他什么大学，都不过是人生征途中的一个个加油站，并非是终点。只要认准目标，坚持方向，无论在哪个加油站加油，都可以驶向所向往的目的地。

　　他叹息一声，半天才说："到时候再看吧。"说罢，又是一声叹息。

　　我只能在心里叹息，只能转换话题，故作兴致勃勃，指着车窗外一闪而过的旧式民居，问道："你知道这里的房子后墙为什么不开窗吗？"

　　将儿子送进学校，我跟他说，大学学习主要是提高五种能力：认识能力、自我控制能力、自我平衡能力、是非辨别能力和持续学习能力。有了这些能力，才会有创造能力。要提高这些能力，一是学习书本，二是学习社会，三是自我思考。

　　分别时，我对儿子说："伙计，我送你八个字：'认真学习，积极入世'。"

　　在以后的日子里，只要是重大的时刻，我都把要说的道理精炼成这样的格言送给他。就跟我父亲瞪直眼睛冲我讲"力气用不尽，井水挑不干"那些人生警句一样。也跟我父亲一样，送给儿子的所谓格言起了什么样的作用，我就不知道了。

　　从西安回来，一连几日，我和夫人寝食不安，担心儿子不适应大学生活，担心儿子不能自我解开缠绕在心头的那个结。每周六晚上给他打电话，从他通话的语气中，没有明显感觉到有什么让人担心的地方，我们暗自松下一口气。

寒假回家，傻小子的脸色有红有白。学习成绩很好，年级第二名。他说，脸色好，是吃面吃出来的。成绩好，是一个学期没出校门，死学出来的。

虽然傻小子轻描淡写，我和夫人却感到问题严重，加上他不时叹息一声。一听见他叹息，我心里就"咯噔"一下，不免气恼，却只能忍耐。夫人比我更为担忧，并且还没有完全消除对我的抱怨，一语双关地对我说："你不是挺会讲嘛，跟儿子好好谈一谈。一个学期没出校门，读了博士又有什么用？"

我本来打算耐心地等待儿子自我解脱，自主长大，不想跟他多讲，更不想讲透。在夫人的一再催促下，我再次履行每天给儿子一小时的父职，每天傍晚，叫上他出外散步。引导他不要盯住学习成绩，多参加社团活动，多接触社会，旁听人文课程等等。可是，我千言万语，他总是一句话："没事。"跟同学们在一起，他们却吵嚷得能将房子掀起来。

儿子回到学校，我给他打电话。电话中，他终于说，活得很累，很压抑。究竟为什么累，为什么压抑，又不说具体。急煞人也！

两地书

那天晚上，一放下电话，我就给儿子写信。连续写了两个夜晚，写了一封近万言的信。摘录如下：

你说活得很累，很压抑，我不知道是什么原因。我猜测，你已经在思考自己的人生，期望自己的人生完美，以致把人生看得

过于复杂，所以才感觉活得累，活得压抑。"人有悲欢离合，月有阴晴圆缺，此事古难全。"自古至今，海内海外，没有一个人的一生是完美的。

人生不可能完美，也不需要完美。如果一个人感觉自己的人生完美了，就会失去上进的动力。完美是自我感觉，也是他人的评价，评判标准因人而异。

一个人要有"完美"的感觉，必须自我感觉快乐，没有快乐，再好的生活也不是真正的生活，不是你想要的人生。快乐源自兴趣，如果你对学习没有兴趣，考试成绩每一科都是100分，你也不会快乐。如果你对工作没有兴趣，工资再高，赚钱再多，你也不会快乐。生活在这种状态之中，谁都会感觉活得很累，很压抑。

我不敢肯定什么原因，让你感觉很累，很压抑。如果是因为你觉得就读的学校没达到自己的心愿，深感委屈，那么，请重温我跟你在火车上的谈话，同时，请仔细观察身边的同学，是不是你真的屈才了；要是你认为真的委屈了自己，我建议你退学回家，再次参加高考；如果因为对学习没有兴趣，我建议你重新规划人生，从事你喜欢的事业；如果是对所学专业没有兴趣，你完全可以重新选择专业。如果学校不允许你再行选择，你有两条路可走，一是退学，再一次参加高考；二是旁听感兴趣的专业课程，考研究生时，再选择感兴趣的专业。你大哥就是走了第二条路，他对本科所学的地球化学专业没有兴趣，考研究生时选择了经济管理专业。无论你做出何种选择，父母都支持你，做你的坚强后盾。

如果是因为在人生的思考之中陷入了困顿，那么，以一孔之见，谈一谈我对人生的感悟。人生一世，并不复杂，无非是处理好三个关系：

首先，正确摆正自己跟大自然的关系。人是大自然万物中的一员，并非主宰者，一粟一粒，皆为大自然所馈赠，并非完全是人自己努力劳作的果实，没有土地、雨露和阳光，人有力无处使，如何谈得上劳作和努力？因而，对大自然要有感恩之心、敬畏之意，不要在大自然面前妄自尊大，要怀着虔诚之心去认识大自然，探究大自然，学习大自然，学有知识回馈大自然，让大自然庇护人类繁衍生息。这样，你对学习就有了不一般的理解，对自己的点滴进步都会感到快活，会感受到人生快乐的真谛。

其次，善于处理自己跟他人的关系。"穷则独善其身，达则兼善天下"，这是不少中国文人的行事准则。随着历史变迁，独善其身已经不是孟子当初的本意，而是指只顾自己，不管他人。我对中国传统文化只知皮毛，是从现实生活中，特别是在农村生活的经历中，感受到"独善其身"是对现实生活的无可奈何的逃避，却很少有人逃避得过现实生活，反而为现实生活所吞噬。人是群聚动物，一个人离开了他人是不可能独善其身的。因而，任何人都要学会处理自己跟他人之间的关系，不善于处理这种关系的人，会游离于群体之外。有本事的，有可能被视为"高人"，但他的内心绝对是孤独而可怜的；没本事的，会被视为"无用之人"，被摒弃于社会之外，要想活下去，最终还得乞求于他人。

与人相处，对他人而言，你必须具备四个方面的吸引力：一、有用，能带给他人一些有价值的信息和知识，跟你相处能增长知识、打开眼界、放大格局；二、有量，对人真诚相待，不说谎、不作假，倾听他人的诉说，理解他人的感受和苦恼，赞同他人好的想法并发表有价值的见解和建议；三、有趣，能轻松自然地营造欢快的氛围，给他人带来欢乐愉快的心情；四、有容，充分认可他人的价值，欣赏别人的特质，包容他人的性格习性。人与人相处久了，难免不磕磕碰碰，只要不是原则问题，都可以容忍。容忍不等于迁就，容忍是在不伤害双方自尊的前提下，有容人之量，容忍对方的小缺点或小毛病，并指出对方的缺点或毛病，望其日后改正。容忍是一种对他人负责任的美德，迁就则是一种不负责任的行为。

只要你修炼到具有以上四种"法力"，无论走到天涯海角，无论跟任何人相处，你都是最受欢迎的人，也是最高尚的人。

树有高矮，人分好坏，好人坏人不会像电影和电视剧中那样一目了然。跟他人相处，除了具备以上四种"法力"，还得具备第五种"法力"——有备，要有防备他人之心，但不可有害人之意。跟他人初次相交，要察颜观色，却不可拒人千里之外。相处一段时日之后，感觉可深交，深交为友；认为不可交，少跟他交往。对那些有明显劣迹的人，则尽可能远离他。

第三，及时调节自我内心矛盾。人生中最难处理的是自我内心的矛盾与平衡的关系。有人说，人内心的矛盾起自于私心，只要摒弃私心，一切矛盾迎刃而解。这话有一定的道理，但不是处理内心矛盾的好方法。人是有私心的，"毫不利己，专门利人"的人凤毛麟角。我认为，最好的处理方法是拥有一颗清净的心，就是不要常怀功利之心、得失之心、自满之心、嫉妒之心和激愤之心。在学习上，既要全部身心投入，又要超脱学习之外；既要总结得失，又不可计较得失，得不自满，失不气馁，胸襟开阔，海纳百川；在功名利禄上，既要努力争取，又不要急功近利，切不可奴颜媚骨，嫉贤妒能。

有一首诗，我忘了作者是谁，忘了在哪里读到，诗却铭刻在我心中。诗如白话，意境深远。诗曰："手把青秧插满田，低头便见水中天。六根清净方为道，退步原来是向前。"

悟透诗中之意，你那"一亩三分田"就会在你不知不觉中插满，就会让你赢得一个又一个丰收年成。

在此，我想送你14个字："简简单单才是真，拥有一颗清净心"。用简单的公式去化解复杂的人生关系和问题，提纲挈领，不要想得过于复杂。一想复杂，内心就会缠上一团乱麻。你怎么不觉得活得累，活得压抑呢？放弃完美，多一分轻松；面对现实，多一分从容；欣赏自己，多一分自信；积极进取，多一分成功；善于取舍，多一分捷径；学会转弯，多一分领悟；把握尺度，多一分淡定；善待他人，多一分爱心。

人生之境界，从低到高应该是：聪明、智慧、天才、简单。如果一个人能够活到万事简单的高度，那必将是一个没有任何烦恼的人。伙计，你千万不可忘了这个"简单"不简单，是以聪明、智慧和天才打基础的。

最后，告诫你一句：先做自己应该做的事，再做自己喜欢做的事。你当前应该做的事是把书读好。

两个星期之后，我们收到了儿子的回信：

近来，我想了许多，觉得自己非常幼稚。读书不是很能把握方向，对别人不是心怀嫉妒，就是对他人不如我之处而沾沾自喜，每天都感到很压抑。爸爸的那个电话，以及来信说中了我的心思，对我触动很大，使我冷静下来重新审视自己，找准人生方向。我应该快快乐乐地生活，压抑、痛苦、自寻烦恼对不起自己，对不起你们，对不起关心我的人。与其把我的痛苦传染给关心我的人，我更应该将自己的快乐带给他们。

同时，让我对上大学之后所产生的新的问题，有了清醒的认识。由于处于新的环境，看见别人比我强，我有一种难以言状的嫉妒感。无论我做什么，总时不时要想到别人在做什么，做得比我好不好，根本静不下心来。由于常怀嫉妒之心，别人帮我时，我觉得他是可怜我，是对我的施舍，是看不起我；我帮别人时，又觉得很勉强，内心很不情愿，生怕他借我的帮助超越我。总之，无论别人帮我还是我帮别人，我都觉得不舒服。

爸爸的信让我省悟到嫉妒别人是一件很愚蠢的事情。事实上，这种嫉妒根本没有理由产生，因为嫉妒基本上在同一层次的人群中产生。一个人不会嫉妒比自己强大许多的人。乞丐不会嫉妒百万富翁，他所嫉妒的是比他会讨钱的乞丐。而讨钱的技巧是可以学会的，只要去学习，学会了，学精了，他一样也可以讨到很多钱，或许比被他嫉妒过的同伙讨到的还要多得多。我真是太蠢了！如果我虚心向别人学习，无私帮助别人，不是既能赢得友情，又能共同进步吗？

爸爸，妈妈，我现在想通啦，请你们放心，我不会让你们失望！

读这封信时，我和夫人无比欣慰，又深感自责，我赶紧给儿子回信：

读过你的信，我们的心情既沉重，又欣喜。沉重的是身为父母竟然没察觉到自己的儿子有这么沉重的心理负担，欣喜的是你自己解脱了出来。让我们看到我们的儿子终于长大了！

你有许多优点，也有很大优势，根本用不着去嫉妒别人。其实，嫉妒也不完全是坏事。嫉妒出自虚荣，虚荣来自理想。没有远大理想的人是没有虚荣心的，只有当远大理想不能实现之时，一个人才会产生虚荣，试图从虚构中获得精神满足，当虚幻不能满足精神需求的时候，才会产生嫉妒，嫉恨别人取得了自己没有取得的成就。轻微的嫉妒有时候能催人奋进，但发展到嫉恨别人，时时想着别人在做什么，那就是病态了。

你说得很对，嫉妒根本没有理由产生，你嫉妒的是你的同学，你跟他们同一档次，大部分人还赶不上你，你的考试成绩年级第二名就是证明，何苦去嫉妒他们呢？

在嫉妒别人的时候，你会失去自我；在羡慕别人的时候，你会失去快乐。不要拿自己和他人比较，那只会降低了你自身的价值。因为每一个人都是独一无二的。别人认为重要的不一定是你的目标，只有你知道什么最适合自己。别人的成功或者失败是镜子，不是尺子，"以人为镜"，可以看清自己身上的不足与已经拥有的品性；却不可"以人为尺"，以人之长量己之短，会让你迷失自信，产生自卑；以人之短量己之长，会让你妄自尊大，易生自满。

不要关闭你的心扉，要展开爱的翅膀飞翔，俯瞰人生，热爱生活，拥抱世界。要善于学习，勤于学习，身边的人和事都是知识。不要蹉跎时光，也不要匆忙度过，蹉跎时光会让你错失本该属于你的机会，匆忙度过会让你成为人世的过客。不要吝啬言语，但不可口无遮挡，善意而美好的言辞是调和矛盾的润滑剂，是搭建友谊的黏合剂。渊博的知识，博大的胸怀，良好的修养，文明的举止，优雅的言谈，是走遍天下的通行证。

人生多歧路，一个人一生会遭遇许多挫折和磨难，会有许多不确定性，可是，正是那些挫折和磨难，以及不确定性，才使得现实不尽如人意，才带来人们对希望和理想的追求，这就是生活。学会如何应对人生中的种种失意与挫折、苦痛与磨难，是伴随人一生中最难、也是最重要的课程。面对挫折和磨难，消极逃避会使人颓废消沉，积极面对能使人获得智慧。经历了磨难才能使人拥有生命的厚重，才会深刻领悟生命的本质。从挫折和磨难之中，学会正确选择人生的发展方向和终极目标，乃至日常生活中的每一个细节。人生就是一个又一个选择叠加起来的总和，正确的选择将能构成非凡的一生。

昨天已成过去，明天还是未来，只有抓住今天，活好生命的每一天，才能留下光辉的历史，才能谱写出辉煌的未来。

儿子在西安交通大学学习了七年。本科毕业时，保送本校读硕士研究生。七年之中，每一个星期六的晚上，我们通电话。信写得很少，总共不到 20 封，而且集中在他大一、大二和大三阶段。大三上学期，他寄来了下面这封信：

本学期的课程已经过半，学习没有问题。前几天，评完奖学金。上学年，我是一等奖，这个学年是二等。主要原因是改变了评选方法，学习成绩只占百分之六十，德育评估占百分之三十，体育占百分之十，还有社团活动和班干部之类的额外加分。德育评估是同学们相互打印象分，没有什么具体考核量化标准，凭的是人脉关系。我一心只读圣贤书，交往不多，人脉不旺；体育又只会打篮球，被弄成了十名之后。开始还不服气，想到别人也很努力，社团活动什么的比我积极，要是真的只按考试成绩给我一等奖，确实不那么令人信服，我自己也汗颜。我只有向别人学习，不要再跟从前那样一心只读圣贤书啦。

英语四级已过，成绩很好。前两天报考了六级，大约两个多月后可见分晓。我想，应该可以轻松过关，到时再向你们报告成绩。请告诉外公和外婆，说我得了二等奖，跟上次一样，代我买点好东西孝敬他们吧。

读着这样的信，我和夫人心里很舒服。那时，我母亲去世不久。母亲去世之日，我打电话告知儿子。我没说完，他就哽咽说，立即请假回来。考虑到坐车难，我们没让他回家奔丧。他问我："那我用什么形式悼念我奶奶呢？"我让他自己想办法。

几天后，傻小子在电话中告诉我，他按照永州的风俗在床头设了

297

奶奶的牌位，供了水果，还做了几张纸钱烧给奶奶到阴间去用，还在胳膊上戴了一条黑纱，一直戴了四十九天。

 讨论人生

难解的心结

儿子大了，远在异乡，加上他心头一直没解开的那个结，我和夫人生怕触动他的隐痛，细心观察，小心应对，耐心等待，等待他自行解开心中的结。

我们教育儿子谈不上成功，但满意他的状态，他深藏自己心中的结，勤奋努力，认真负责，知恩图报，不怨天尤人，尽力自我解开心中的结。

解开心结是多么不易。

我和夫人盼望儿子通告英语六级的成绩。估算成绩该出来的日子，儿子没给我们打电话。

夫人比我能沉住气，除了每天下班回到家问一声："儿子来电话没有？"不再嘀咕。

我却没有什么涵养，晚上看电视的时候，坐在电话机旁边，抓着遥控器，不停地换台，不停地嘀咕："傻小子怎么还不来电话？"

夫人说："你不晓得给儿子打电话。"夫人是担心给儿子造成压力，把这个艰巨的任务推给我。

我何尝不是这样。掂量了几天之后，我拨通了傻小子的电话。电话一通，他就唉声叹气，气得我真想摔下电话。耐住性子问过生活上的琐事，才扯到英语六级的话题上。

　　我问他："成绩怎么样？"

　　他叹息说："没过。"

　　我赶紧说："没关系，有下次。"

　　叹息几声之后，他说："我不想再考了。本科毕业，就找工作。"

　　我笑着问道："好啊，想清楚了？"

　　他说："想清楚了。"

　　我说："想清楚了就好。"想着即将放暑假，我把电话挂了。

　　暑假，傻小子回家，我要他晚饭后陪我和他妈妈散步。

　　开始几天，我们不跟他讲英语六级和找工作的事，跟他神吹海聊，基本上是我一个人在演讲。当时，我准备写作长篇小说《追梦的人》。我就跟他讲这部小说。这部小说讲述瑶族同胞寻找千家峒的故事，我打算写成史诗式的作品。千家峒是瑶族的发祥地，代表了瑶族人民对固有文化及其发源地的一种怀念之情，跟桃花源一样，是人间天堂。自元朝大德九年（1305 年）被迫离开千家峒后，数百年来，瑶族同胞百折不挠，前仆后继，寻找千家峒。

　　我想以瑶族人民那种锲而不舍的精神激励儿子。讲到第三天，儿子的情绪被调动起来了。我们才转到正题上，问他想找什么工作，为什么决定不考英语六级。

　　他说："我也不是不想考英语六级，也没有想好找什么工作。若是按我的真正想法，我想出国留学，获得博士学位，在大学教书。一边教书，一边搞点研究，我喜欢教书。"

夫人问道："那你为什么不按你的真正想法去做？"

儿子说："我怕考不过。"

凉风习习，月明星亮，虫鸣声声，空气中氤氲青菜和花草的气息。我们踏踩月光走在城边的小路上。我无意于他考不考英语六级，无意于他出不出国留学，在意的是凝结在他心中的那个结所导致的对自己没有信心。仰头望一眼满天星斗，我坚定地相信自己的儿子是一颗明亮的星，只是暂时被一小片乌云遮掩了而已。我一定要帮助他推开那片乌云。

我说："人生最幸福的事莫过于做自己喜欢做的事。既然你喜欢教书，那你就想办法到哪所中学或者小学去教书。不过，你教什么呢？而且，《中华人民共和国教师法》规定当老师必须要有教师资格证，你还得考取一个教师资格证。"

他明白我是故意激他，沉默不语。

我禁不住有些生气，提高声音严肃地道："你没有理由不自信，没有道理这么自卑！你看不起自己是浪费了你的努力，辜负了自己的人生！要是你已经尽了力，你大学毕不了业，我也为你鼓掌！要是你没尽力，你就是今天当上了大学教授，我也看不起你！"

他嗫嚅着想说什么，我不理他，迈开大步走了。

短兵相接

第二天，傻小子趴在书桌上写什么。我伸头一看，见他好像是在

写自传，反省自己。怕引起他反感，我赶紧缩回头，假装去书柜上找一本书，以此为由离开他远一点。为了不让他感到尴尬，我跟他开玩笑："伙计，大学也有暑假作业？"

他长叹一声，自顾写，忽然，放下手中笔，转过身面对我，直愣愣地问道："你自己相信你写给我的那一封长信？"

我明白他是指我写给他的那一封上万言的信，却故作不知："哪一封长信？"

他大声道："大一下学期的那一封。"

我笑着问："那封信有什么不对？"

"对，对，你说的都对！你说的还有错？"儿子的语气中饱含讥讽和抱怨。

这是他第一次用这样的语气跟我讲话，我被突如其来的袭击搞蒙了，心头一震，禁不住生气，慌忙压住要冒出的火苗。心想他能用这样的语气跟我讲话，表明他的心底已经被触动，表明他真正长大了，要是他闷声不响，或者唯唯诺诺，那才可怕，那才该我生气。

我笑一笑，故意问道："你是说那一封信全对，还是信中的哪几句话对？"

他咄咄逼人："我是问你，你自己相信不相信你自己说的那些话？"

我故作思考片刻，认真地道："相信，但是，有的方面，我自己也没有做到，特别是在对待人生方面，我做得非常不够。我是认为一个人应该那么去做，应该建议你那么去思考。"

他低下头，一声长叹。一听他叹息，心头刚被压下去的火苗又要冒上来，我赶紧又压下去，却一时想不到该说什么，却又不能在儿子面显现出理屈词穷，继续假装在书柜上找书。目光掠过余华的《活着》，我找到了话头。

我抽出《活着》丢到儿子面前，像是随意地问道："看过吗？"

他说："还看过电影。"

我故作无知："拍了电影？"

他说："张艺谋导，葛优演，得了戛纳国际电影节最佳男主角奖。"

我问道："葛优演福贵？"

"巩俐演家珍。"傻小子故意答非所问，同时也回答了我的问题。

我笑起来："葛优戴假发，还是光头？"

儿子不屑于这种小儿科的话题，叹息一声，连答非所问也懒得答了。

我笑一笑，赞叹说，仅以这一部小说，余华就可以名列世界作家之列，接着转入我要跟傻小子说的话题："伙计，你对福贵这个人物怎么看？"

傻小子拿起面前的《活着》，思索片刻，将书丢下："像他那样活着，还不如死了。活得不如一条狗，还有什么意义？"

我说："伙计，多少芸芸众生就是那样活过一辈子的。"

"那有什么意义？"他再次拿起书，摔在桌面上，大声道："人活着究竟有什么意义？我看，没有任何意义！"

我试图用余华的话来解释。余华在前言中说："人是为活着本身而活着，而不是为了活着之外的任何事物所活着。"这种解释等于没解释，我自己都想不明白，怎么能说服儿子？就是余华自己也说："我不知道应该怎样来解释这一部作品，这样的任务交给作者去完成是十分困难的。"对一部文学作品而言，解释不清是成功的。对我跟儿子来说，今天不解释清楚是失败的，我必须解释清楚。

活着的意义就是人生的意义、生命的意义，就是人为什么活着。古今中外，大小人物，都在孜孜不倦地探讨或思考这一命题。

傻小子对人生的意义感到迷惑毫不奇怪，现代的年轻人跟我们年轻时大不一样。我们年轻时，除了跟福贵那样活着，我们不敢有什么想法和希望。现代的年轻人要不停地接受来自四面八方的要求，面对五颜六色的世俗社会，难免不迷惑自己究竟为什么而活，为谁而活，难免不对生命的意义感到困惑。虽然傻小子没跟有的同代人那样振臂高呼："我要完全为自己而活！"但是，从他的神情上，他很可能是这句口号的拥护者。这是年轻人应有的偏激，跟人有盲肠一样自然。人，不可能只会为自己而活，唱高调、喊口号在现实生活中无济于事。生命中不合理的事情比比皆是，天天碰到，有些要反抗，有些要回避，有些要违心顺从，等以后有机会再呐喊。生命的意义会因年龄的不同而改变，每个人必须由自己去摸索，去领悟，没有一定的答案。

我不想喋喋不休地跟儿子讲大道理，一是怕一时讲不透，反而加剧他的情绪；二是担心他产生反感，他们听大道理听得太多了，心理上早已积蓄起了"抗药性"；三是希望儿子自己去摸索，去感悟，却又担心他一偏到底，剑走偏锋。左右为难，一时间，我感觉做父亲委实太难，有一种深切的失败感，又有沉重的责任感，决定用自己的方法引导儿子。

大学时期，我用一个软皮笔记本，摘录了不少名人对生命的意义这一命题的论断。由于身份地位和所处的语境不同，名人的论断五花八门，有的说为了革命，有的说为了人民，有的说为了世界，有的说为了理想，有的说为了希望，有的说为了爱……

我认同人活着是为了希望和爱，希望和爱之间，又倾向于爱。我心中的爱没有名人们所说的那般高尚而伟大，局限于爱我的家人。

我避开傻小子的锋芒，心平气和，不紧不慢地道："我认为人活着是为了希望和爱。希望不多讲，你们老师跟你们讲得太多了，你读过的一些书上也讲得很透彻了，我们来讲一讲爱。人活着的主要意义是为了家人之间的爱，没有了家人之间的爱，或者家人之间没有爱，人生就没有意义。你爷爷、奶奶是我的父母，我爱他们，他们爱我，为了我，他们曾经是那么努力快活地活着，为了他们，我必须好好活着。你妈妈是我的妻子，我们相爱，我为她，她为我，两人都要好好活着。你是我们的儿子，我们非常爱你，为了你，我们可以忍受一切，可以不顾一切地活着。你活得快活，我们就快活，就感觉活着有意义，就要好好地活着。如果你活得不快活，我们活着还有什么意义？你说是不是这样？"

傻小子若有所动，却什么也没说。

我拍拍他的肩，笑着问道："伙计，是不是嫌老爸的境界太低了？可是，请你想一想，一个人如果连自己的家人都不爱，那就谈不上爱其他人，那就不会懂得奉献和分享，那就是极其自私的人。人生的意义应该是在爱的基础上与他人分享，为人类贡献，从小爱到大爱。"

跟儿子开玩笑，我可以随口而出。给儿子写信，我可以洋洋洒洒，下笔万言，什么高调都敢唱，什么道理都能讲。面对面跟儿子讲道理，我心里发怵，啰里啰嗦，词不达意。要不是面对儿子咄咄逼人的发问，要不是讨论到人生意义，要不是担心儿子一时糊涂，走上歧路，这样的长篇大论，我真没有勇气讲出来，这样肉麻的豪言壮语，我真不好意思讲出口。

担心傻小子尴尬，说过后，我从书柜中随手拿起一本书，转身就走。出门时，回头问他："伙计，今天晚上，想吃什么菜？辣椒炒肉怎么样？"

傻小子一时没反应过来，我走出书房门之后，他大声道："我来炒。"

第二天，傻小子脸上有了开朗之色，却依然话语不多，依然趴在桌上奋笔疾书，几天写了大半本稿纸。我不知道他写的是什么、写了些什么，也不想知道他写了些什么。

每天写完，他随意地倒扣在书桌上。待他入睡之后，我可以轻而易举地窥视他的秘密，掌握他的思想状态，有的放矢、卓有成效地做思想工作。

我曾有过这样的念头，一天晚上，手伸了过去。在要抓起稿纸的一刹那，我慌忙缩回了手。三十几年前，为了检验我父亲对我偷偷看书的态度，我将头发夹在书页中，细心地记住放置头发的位置。当发现书页中没有了头发的时刻，我心中的怒火能将世界烧毁，父亲在我心中的形象土崩瓦解。

　　我担心儿子暗中考验我的诚实，倘若真是那样，那么，只要一翻开那本稿子，我的一切努力就白费了。我不仅害怕稿子当中夹有头发，还害怕知道儿子的心理状况，担心看到儿子对我的批评，击溃我的自信，让我无地自容。

　　如今，那半本稿子躺在我手边的抽屉里，跟儿子的获奖证书放在一起，只需举手之劳，我就能知道他当时写的是什么，知道他当时是什么样的心理状况，我却一直没有翻看过。

　　无论傻小子当时写下的是什么，哪怕是满纸自责，满纸消沉，满纸愤怒，随着时间推移，随着爱的滋润，都将消失殆尽，他的心地会是一片光明。

忍耐，再忍耐

晴空初现

儿子基本上两个星期给我打一次电话，有时候，可能太忙，一个月才打一次电话。他不喜欢用手机，直至大三了，才接受我的建议用手机。买新的，他不要，要了一只我淘汰下来的。有了手机，也常常忘记带在身上。

给他打电话打不通的时候，我会生气。可是，想到有的孩子一星期给父母打几个电话，可能除了要钱、要物、诉苦或者撒娇，也没有多少让父母欣慰的话，我的内心就平静了。要是儿子一个月不给我打电话，我就恼火，但没有办法，只能尽量忍耐。我希望儿子在自由、开心的心态中成长。在下次接到他的电话时，不责备他。

归根结底，他是有独立人格、独立思想的人，我必须尊重他。我生养了他，但他不是我的"财产"，我只有引导义务，没有命令权力。

跟儿子短兵相接般较量一番之后，双方心照不宣地不再提起人生意义的话题，当作没发生过那番较量。

假期结束，临回学校，傻小子对我说："爸爸，我想通了。你等我的好消息吧！"说着他望我一眼，不好意思地低下头："伙计，每次我最困惑的时候，都是你给我鼓起了勇气。"

这是傻小子给我的最高奖赏，我受之有愧。

虽然傻小子明确地表了态，但他走了之后，我仍然忧心忡忡。跟他书信来往，他不是也表过态吗？白纸黑字都不见成效，空口说话又能算数？不算数，我又能怎么样？我只有继续陪伴他，耐心等待，等待他慢慢成长。

英语六级考试又临近了，电话中，他一直不提一个字。我担心他不报考，却又不敢逼迫他，只能忍耐，忍耐，再忍耐。直至考试成绩出来之后，他才打来电话。

忍耐，会有好消息。

电话中，他抑制不住喜悦，却故意叹息道："伙计，英语六级成绩出来了。"

我故作漫不经心地问道："第几名？"

他笑起来："土老帽，你在哪里见过英语考级排名次？"随即，他笑嘻嘻地道："反正还算可以吧。"

傻小子对自己的要求一直挺高，他讲可以，那就意味着成绩不一般。顿时，我浑身通泰，笑着问道："伙计，味道比唉声叹气好吧？"

"味道好极了！"电视上的广告词，傻小子倒记得很牢固。

我故意拖长声音问道："伙计，下一步有什么打算哪？"

傻小子欢快地道："我还是想过一过美国博士的瘾。按道理，我应该会保送读研究生。我想跟二哥一样，在国内读完硕士再出去。这

样，一是我有时间准备充分一些，考一所一流的学校；二是我对社会状况有更深入的了解，知道自己的短处和问题究竟有哪些，去了国外好知道自己该学什么，该怎么学，学完回来能够有用武之地；三是知识储备充足一些，到了国外不出丑。伙计，你说行不行？"

我抑制不住高兴的心情，朗诵一般地道："我说行，你说不行，行也不行；你说行，我说不行，不行也行。横批：你说了算。伙计，你已经是大四的学生了，一切由你做主。"

再添新忧

傻小子被保送本校读硕士研究生。

2005 年，他忙于做一个课题。是全国七所著名大学合作研究的大课题，他是西安交通大学这一方的主要骨干，几乎日夜待在实验室里。每个星期六晚上 11 点，我们打电话到宿舍都找不到他，暑假没有回家。9 月，我去成都参加一个博览会，顺便去西安看他。

到西安的第二天上午，他带我去见他的导师。导师姓董，不到五十岁，个子不高，说话随和。从外表上看不出是博士生导师。

董老师对我儿子非常满意，评价很高。一见到他，我就想起邓老师，为儿子有一位好导师而欣慰。董老师对我说："我想让他读我的博士生。"

傻小子似乎也打算读董老师的博士生，成天泡在实验室里做课题，写论文，一个学期发表了三篇论文，时不时跟董老师上北京，去武汉，参加会议，演示课题研究结果。还担任实验室服务器的管理员，掌管实验室的门钥匙。他很乐意做这些事情，一有电话召唤，就是在陪我吃饭，也忙不迭地丢下筷子就向实验室跑。我问他是不是打算在本校接着读博士。

他神气地道："我不在国内读博士。打算硕士毕业后就找工作，我这个专业工作好找得很，前届的师哥、师姐都去了北京、上海和深圳，最低的年薪也有 10 万。"

我笑着问道："你真的这样打算？想清楚了？"

他低头叹气。我不禁有些生气，可是，人家已经是即将拿 10 万年薪的硕士研究生，我只是一个专科毕业生，工作了大半辈子一年工资奖金总共不足两万元，不好意思教导人家啦。

我跟他开玩笑："伙计，你是不是要跟比尔·盖茨一样的时候，才不叹气？"

傻小子笑着说："差不多吧。叹惯了。"

既然人家志向高远，要跟世界首富一样才不叹气，那只能让他叹下去喽。我忍不住又说："既然你打算找工作，那就抓紧联系吧。"

他叹息道："按我真正的想法，我还是想出国留学，就是没有时间准备，担心托福和 GRE 考不过。"

我说："要不要我跟你老师讲一声，让他同意你把实验室的管理员让给别人做？"

他急得直摇头："不行，不行！要讲也应该由我去讲！我已经跟董老师讲过了。"

我不觉提高了声音："那你就再去讲哪！你不是讲管理员每个月有 100 元补贴嘛，应该把这点补贴让给生活困难的同学。"

他说："不是补贴的问题，是董老师认为交给别人不放心。董老师对我很好，我不能对不起董老师。慢慢来吧，我争取明年上半年考托福。其实，我一直没有放弃，只是觉得自己准备得还不充分，没有十足的把握。"

如愿以偿

托福考试成绩出来的那一天，傻小子给我打电话，开口讲话之前，一声叹息："伙计，托福分数出来了，不理想。"

我问："多少？"

他答："667。"

我问："总分是多少？"

他答："677。"

我说："那你还叹什么气？"

傻小子大笑："你不是要求我跟比尔·盖茨一样以后才不叹气吗？伙计，你不要高兴得太早，还要考两场 GRE，还要申请学校、签证等等。"

我说："这不难嘛。"

他说："伙计，我都难昏头了，你还说不难。"

我摆起老资格："你连 GRE、申请学校、签证这些路子都搞清楚了，那还有什么难的？想当年，你老爸在高考前 22 天连有理数、文科、理科都不清楚，还不照样考上大学。"

过去，我巧妙地把自身经历融入《小花狗》当中，对他进行"革命传统"教育。这样王婆卖瓜式的现身说法，还是第一次。

他不屑地笑起来："你那时候是什么时代？"

我赶紧叫起来："伙计，慢点，慢点。虽然那时候的高考卷子比现在考高中的难不了多少，但是，当时全国人民的知识水平就在那个档次上，是在同一档次上公平竞争，跟你现在考 GRE 有什么区别？你不要看不起我们革命老一辈。"

乱扯了一阵，傻小子不再叹息，爽朗地道："伙计，你等待好消息吧！"

我问他什么时候发布好消息。他说三个月以后出 GRE 成绩。

从此，在电话中，他一直不提 GRE，我们耐住性子不问。

转眼过去了三个半月，不见傻小子报告 GRE 成绩。我又沉不住气了，催夫人给傻小子打电话，问一问他的 GRE 成绩怎么样。夫人踌躇再三，按下免提键，拨通了电话。我听见傻小子叹息道："不怎么样。"

唉，这孩子！

傻小子向 10 所学校提交了申请，录取他的有 8 所，其中给他全额奖学金的有 7 所，他选定了佐治亚理工学院。

由于他说过 GRE 考的不怎么样，在电话中，一听说是什么理工学院，我的心就凉了。做一个深呼吸，问他为什么选定这所学校，这所学校怎么样。

他笑嘻嘻地道："吃亏啦！其实，我的 GRE 考得很不错，完全可以申请几所再好一点的学校。不过，这所学校已经很不错啦！按照中国工科大学的排名，相当于哈工大吧。"

我还能说什么？却总觉得"理工学院"四个字不中听。咱们中国的学院基本上是近几年专升本的学校，过去的那些学院都号称大学啦，你还选一所什么理工学院？

　　我立即上互联网查询，看看这所理工学院是不是最近几年专升本的。

　　查询结果：佐治亚理工学院创办于1885年，设立在美国南部的亚特兰大。亚特兰大是《飘》的故乡，可口可乐总部所在地，1996年举办过第26届奥运会。在美国公立大学中，佐治亚理工学院排名第七，研究生工程学院排名第四，十个研究生专业课程排名全美前十，其中工业工程排名第一。跟加州理工学院、麻省理工学院号称美国三大理工学院，仅次于麻省理工学院，是美国顶尖的理工学院。

　　真搞不懂一向称王称霸的美国佬是怎么想的，这么好的学校居然不把它改称为大学？害得老夫虚惊一场，白生一场气。

 飞往美国

可爱的侄孙女

2007 年 8 月 9 日，傻小子乘美联航的航班从上海飞赴亚特兰大。

去上海的几天前，傻小子请三中 143 班在永州的同学聚会，特地把班主任邓老师请了去。上大学之后，每年放假回来，傻小子都要去看望邓老师。有时候，他跟我通电话，也忘不了问我："伙计，最近，你到邓板板家里要没有？"

聚会回来，傻小子满面忧虑地对我说："邓老师有白头发了，他一个礼拜要上六天半课。"

这让我吃醋。我是他老子，两鬓早已花白，胡子三分之一白了，他却似乎从来没有这样为我担忧过。"种瓜得瓜，种豆得豆。"这句俗话倒真的是颠扑不破的真理。

邓老师离开 143 班已经有 11 个年头了。11 年中，他一直将 143 班挂在心头上，竟然还记得 143 班的"生日"。早在 11 年前确定 143 班的生日时，他就特地把日期定在寒假期间，以便能把他的学生召集起来。

以后，每一年，他都要把 143 班的学生召集在一起过生日。2006

年寒假，我儿子和我们在北京过春节，没有回家，他就在过生日的现场给我儿子打电话，让我儿子听一听同学们的声音，感受 143 班生日的气氛。仁爱如此，令人感慨万千。

我牢记 143 班生日的日期。每年一到这一天，我都情不自禁地叹息，要是让邓老师带 143 班到高中毕业多好啊！

事实证明，当年高考，三中上 600 分以上的有 6 人，其中 5 人来自 143 班。这 5 人当中，有 3 人考取留美博士研究生。

一件家长自愿交 15 块钱的小事，居然演义出轩然大波，撤换掉全班学生爱戴的班主任。真不知道当时的决策者是怎么想的？

离去美国的日子越来越近，我和夫人对儿子说："我们送你到上海。"

傻小子望着我们眯眯笑，半天才说："你们还以为我去上本科呀。"

我们说："不是送你，是想跟你到上海去耍。"

我大侄儿家住上海，早就叫我和我夫人去上海玩。这一次，他在电话中一再要我们送我儿子一起去，早一点去，到杭州和苏州玩一玩。

7 月 28 日，我和夫人送儿子去上海。

大侄儿毕业后，在一家大型证券公司工作，担任过投资部主任。几年前，他跟几位同事辞职，自己开办投资公司，经营得很不错。他心宽体胖，脸上总是洋溢自信的微笑。他结婚比较早，女儿 8 岁了。

我这个侄孙女十分可爱，左邻右舍赞誉她是所住花园小区的小美人、小能人。她在一所私立小学读书，学习成绩名列前茅，乖巧懂事，多才多艺，会唱会跳，会弹钢琴。从侄孙女身上，再次验证了我们家教育孩子的方法行之有效，大放光芒。

在我们到达上海之前，侄孙女就做好了准备，要为赴美留学的三叔叔举行欢迎晚会。

三侄儿学电力专业，读博士时，有一项研究成果获得国家科技进步二等奖。他利用这项成果，跟朋友开办了一家公司。他一边在大学教书，一边做点"小买卖"。我们到上海的当天下午，他打来电话，说去江西谈生意，顺便来上海送我儿子。我侄孙女就改变了计划，将欢迎晚会改成欢送会，等二叔叔来了再开幕。

到上海的第二天，大侄儿开车陪我们去杭州和苏州玩了两天。回到上海，三侄儿和他岳母、我表侄的小孩来了。我这个表侄在军队服役，师参谋长。他儿子 11 岁，非常调皮。大人的勾当，他似乎全懂。据我表侄介绍，他想玩电脑游戏的时候，就对管电脑的女兵们说："你们让我玩个够，我就帮你们在我爸爸面前吹吹风，提拔提拔你们一下。"

我们一起在上海玩了几天。我儿子要去美国的当天，我侄孙女一早就忙碌起来，准备欢送会。落实了每个人要表演的节目，她穿上跳舞的全套行头，一定要她妈妈和保姆化了妆，才准许上场，叫她爸爸负责录像。一切准备就绪，她以电视台名牌主持人的派头，款款地走到客厅当中，正式宣布："各位观众，欢送三叔叔赴美留学，欢迎小爷爷、小奶奶和二叔叔一行来上海的文艺演出正式开始！第一个节目，由我表演舞蹈！"

在我侄孙女的导演下，我们七八个人都表演了节目。我侄孙女演

出了她的全部拿手好戏，跳舞、独唱、弹钢琴、跟保姆姐姐合唱等等，表演了五六个节目。

欢闹到 11 点，去外面吃中饭。等电梯的时候，我表扬侄孙女："不错，我们郑家的欢送会确实不错。等你回老家时，小爷爷也要为你开一个热热闹闹的欢迎会。"

侄孙女说："我的老家在北京，你到北京为我开？"

我说："你的老家在湖南，在郑家村。"

她不满地叫起来："不是，不是，我的老家就是北京！"侄孙女出生在北京，户口随她外公上在北京。

看来，郑家村于我侄孙女这一代已经没有丝毫关系啦。不要说我侄孙女，就是我大侄儿、二侄儿、三侄儿和儿子似乎也不会去想郑家村啦。自他们兄弟四个上大学之后，没有一个回过郑家村。儿子这次出国留学，我提出带他回一趟郑家村。他认为我是虚荣心作祟，带他回我的老家炫耀，光宗耀祖，望着我怪怪地笑："你想回去放鞭炮？"觉得话有不妥，他接着说："农村在'双抢'了，我们不要去麻烦人家。"

目的是为了回来

我希望傻小子跟我二侄儿一样，学成回国，报效祖国。可是，依我跟傻小子议事的原则，我不想把自己的想法直白地讲出来，很想找一个时机，点到即止。

虽然我知道儿子会听我的话，但把握不准他是否将我看成老古董。而且，报效祖国不论形式，只要心怀祖国，在他将来所从事的事业之中作出贡献，同样为国争光。杨振宁、李政道、丁肇中、李远哲、朱棣文和崔琦，他们获得诺贝尔奖，照样是中国人的骄傲。我儿子学习计算机科学，研究方向是超级计算机，属应用科学，不可能获得诺贝尔奖。计算机技术使用已无国界，只要他有所创新，不论身在何处都是为祖国增光，为人类作贡献。可是，我仍然难以抑制让他学成归国的想法。

傻小子飞赴美国的前一天晚上，在宾馆，我跟他看电视。电视播出一则科研方面的报道时，我想借题发挥，讲一讲钱学森等老一辈科学家学成归国，报效祖国的故事，却担心傻小子对这种故事有抗拒心理，还担心他以为我叫他回来为我养老，叹息了几次都开不了口。

思前想后，我干脆直白地道："伙计，博士毕业后就回来吧。"

他的视线离开电视，仰头若有所思，半晌后，说："我打算干出一点名气以后再回来，肯定会回来！"

我不明白他要干出多大的名气，干到什么程度才算有名气。见他毕竟决定会回来，我就不好再啰嗦了。

傻小子是下午的飞机。吃过中饭，大侄儿和他公司的司机各开一辆车送我们去浦东机场。办好登机手续，分别的时刻到了。

喷气飞机的时速已达每小时一千公里，从上海至亚特兰大只需十七个小时，其中包括中途换机等候的时间，比坐火车从永州到西安的时间还要短。电子邮件瞬息可至，QQ视频可以面对面聊天，越洋电话即拨即通，世界已经成为地球村。除了身上多一本护照，除了海关，在时空距离上，我们都觉得身在亚特兰大跟在西安没有什么区别，因而，分别时刻没有眼泪，没有过多的叮嘱。

傻小子填写报关单的时候，我想叮嘱他几句话，按例送他一句格言。

针对他谨小慎微的性格，在来上海之前，我已经送了他十二个字："激情点燃人生，自信无往不胜"。请书法家汪竹柏先生写成条幅，精心装裱。

这时候，我认为应该再送给儿子一句话："男人应该出去，目的是为了能够回来。"

这是巴西著名作家保罗·科埃略的代表作《炼金术士》中的一句话。《炼金术士》讲述一个名叫圣地亚哥的男孩寻找梦中宝藏的故事，是一部关乎人类生存深厚尺度的现代寓言。

填写好报关单，儿子向我们道别，他的眼睛有点发红。我抓住时机，向儿子推荐《炼金术士》，叮嘱他到美国之后找到英文版好好读一读。

一进入安检口，我们就看不见儿子的身影了。

亲情让我忘记了常识，气呼呼地跟大侄儿说："设计不合理，不人性化！安检口的这一面墙应该用玻璃，让送行的人看见自己的亲人进去！"

大侄儿笑了笑。

夫人赶紧向一边跑，边跑边说："我到那边去看看，看看能不能看见他。"

大侄儿又笑了笑。

我们站在安检关口门外等了半个多钟头，见傻小子没有返回来，估计他顺利过关了。我们转身回家。

回家的路上，我抬头仰望蓝天，希望能看见一架飞机飞过。我歪着颈脖瞭望了一路，没看见飞机。我的心飞了起来，满怀歉疚，在心里对儿子说："我没有一位好父亲，你也没有一位好父亲，但愿你儿子有一位尽职尽责的好父亲！"

爱的月亮

一盘茄夹

我和夫人的心随儿子飞走了。儿子赴美之后，一连数月，我们寝食不安。夫人不时抱怨，说是我把儿子送出国的。她是因为思念儿子而口是心非，其实并不反对儿子出国留学。

傻小子心中的那个结已经自行解开，具有较强的自我教育能力、独立生活能力、自我约束力，为人处世懂得底线和规则，不会作恶，不会撒谎，不会进赌场，不会闯红灯，不会随地吐痰，不会乱扔垃圾，不会贪占小便宜，不吸烟，不饮酒等等，可以大胆放飞，我和夫人却仍然担心。担心他找不到住房，吃不习惯，语言不通，找不到朋友等等。希望他天天来电话，可他"恶习"难改，除了到达学校的那一天报过平安，又玩起两个星期打一次电话的老花样。我们打国际长途电话，话费令人手颤，只能忍耐。

我们不担心儿子没钱花。获得全额奖学金的留学生不用去餐馆端盘子，奖学金保证基本生活绰绰有余，还享有社会保险。

我们也不担心儿子乱花钱。他上大学时，我们总是将一年的学费和生活费一次性打到他的银行账户上，由他自我管理。我们不知道他如何管理，只知道大三以后，他不要我们给的生活费了；大四，学费也不要了；硕士研究生三年，几乎没要过家里的钱。

除了安全，我和夫人担心傻小子两件事：吃饭和找女朋友。

留美学生一般自己做饭。我们明知儿子自小练成的厨艺完全可以让自己吃得香甜，却仍然担心他不会做菜。有时候，我和夫人在厨房炒菜，夫人忍不住叹息："不晓得你儿子放盐是不是咸淡合适。"

在学校外面，儿子跟四位中国同学合租了一栋平房，房东是中国台湾人。房东"慧眼识珠"，请我儿子代为管理房屋，代收房租，每月给五十美元酬劳。

傻小子从几个角度，把他们住的房子拍下照片，发给我们。我和夫人不敢相信那是美国大城市中心的房子，破旧的木栅栏，像是中国农村的菜园子；低矮的木板屋，外表跟我郑家村的百年老屋没有多少区别，屋顶盖的似乎不是瓦片，也不是铁皮，不知是什么劳什子。屋内设施却大不一样，一间客厅，两间厨房，五间住房，每间住房里都有卫生间。

儿子和四位同学一人一间住房，各居其所，互不干涉，客厅和厨房共用。五个人分作两伙，我儿子跟与他同导师的一位同学一伙，俩人轮流做饭。每天晚上做一顿，当晚吃剩的是第二天的中餐。学校实验室配有微波炉，早上带过去，中午热一热，端着饭盒扒拉下去，就打饱嗝。早餐在学校食堂解决，一个面包，一盒牛奶。每间住房里配有单门小冰箱，一星期买一次菜。菜不贵，一美元可以买十二只鸡蛋。

到美国后的第一个春节，儿子跟同住的和住在附近的中国同学一起欢度。十个人，每人做一个菜，拼凑到一张桌子上，喝饮料。

我儿子做了一盘茄夹。傻小子跟我们下厨，我们没教过他做茄夹，只带他在酒店吃过一次，他居然学会了。茄夹的做法容易，火候难把握。将茄子横切成长约一厘米的一段，在当中再切一刀，不切透，从切开的口子塞进肉馅，裹上调进蛋清、生粉的面浆，放进油里炸。难度就在炸，油温高，外焦里生；油温低，炸成炒茄子。合格的茄夹，外焦里嫩，香气扑鼻。

傻小子很神气，当晚就将他们欢度春节的场景和茄夹特写照片发给我们，随即电话通知，叫我们赶快打开电脑欣赏。我们问他："茄夹味道如何？"

傻小子说："外焦里嫩，赛过一切！"

我和夫人没问傻小子"一切"包括什么，是指他吃过的美食，还是指当晚同学们拼凑的菜肴。

学习上，管不着；生活上，无须担心。我们所担心的只能是傻小子找老婆了。傻小子已满二十五岁，早已忘记了我跟他的"岩洞夜话"，不仅没谈过恋爱，"练爱"都没练习过。我和夫人不是想早日抱孙子，是想让儿子在异国他乡有一位相互照应的贴心人。

八个月亮

己丑年中秋节，晚上八点半左右，傻小子打我的手机。我和夫人以为儿子"每到佳节倍思亲"，想起了老爸老妈，高兴得喘气。

傻小子急促地道："伙计，伙计，你赶快为我照一个月亮，照一个月亮！"

我一头雾水："什么照一个月亮？照什么月亮？"

傻小子更焦急地叫："赶快去照！用照相机照今天晚上的月亮，我们那里有月亮吗？又明又亮吗？"

我沉浸在"倍思亲"的喜悦中，一边跟儿子讲话，一边向门外走。走出宿舍楼，抬头一望，一轮明晃晃的圆月映在空中。我急促地叫道："有月亮，伙计，有月亮，又明又亮。"

"赶快给我照下来，赶快用电子邮件发给我，我还要打几个电话。"他挂断了电话。

"倍思亲"的喜悦在我心中汹涌澎湃，赶紧按儿子的指示行动。我家的相机是很小的那种数码机，没有变焦镜头，只适合旅游时拍拍好玩。试拍了几张，拍出的月亮比拇指指甲大不了多少。从中挑选出两张较为满意的，火速发给儿子。

傻小子即刻来了电话，可怜巴巴地央求："伙计，求求你，请你拿出一点专业水平来好不好，快啊，再耽误，月亮就升高了。"

单位一位同事玩摄影，有专业相机，我赶紧去他家。我一说，他立即叫我背上三脚架，他背上相机，两人向楼顶爬，拍下一个又大又亮的月亮。

转入电脑，发出邮件，几分钟搞定。我们不再心疼话费，在我发邮件时，夫人急不可待地给儿子打电话，叫他验收，如果还达不到要求，马上重拍。

验收过后，傻小子欣喜地道："太好啦！比他们拍的好多啦！太感谢啦，谢谢！"

听弦外之音，傻小子不止是对老爸老妈"倍思亲"，我问他："他们是谁？"

傻小子嘿嘿笑："七个，加上你拍的，共八个月亮。"

我一头雾水，问道："你要八个月亮干什么？"

"不告诉你。"傻小子嘻嘻笑，电话挂了。

每个人都有不可示人的小秘密，儿子跟老子之间也不例外。以后，我不再问起。三年之后，傻小子才告诉我月亮的用途。

同一天，傻小子请国内国外的同学为他拍月亮，西安的、北京的、上海的、澳大利亚的、加拿大的、洛杉矶的，加上家乡的和亚特兰大的，一共八个月亮。

"月亮代表我的心"，八个月亮，无比圣洁的爱情信物，献给他心爱的姑娘。

傻小子真不傻，不鸣则已，一鸣惊人。

有这么傻的儿子，我和夫人没有什么可担心的啦！

喜结连理

2012 年 5 月，儿子儿媳从美国回永州举办婚礼。

儿媳也是永州人，也是考取全额奖学金赴美留学的。去美国之前，她跟我儿子互不认识，他们俩在美国偶遇，一见钟情，相知相爱。

我亲家两夫妇在市政府工作。在我们成为亲家之前，我们不熟。两家儿女相爱之后，儿女在美国谈恋爱，我们两家在中国"谈恋爱"。在儿女回家举办婚礼之前，我跟亲家已经成为亲密无隙的兄弟。在儿女回家的几天前，我跟亲家就商议婚礼的具体事宜，以及如何去机场迎接儿女。

儿子儿媳从纽约直飞北京，北京至永州的航班晚上七点四十分到达。不到七点，我们两家就到达机场，站在出口处眼巴巴地等候了。我拉紧我夫人的手，感觉到她的手热乎乎，似乎在微微颤抖。儿子三年没回家，又是相见从未晤面的儿媳，做母亲的怎么能不激动啊？我不是也激动得想飞上天去催促飞机加快速度飞吗？我们身边的亲家夫妇不是也一样抬头仰望天空吗？

我跟儿媳是第一次见面，我亲家跟女婿也是第一次见面，他们的女儿也是三年没回家。初夏的南风带着让人醺醺欲醉的甜蜜，未经污染的永州夜空缀满明亮的星星。空中终于传来飞机引擎声，我们不约而同地跑到能看见停机坪的地方，望着天空，望着飞机着陆，望着飞机滑行到停机位置停下，望着舱门打开。望见旅客一个个走下舷梯之时，我们急不可待地奔跑到出口处，抓住出口外的栅栏，等待儿女走出来。一看见儿女的身影，尽管我和我夫人不认识儿媳，亲家夫妇不认识女婿，但是我们都第一眼就认出了他们，情不自禁地挥手叫喊。生怕儿女饿了，接到儿女，来不及过多地亲热，叫他们赶紧上车，去酒店吃饭。

儿子是我家的独生子，儿媳是亲家的独生女。在为儿女接风的家宴上，亲家说："从今以后，我有了个儿子。"我说："从今天起，我有了个女儿。"

"干杯！"

儿子儿媳只有二十一天假日，除去在北京等待签证的日子，他们在家只能待两个星期。婚礼定在他们回家后的第五天举行，他们到家的第二天，我和亲家着手准备婚礼。

美国没有专业婚纱摄影店，儿子、儿媳忙于拍婚纱照。我和亲家忙于请婚庆公司、找酒店。决定打破男方办婚宴、女方请回门的习俗，两家合办婚礼，宴一次宾客。一是免除儿女奔波两场宴席的辛苦；二是不突破有关宴请的规定；三是人多热闹。

婚礼现场设在一家酒店能摆放四十桌的大厅里。当前的婚礼不中不西，土洋结合。留恋传统文化的我不免有一丝苦笑的感觉，望一眼装饰得如花似锦的厅堂，那一丝苦涩就随着电子屏上变幻的照片和轻柔的背景音乐而去，心中充满甜蜜。

参加一位朋友的女儿的婚礼，在土洋结合的程序中，我发现了一个闪光点：将新郎、新娘从小到大的照片编辑在一起，配上轻柔的音乐在电子屏上播放。我对朋友的女儿不怎么熟悉，对朋友的女婿完全陌生，可是，观赏过他们从坐在摇篮里到双方热恋、旅游的照片，我大致了解了他们的成长经历，明白了为了他们成长父母付出了多少心血。

我毫不犹豫地借鉴了这一形式。儿子儿媳拍好婚纱照之后，我就叫他们寻出各自从小到大的照片，有序地编辑在一起，在婚礼仪式举行前后播放。

在婚礼仪式举行的一个多小时之前，我将一切事务委托他人，急不可待地进入婚礼现场，找一个不显眼的角落坐下，睁大眼睛盯住电子屏，等待欣喜儿子儿媳从小到大的照片。

儿子儿媳体会到了我的心情，两人将各自从百日照到美国相识相恋的照片搜罗了出来，共有三百多张，"你""我"相间地编辑在一起。看着电子屏上交替播放的照片，让人觉得他们小两口似乎自小就生活在一起，是天生的一对，分不清你我。

看着交替播放的照片，我忘记了身在婚礼现场，忘记了儿子儿媳马上要举行婚礼，眼前浮现出我跟儿子一起成长的一幕幕情景，眼睛渐渐地湿润了。泪眼蒙眬中，我也仿佛看见亲家夫妇伴随女儿一起成长的身影。

直到电子屏上的照片定格停止播放，变换了音乐，我才意识到马上举行婚礼，目光才离开电子屏，打量身边的婚礼殿堂。

厅堂当中铺设红地毯甬道，甬道两旁有规则地竖立几根一米多高的花柱，甬道当中装扮一个花亭。

婚礼进行曲响起，满堂宾客注视红地毯甬道，注视甬道当中的花亭。在甬道的一端，亲家手执女儿的手，缓步向花亭走来。在甬道的另一端，我的儿子——今天的新郎手捧玫瑰花，向花亭走去。步上花亭，我儿子单腿跪下，向他的新娘献上玫瑰花。

亲家将女儿的手交到我儿子手里，深情地道："郑方，今天，我把我心爱的女儿交给你，你要加倍地爱护她，小心地呵护她，让她幸

福快乐！我相信我女儿的眼光，她的选择就是我们的选择。郑方，把女儿交给你，我们放心！"

亲家的声音哽咽了，热泪盈眶。宾客们热烈鼓掌。我儿子向岳父深深鞠躬，声音铿锵地道："请爸爸放心，我一定好好爱唐璐，爱她一生一世！"

掌声再起，音乐响起，礼花绽放。在热烈的掌声中，在美妙的音乐中，在纷飞的礼花中，新郎、新娘携手走上主席台。

新郎新娘交换戒指之后，是中国式的新郎新娘向双方父母敬"改口茶"，意思是借敬茶之时，我们的儿媳从此改口叫我和我夫人"爸爸妈妈"，他们的女婿从此改口叫我亲家夫妇"爸爸妈妈"。

儿媳甜甜地叫我一声"爸爸"，我双手接过她奉上来的茶，还没喝就醉了。

当司仪叫我发表祝福词的时候，我依然沉醉在茶水的甘甜之中，忘记了早已想好的长篇大论的祝福词。感谢了满堂宾客之后，我感谢亲家为我们家培养了一位德才兼备、聪颖贤惠的好儿媳。接着，我祝福我的儿子儿媳：

"今天，你们有了小家庭。你们要牢记你们的小家庭后面有一个大家庭，这个大家庭由你们的父母和今天的满堂亲朋好友组成。这个大家庭的每一位人员都是你们的坚强后盾，在你们需要帮助的时刻，会给予你们无私的帮助。这个大家庭的每一位人员都是你们的亲人，在他们需要帮助的时候，你们理应奉献自己全部的力量和全部的爱。

"你们还要记住家庭是爱的港湾，是孵化爱和传承爱的温暖小窝，是学习的课堂，是抚慰伤痛的疗养所，不是一争高下的运动场，不是辩论的法庭，更不是算账的账房。人生的道路很长，在漫长的人生道路上，会有风和日丽，也会有冰雪雨霜。我希望你们在风和日丽之日，比翼双飞，奋勇向前；在冰雪雨霜之时，彼此相依，互为依靠。走出冰雪雨霜，定是晴空万里，天地宽阔！"

掌声，掌声，热烈的掌声。

结束语

有心栽花花不开，无心插柳柳成荫。我们没把儿子当科学家培养，儿子成了科学家。父母只要激发孩子的潜能，让孩子的素质全面发展；培养孩子健全的人格，让孩子快乐、健康地成长；引导孩子具有自我教育能力，功到自然成，孩子自然而然就成才了。

傻小子获得博士学位，去 IBM 公司研究实验室上班之时，我和夫人的任务终于完成了，长吁一口气，浑身轻松。从来不写诗的我禁不住诗兴大发，接连"打油"两首：

一

勤学苦读不惜时，千锤百炼有今日。

旁人只看博士帽，酸甜苦辣唯自知。

二

知识多了头发少，聪明绝顶更风骚。

今朝风光今日亮，尽数风流在明朝。

当前，夫人的任务有两项：一是锻炼身体，练好身体带孙子；

二是为未来的孙子织毛衣。我的任务也是两项：一是每天花一小时，用拉力器炼臂力；二是整理日记和写作这本书，打算把我们的育儿宝典传授给儿子和儿媳，叮嘱傻小子做我孙子想要的父亲，一百分的父亲。

哈哈，如此看来，我们老夫老妻的任务不仅没有完成，而且还有新任务。

2013 年 12 月

完稿于春秋斋

图书在版编目（CIP）数据

"坏"爸爸造就好孩子 / 郑正辉著；郑方绘. —
上海：上海人民出版社，2014
ISBN 978－7－208－12473－8

Ⅰ.①坏…　Ⅱ.①郑…②郑…　Ⅲ.①家庭教育
Ⅳ.①G78

中国版本图书馆 CIP 数据核字（2014）第 165629 号

责任编辑　陈博成
封面装帧　柴昊洲

"坏"爸爸造就好孩子
郑正辉 著
郑　方绘
世纪出版集团
上海人民出版社出版
（200001　上海福建中路 193 号　www.ewen.cc）
世纪出版集团发行中心发行
江苏启东人民印刷有限公司印刷
开本 890×1240　1/32　印张 11　插页 2　字数 237,000
2014 年 8 月第 1 版　2014 年 8 月第 1 次印刷
ISBN 978－7－208－12473－8/G·1681
定价　35.00 元